U0519983

广州市宣传文化出版资金资助

〖 新文化地理学研究丛书 〗

民俗节庆与地方认同

源于广州的多案例比较研究

朱竑 主编
刘博 著

商务印书馆
The Commercial Press

2017年·北京

图书在版编目(CIP)数据

民俗节庆与地方认同:源于广州的多案例比较研究/刘博著. —北京:商务印书馆,2017

ISBN 978-7-100-12880-3

Ⅰ.①民… Ⅱ.①刘… Ⅲ.①节日—风俗习惯—对比研究—广州 Ⅳ.①K892.1

中国版本图书馆 CIP 数据核字(2017)第 007364 号

权利保留,侵权必究。

新文化地理学研究丛书
民俗节庆与地方认同
——源于广州的多案例比较研究

朱竑 主编

刘博 著

商 务 印 书 馆 出 版
(北京王府井大街36号 邮政编码100710)
商 务 印 书 馆 发 行
北京中科印刷有限公司印刷
ISBN 978-7-100-12880-3

2017年5月第1版　　开本 880×1230 1/32
2017年5月北京第1次印刷　印张 9⅝
定价:48.00元

目 录

第一章 绪论 ··· 1
  第一节 研究背景 ·· 1
  第二节 研究目的 ·· 3
  第三节 研究意义 ·· 4
  第四节 研究创新与不足 ····································· 7

第二章 文献综述与研究设计 ····································· 10
  第一节 地方认同建构的文化政治 ·························· 10
  第二节 城市民俗节庆中的地方认同 ······················· 22
  第三节 地方认同的主要研究方法 ·························· 33
  第四节 研究问题 ·· 38
  第五节 研究设计与方法 ···································· 40

第三章 广州民俗节庆与案例选择 ······························ 44
  第一节 广州民俗节庆类型 ································· 45
  第二节 广州民俗节庆与地方认同 ························· 61
  第三节 案例选择与研究过程 ······························ 62

第四章 广州迎春花市的地方认同建构 ························ 67
  第一节 迎春花市的形成历史 ······························ 67
  第二节 迎春花市民间合法性基础与认同实践 ··········· 73
  第三节 迎春花市习俗的扩散与变迁 ······················ 88
  第四节 迎春花市成为地方认同建构的场域 ·············· 99

第五节　小结 ·· 116
第五章　广府庙会的地方认同建构 ······················ 119
　　第一节　广府庙会的由来 ································ 121
　　第二节　广府庙会合法性争议 ·························· 131
　　第三节　不同群体参与地方认同建构 ·················· 168
　　第四节　广府庙会参与者的地方认同 ·················· 206
　　第五节　小结 ·· 219
第六章　广州龙舟节的地方认同建构 ····················· 222
　　第一节　城市化进程中的广州龙舟节 ·················· 223
　　第二节　广州龙舟节的地方认同建构 ·················· 235
　　第三节　小结 ·· 247
参考文献 ··· 249
附录 A　国内外相关研究检索情况 ·························· 269
附录 B　调研材料 ·· 271
附录 C　访谈人员名单与主题 ································· 295
后记 ··· 302

第一章 绪　　论

第一节　研究背景

全球化是当代不同学科学者研究的共同背景。"全球化"不单纯是一个经济、政治或社会学问题,它同时也是一个文化认同问题,它与全球化所造成的时空观念巨变联系在一起(萨森,2011)。"全球化"是指文化实践在其中发生的舞台结构与舞台过程(弗里德曼,2004),核心问题是文化同质化与异质化之间的张力(阿帕杜莱,2012)。从理论视角来看,全球化增进了文化交流,强化了文化精神中的人类整体意识。但是,全球化力量也在不断消解着地方特质,抹杀着地方的独特性,威胁着地方传统文化的生存。由此,地方丧失其独特的意义,成为剥离了文化意义而服务于经济的地方(Auge,1995)。由于面临巨大的冲击,人们的现实生活世界与其曾经拥有的幸福过去形成巨大的反差,人们常常迷失了自己的生活价值和方向感,无法适应瞬息即逝的社会变化,造成地方文化认同的弱化甚至消失。于是,人们开始追寻地方历史、传统文化、集体记忆等共同话语,期望借助记忆的碎片与现实生活世界进行对比,从而在现代社会中重新建构自我的多种身份。在现代性语境下,不同行动者重建遭受全球化冲击的本土文化时,他们既是在不断地变动、重组和更新各个"共同体"的记忆,也是在不断地创建各个新的"想象的共同体"(安德森,2005)。展示地方特有传统文化的节庆活动成为地方增强群体凝聚力和塑造地方文化身份的重要策略。

与此同时,民族主义形式、多愁善感的遗产保护行为、对新来者或者局外人的敌对情绪等被激起,他们将地方视为来源于内化了的过去历史的单一的、本质的身份。地方及其独特性固然非常重要,然而正如多琳·马西(Doreen Massey,1994a)的"进步的地方感"概念所认为的,地方并非静态的,而是一个不断演进的过程。地方没有清晰的边界,也并不具有单一的独特的身份,而是充满认同的分异,地方认同时刻处于不断被建构的过程之中。本文试图理解在全球化冲击与快速城市化进程中,地方如何利用民俗节庆以彰显自身的文化身份认同,不同行动者如何争夺文化表征权力,如何影响地方文化认同的建构,体现了谁的文化身份与认同。因此,为了更加深刻、全面地理解地方认同建构过程中的社会权力关系,有必要基于地方建构视角,充分解析不同行动者如何基于自己对地方意义的理解及地方认同,选择何种地方性文化元素建构地方认同,这将有助于理解多元文化背景下的城市节庆与地方认同的关系。

就实践层面而言,在全球化背景下、城市化进程中,地方总是处于不断交流、融合与重构之中。"千城一面"的问题非常突出,标准化和商业化抹杀了城市建筑的特色,也削弱了地域文化的特色和多样性,城市文化逐渐趋同。经济全球化背景下,跨国公司全球化经营导致文化全球化,人们消费着工业化生产带来的同质化产品,抹杀了原有的生活品质和文化传统,挑战人们已有的生活方式;城市快速发展背景下,城市建设或旧城改造导致传统生活空间、生活方式变化,大量的传统街巷、老地名、老建筑和历史街区不断消失,广府人"叹早茶"等休闲惬意的传统生活方式已发生深刻

第一章 绪　　论

变迁;与此同时,城市不断吸纳着新移民,广州作为广府文化核心的地位受到前所未有的文化冲击。在此背景下,老广州人非常担心广州人会集体失忆,新移民在融入地方文化时则经历焦虑过程。作为城市管理者和经营者的政府也日益发现城市地方性文化元素的重要价值,挖掘独特的地方文化符号以彰显地方特色,建构便于识别的地方形象,从而吸引投资者、新居民与游客,提升原有居民的地方认同,加速外来移民的文化融入。如何衔接多元社会群体对地方过去的记忆、当下的兴趣与对未来的展望成为塑造独特地方认同的关键。总之,不管是政府主导的文化宣传和保护,还是当地民众自下而上发起的文化保卫战,都从不同层面上体现出文化认同缺失之后不同社会群体对传统文化的积极捍卫和保护。尽管民俗节庆属于日常生活的非常态插曲,但因其轰动效应和狂欢性质,容易引起人们的广泛参与并留下深刻记忆,甚至唤起人们尘封的文化记忆并形成新的集体记忆,节庆展演本身成为不同行动者建构地方认同的场域,研究城市节庆对促进地方认同意义重大。

第二节　研究目的

在全球化和城市化导致认同危机背景下,本文将基于现象学的人文地理学质性研究方法与基于环境心理学的定量研究方法相结合,探讨不同类型城市民俗节庆建构地方认同过程中的社会权力关系。主要从民俗节庆的地方性入手,考虑不同行动者如何基于自身的地方文化认同,利用自身拥有的文化表征权力,采取何种策略来建构自己的地方认同。本书首先全面介绍广州市较有影响力的民俗节庆活动。然后,重点选择三个案例进行分析,第一个是经历史传承而来的、与本地花卉种植和日常消费的文化记忆和生活实践均密切相关的迎春花市,第二个是整合广府概念、具体选择地方性文化元素打造地方节庆品牌而新创的广府庙会,第三个是以端午节龙舟竞渡为文化基础的广州龙舟节。探讨在这三类城市民俗节庆情境下不同行动者地方文化身份再生产与地方认同的建构过程,以期深入理解城市民俗节庆与地方认同建构的关系。

第三节 研究意义

一、理论意义

自20世纪70年代,以段义孚为代表的人本主义地理研究者重新将"地方"引入了人文地理学研究(Tuan,1975),地方认同即受到地理学者的持续关注(Proshansky,1978),与其相关的概念包括地方感、地方依恋(Williams and Roggenbuck,1989)、地方依赖(Gibbons and Ruddell,1995)等。地理学者亦从多个视角对地方认同进行了不断深入的探讨。在中外相关数据库中进行关键词检索,发现自1999年起,国内以地方认同为关键词的研究数量偏少(附录A—1),特别没有检索到将节庆与地方认同同时作为关键词的研究。而对英文文献的检索结果显示,已有几十项研究在节庆、节事或民俗节庆背景下探讨地方认同(附录A—2)。事实上,在日常文献积累与阅读中,确实发现国内有少数几篇有关民俗或节庆的研究涉及地方认同概念,成为本文的重要参考文献。地方认同将个人身份与地理环境联系起来,是一个复杂的多维概念,包括有意识和无意识的观点、信念、偏好、感觉、价值观和目标,以及行为倾向和技能等(Proshansky,1978)。但是,环境心理学在研究地方依恋及其相关概念时对地方本身的特性关注不足(Lewicka,2011)。地方认同受外部力量与本地因素交互作用,在时空维度上具有动态建构性(Said,1994),地方在人文地理的语境中是一个抽象的学术意象(朱竑、钱俊希和陈晓亮,2010),但是地方概念中所承载的文化意义是地方内涵中的一个重要方面。中国正处于社会转型期,社会空间组织正发生激烈的变革,社会各类群体都积极地参与到各类社会空间的建构中,并由此生产出地方的文化意义,这一过程难以避免地涉及政治权利关系与权利斗争(朱竑、钱俊希和封丹,2010)。基于地方性文化意义的社会文化再建构越来越多地被人文地理学者所关注,而地方性意义和地方认同可能由居民对过去的记忆和对未来的想象等共同建构(Borer,2010)。节庆常常被视为地方营销的工具和城市再定位的策略。然而节庆是否会丧失其地方性成为地理学者讨论的重要议题。本书理论意义在于从"新文化地理学"视角入手,以广州城市民俗节庆为例,探讨不同行动者在民俗节庆中所拥有的权力及相应的权力关系,揭示谁拥有文化表征权力,谁的文化记忆和传统得以展现,由此建构出何种的地方认同,从而透析在全球化与中国经济、政治、社会、文化等变化背景下,地方性与地方认同再生产过程中的政治与权力关系,并比较分析不同民俗节庆地方认同建构过程是否存在差异,以及差异的原因何在等话题。

二、实践意义

面对全球化、城市化进程等现实冲击,从国家到地方均开始关注地方性文化的挖掘与重构。中央宣传部、中央文明办、教育部、民政部和文化部于 2005 年 6 月 17 日发出文件要求重视传统节日、弘扬民族文化的优秀传统,这充分认可了传统民族节日在增强民族凝聚力和认同感中的作用①。广东省自 2002 年即提出建设文化大省的目标,强调重视本土岭南文化以提升广东文化软实力②。2008 年 11 月,广东省政府部门首次组织专家学者对广府文化进行全面深入的研究和探讨,广东省社会科学院和中共广东佛山市委宣传部则在广东南海召开了广府文化研讨会,2009 年 12 月 28 日首个省属广府文化研究基地在佛山挂牌成立③。面临经济全球化,城市经济的发展、物质环境的改造与变迁等对广府文化本身造成了很大冲击,特别是原有的粤式生活方式日益淡化,广府文化的表现形式日渐模糊,广府文化的重要遗产日渐式微甚至有消亡的危险。作为广府文化和岭南文化的中心,广州在挖掘地方性文化资源的过程中,将广府文化研究提上日程,于 2012 年 2 月正式挂牌成立广府文化研究中心。同时,广州作为多元文化中心,其文化建设目标为"具有高度包容性、多元化的世界文化名城、具有高度文化认同的首善之区"④。正如历史学家、中山大学陈春声教授在接受《南方都市报》的采访时说:"我们面临的困难包括市民的文化认同和现代市民意识有待于提高。广州市民较为讲究平时的生活,比较讲究日常生活的舒适,对超越生活经验的抽象思辨比较缺乏兴趣,有时他们在言谈举止间容易给不了解岭南文化的外来人以没有文化的感觉。广州每年都要接收许许多多从外省来的

---

① http://www.cctv.com/news/china/20050623/102090.shtml。
② http://theory.southcn.com/c/2004-02/09/content_12312028.htm。
③ http://news.dayoo.com/foshan/201002/02/73490_100854915.htm。
④ http://nf.nfdaily.cn/epaper/nfds/content/20110325/ArticelA204002FM.htm。

新居民,新移民对这座城市的文化认同感和现代市民意识的提升,(这)也是文化建设的瓶颈之一。此外,文化资源破坏性建设的局面有待改变。"① 民俗节庆的复兴和繁荣被当作良方试图促进地方认同的建构、促进不同文化背景的社会群体在全球化的背景下实现文化融合。

然而,打着广府旗帜的城市民俗节庆中,不同行动者如何借助其所拥有的文化表征权力,书写他们所理解的广府文化?如何建构独特的地方感与地方认同?这是一个充满协商与争议的过程。探讨这一过程将有助于传承广府文化、树立基于广府的地方认同,并一定程度上增强地方不同群体对地方文化的骄傲感、归属感、认同感等,因此具有较大的现实指导意义。

第四节 研究创新与不足

一、研究创新

研究视角上,本文从新文化地理学视角探讨了城市民俗节庆地方认同的建构过程,是节事与新文化地理研究的有益交叉,弥补了以往节事研究较多关注节事活动的经济和社会影响,而较少深入探讨文化过程的缺憾。同时,深入探讨了不同行动者如何运用其所拥有的文化表征权力参与地方认同建构的过程,是从政治地理学视角探讨文化、权力与地方认同建构的有益尝试。

理论对话上,本文采用比较研究方法,对比分析了城市传统民

---

① http://nf.nfdaily.cn/epaper/nfds/content/20110325/ArticelA204002FM.htm。

俗节庆·新创民俗节庆与复兴民俗节庆在地方认同建构过程中存在的差异,研究发现地方性认知是地方认同建构差异的主要原因,这是对新文化地理学地方性与地方认同理论的新发展。

在中国多元一体的传统文化背景下,传统民俗跨地方传播在消解一种地方性的同时,也使得另一种地方性得以重建。而一地地方性常常是多尺度地方性的综合体现。就此意义而言,本文是基于中国文化背景对全球化与地方性冲突理论的新探索。

二、研究不足

本文尽管做出了最大的努力,但笔者深知,这仍是一个有待继续努力的研究。从新文化地理视角来关注城市民俗节庆中地方认同的建构问题,并选择迎春花市、广府庙会和龙舟节三个案例做深入研究,并不能反映广府民俗节庆的全貌。今后可拓展至广府地区其他民俗节庆活动,以便全面理解全球化时空背景下、多元历史文化现实的城市地方认同的建构。事实上,广府地区除春节、元宵、清明、端午、七夕、中秋、重阳、冬至等民族传统节庆外,民间诞会也非常兴盛:农历正月的生菜会,二月的土地诞、波罗诞,三月三北帝诞,四月金花诞,五月龙母诞,六月鲁班先师诞,七月白云诞,八月日娘诞,十月下元诞等,各具特色。而且在全球化背景下引入的西方情人节、愚人节、复活节、万圣节、感恩节、平安夜、圣诞节等全球尺度的节庆活动也非常受欢迎,特别是年青一代。这为今后探讨全球化时空背景下、多元历史文化现实的城市地方认同建构提供了研究机会。因广府庙会是新创节庆,其未来走向如何尚不明确,故所得出的部分结论尚需时间检验,但这恰好也为今后继续展开历时性研究提供了宝贵素材。尽管本文尝试分析城市民俗节

第一章 绪　论

庆中的权力关系,但是由于不同行动者并未采取激烈的行动抵抗实践,因此本文仅仅基于话语对这一过程中的权力关系和象征性抵抗过程进行了分析,并未对权力本身进行更加深入的探究,这需要在以后的研究中加以完善和探讨。此外,今后研究亦可进一步讨论全球化究竟在多大程度上冲击了工具性的地方依赖、生活习惯性的地方依恋抑或是社会资本积累等。

第二章 文献综述与研究设计

新文化地理学发端于20世纪70年代。英国谢菲尔德大学地理系教授彼得·杰克逊是新文化地理学的倡导人之一,他首先提出了文化研究应关注文化政治、关注空间和地方在建立意义地图中发挥的核心作用。他将地理视为文化建构过程的基底性因素(Jackson,1989)。新文化地理学强调文化的空间性,认为文化不仅是代际传承的,同时文化也渗透在日常生活的过程中。特别在后现代主义语境下,异质、多元甚至相互竞争的话语间冲突不断,语言、知识和社会实践等均在意义建构中发挥着独特的价值(Mitchell,2000)。文化景观的变化与相应的权力关系紧密相关,不同群体通过权力斗争来争夺空间的意义(Jackson,1989),甚至引发文化战争(Mitchell,2000)。文化地理学家们非常重视文化的多样性并将关注焦点转向探索人们日常生活的空间实践,重点分析文化被生产和再生产的社会关系,其中地方性文化和社会实践是发挥重要作用的两个方面。

第一节 地方认同建构的文化政治

20世纪70年代,以段义孚为代表的人本主义地理学者将"地方"重新引入人文地理学研究,由此地方成为文化地理学研究的两大核心概念之一(周尚意,2011),人与地方的情感联系以及地方之

第二章 文献综述与研究设计

于人的文化意义成为地理学者研究的重要方面。地方感、地方认同、地方依恋、地方依赖等概念均受到大量关注。段义孚的"恋地情结"(Tuan,2001),强调人类地方体验的主观性,视地方为"感知的价值中心",认为地方是稳定的、有界限的、具有历史连续性的实体(Tuan,1975)。然而,20世纪80年代兴起的以马克思主义、女性主义、后结构主义等为代表的激进学派却认为,地方并不只是与正面的地方依恋和根植感有关,它们总是与权力有关的(Keith and Pile,1993),地方承载着丰富的社会文化意义,成为建构社会关系和权力关系的地理媒介(朱竑、钱俊希和封丹,2010),与个人和社会群体的身份认同建构皆密切相关。在全球化技术推进的社会背景下,简·雅各布斯指出,城市日益成为"无意义的地方"(Jacobs et al.,1987),传统的基于地方的社会关系呈现"去地方化"(non-place/placelessness)的趋势(Auge,1995;Arefi,1999;Brikeland,2008)。但马西(1995)却认为,地方并非与它的过去完全割裂,也从未失去与其他地方的联系,它总是处于特定的时空范围并由其所处的内外社会联系建构而成。所谓"地方独特性"也总是"超越地方"的"全球"广泛联系的产物,而并非像内在论者和本质主义者所持有的僵化、一成不变的地方观点。关于全球与地方的争论催生了城市本土文化的保护和发展、外来文化的融合、本土化等新的研究话题(朱竑、封丹和王彬,2008)。越来越多的学者认同,地方与全球相伴相生(林耿和王炼军,2011;Schnell,2007;Lam,2010),地方文化强盛的生命力使得其地方性不可能被根除(刘建明,2005;Lewicka,2011)。事实上,从地理学者们开始将"地方"视为一个概念来探讨起,关于地方的思考与争论就一直没有停止过(Relph,1976;Arefi,1999;Relph,2000)。地方、无地方、去地方等领域的探讨就成为关注的热点话题之一,但随着时间和地方的变化,需要重新看待地方的意义及地方认同的建构过程。

一、地方性建构地方认同

与社会认同的概念相对应,地方认同延伸至客体和事物乃至空间和地方,指个人或群体经由地方互动而实现社会化的过程。它经过情感、感知与认知等多种复杂的过程,个人与群体将自身界定为某个特定地方的一分子(Stedman,2002),通过地方来构建自身在社会中的位置与角色(Proshansky, Fabian and Kaminoff, 1983)。在这一语境下,地方是人类活动发生的地理背景,亦成为自我的一个组成部分(Krupat,1983)。换言之,地方认同成为个人认同的一个组成部分,是根据特定地方的独特要素、人地互动的本质而发展出来的(Bernardo and Palma,2005)。人与地方互动的过程中,保留了许多与地方有关的个人记忆和集体记忆,这就赋予地方独一无二的意义,成为人们识别地方的重要依据,并促进了地方认同的实现(Twigger-Ross and Uzzell,1996)。这为探讨地方性与地方认同的关系提供了理论依据。

探析地方认同的建构过程需要以理解地方性为基础。在与地方长期持续互动的过程中形成该地区别于他地区的深层文化传统,并且当该地人们认同这些长期积累的文化时,可以认为这构成该地的地方性(周尚意、杨鸿雁和孔翔,2011)。特定地方运用各种策略、逻辑与知识建构出本地独特的"地方感",并使得其成为外乡人得以识别该地方的独特性(朱浒,2005)。地方性是社会生活的现象学特质,也是一种情感结构(阿帕杜莱,2012)。概言之,一个地方需要具有鲜明的地域性、原生性、实践性等特点的地方文化

第二章　文献综述与研究设计

(张昌山,2011),才能建构出特定的地方文化符号,从而成功建构起地方认同。例如,中国山西省在建构"山西"身份时,更多地以社会特征和文化实践来描述,如面条和醋、音乐和民俗。尽管地方在建构地方身份时,不可能独立于诸如民族、国家或世界等更高级次实体的历史,影响地方性生产的权力关系从根本上来说是跨地方的(阿帕杜莱,2012),但每个地方都有独立于任何一个居住群体的独特身份,也即地方性(Oakes and Schein,2006)。地方性是某些人的地方性,符号和隐喻也属于特定人群。但是,由于地方不同群体选择不同地方性文化元素建构其地方身份认同,使得地方性体现出流动性的特点。不同地方的地方性或许有杂糅的可能性,它们不仅共存于一个更大的独立空间而且是互动的。地方性本身是一种历史产物,而产生地方性的历史最终又受全球性的动力所影响,地方绝对不仅仅是地方的(阿帕杜莱,2012)。一地在与其他地方的持续互动过程反而有助于充分挖掘地方的潜力(Quinn,2005)。有学者对广州酒吧空间性与地方性的研究表明,由酒吧经营者、消费者、管理者、歌舞者等空间主体共同建构出全球与地方杂糅特色的地方性,地方性不一定是在全球化的参照下得以彰显,二者是相互融合的,广州酒吧绝非西方酒吧的简单复制,而成为独具岭南特色的消费空间(林耿等,2011)。类似的证据也表明,所谓的"地方文化"特性往往是在跨地域的情景中塑造和凸显的,作为最具鲜明广府"地方性"色彩的粤剧、粤乐(广东音乐)和粤曲,其"地方特色"并非只在本地历史的脉络中形成,恰恰是在20世纪三四十年代由寄居上海,追求"中国性"的艺人和玩家广泛吸取外来元素塑造而成的(程美宝,2007)。布拉柴维尔人消费可乐有地方性的重要意义:如果当地人要表现其身份,就要在他的汽车挡风上展示进口的罐子,而不是本地生产的可乐,这成为权力的标记(弗里德曼,2004)。可以认为,地方性在中国传统社区具有良好的生态价值,处于后现代性发展阶段的城市需要通过"城市想象力"来打破工业革命以来的"城市现代性构件",不断探寻并建构属于自己的"地方性"(杨华锋和刘祖云,2011)。然而,地方性的建构却在不同尺度上展开(Mitchell,2001;Schnell,2007)。一个小尺度地方的地方性可能会投射出更大尺度的地方性,沙因克因的地方性就体现了以色列国家尺度,亦折射出全球化尺度(Schnell,2007)。加州波迪(Bodie)历史上是一个金矿镇,曾是繁华的商业中心,但现在已经几乎没有居民居住而成为废城/鬼城,其商业活动传统也早已被抛弃,但此地所建的博迪国家历史公园的原真性也与其是否真实再现地方的过去毫无关联,而成为被游客和员工们理解的美国道德精神(DeLyser,1999),原真性的尺度也从地方性放大到民族国家。哥伦比亚太平洋热带雨林地区黑人社区的社会运动表明,基于地方的抗争是多尺度的、网络化的草根社群的地方化策略(Escobar,2001)。中国社会文化背景下的门禁社区并未体现出社会隔离等负面影响,而是围墙内外的邻里存在一定程度上的功能性互动和融合,在此地方性因素发挥重要的作用(封丹、Breitung,W. 和朱竑,2011),该项研究将中国与其他国家进行了比较研究。因此,较小尺度地方的地方性建构受较大尺度地方文化影响,如全球文化、国家文化、区域文化等。

二、时空框架下的地方认同政治

时空观是地理学研究的重要视角之一。通过时空维度对地方性的形成机制进行纵向与横向的综合研究将有助于系统厘清地方

第二章 文献综述与研究设计

性的概念内涵,从而进一步探讨其对地方认同建构的影响。时间维度上,地方性一方面与地方过去有关的集体记忆密不可分,代表地方过去的物质景观和非物质文化遗存都是地方用以宣称其独特身份和外界得以识别特定地方的依据。另一方面,人们也在不断地书写地方,形成新的地方记忆,或强化或淡化原有的地方性与地方认同。空间上,地方性既是特定地方的独特表现形式,又是流动变化的(Mitchell,2001),一地的地方性时刻处于与其他地方互动交流的状态中,而且一地的地方性确认很可能是在地方与全球其他地方之间互动关系下表现得更加明显(朱竑,2006)。其次,地方性的时空建构与不同行动者的实践和想象密切相关(Cresswell,2002),对地方性的再生产依靠旧戏重演建立起来一种社会想象(阿帕杜莱,2012),这往往是社会权力关系的反映(孔翔和钱俊杰,2011;周尚意、吴莉萍和苑伟超,2010),拥有文化表征权力的群体可能会消解另一个群体的身份认同,致使不同阶层的社会群体形成统一的地方认同(Harner,2001)。事实上,霸权从来都是备受争议和抵抗的。尽管抵抗并非总是积极的、公开的,而经常是潜伏的、象征性的(Zhu,Qian and Feng,2011),这都使得霸权从未真正"得逞"(Jackson,1989)。因而,地方呈现出多元化、动态性的地方性和地方认同。

(一)时间维度:文化记忆建构地方认同

近年来,在整个人文社会科学领域,社会或文化记忆的调查已成为一个主要的调查领域。记忆研究已从心理学扩展到人类学、社会学、文化研究、文学研究、历史研究,乃至逐渐扩展到地理学。该研究整体看,在国内外也都才刚刚起步(王霄冰,2007)。时间层面上,过去发生的重要事件及相应回忆构成记忆,成为连接过去与现在的桥梁,常被以景观、文本等特定形式固定和保存下来,并不断使其重现以获得现实意义(Lowenthal,1975)。在社会层面上,它从共同的过去记忆和回忆中剥离出共同的价值体系和行为准则,对成员起到约束作用(黄晓晨,2006)。地理空间层面上,记忆是固有的地理活动,它根植于地方。地方是过去与现在邂逅的场所(Azaryahu,2003),是记忆的仓库。它储存个人的日常活动记忆和官方的重大事件历史,并能在特定情况下唤起个人和集体的记忆(John,2004)。当处于特定空间或者经历移动的身体体验时,记忆得以浮现。记忆塑造家、邻居、城市、国家甚至帝国的想象地理(John,2004)。地方代表个人记忆,地方的历史则代表集体共同记忆,这也成为地方认同的重要来源之一(庄春萍和张建新,2011)。

但记忆是被发明的传统。它经常在很长时间内被很多个体和群体影响而成(Cosgrove and Daniels,1988),具有不稳定的性质(Crang and Travlou,2001)。记忆本质而言是社会记忆,可分为个人记忆和集体记忆。个人记忆具有不连续、零碎化和高度主观的特征,经常锚定于普通人和日常事件,但也会受个人情感和社会环境的双重影响。个人通过与他人交谈往事或参与庆祝仪式等来回忆过去、分享记忆,即使那些未曾亲身经历过事件的人们也共享一个"迷"(Bell,2003)。由此,个人记忆在增强群体成员的凝聚力或建立与地方的联系上有重要作用(Kong,1999)。"集体记忆"也称为"社会或公众记忆",强调"集体记忆"是真实存在的,即集体有权决定怎样获得并保留其成员的记忆,个体也只有借助与其他成员的交往才有可能获得属于自己的记忆并进行回忆(黄晓晨,2006;Assmann and Czaplicka,1995)。集体记忆经常是对过去的

第二章　文献综述与研究设计

选择性解释,具有动态性、可协商性,政府官员、利益相关者、学者、记者和其他公众会结合目前社区的需要来试图争夺该纪念什么历史并以此影射未来(Agnew,Mitchell and Toal,2003)。记忆作为统治的工具(Hobsbawm and Ranger,1983),与历史相关但却不同,记忆是经选择的历史,其本质是工具性的(Hoelscher and Alderman,2004),个人和群体经常会重新想象自己的过去,但他们并非纯粹是为了回忆而回忆,记忆被用以鼓吹不同的目的和日程,赋予那些受欢迎的事件以合法性,从而有选择地抹掉不愉快的过去(Schnell,2003)。过去经常被改变"以使其历史符合记忆",记忆不但保留了过去而且调整回忆以满足当前需要……那些模糊的或者不一致的景象、事件、人物、事物等变得连贯一致、直接而清晰"(Lowenthal,1975)。记忆是被权力再生产的,精英有权选择记住什么及忘记什么(Hoelscher et al.,2004),这涉及文化的政治框架。文化记忆可能因为种种原因而被扭曲(Wang,2008)。尽管记忆具有集体特征,但每个人都是"记忆工人",记起或者忘却、选择与排列记忆。由此,记忆主要是忆起过去,却不可避免地涉及忘却过去。城市更新主要服务于旅游发展、增强文化和民族主义身份构建。"新亚洲—新加坡"尝试将现代亚洲动感多变的一面与传统遗产相融合。如对新加坡河滨水区进行改造,将传统的活动、人和地方的记忆抹掉,并以新的景观元素替代之,体现了"记着去忘记"与"忘记去记住"之间的紧张关系,是"创造性破坏"和"破坏性创造"协商的结果(Chang and Huang,2005)。

(二)空间维度:文化景观建构地方认同

文化景观是人类活动的成果,是人与自然相互作用的地表痕迹,是文化赋予一个地区的特性。它能直观地反映出一个地区的文化特征(周尚意、杨鸿雁和孔翔,2011;王彬和司徒尚纪,2007)。文化景观记录了地方过去的历史,是一种记忆和纪念场所交织而成的网络。它根植于地方,包含了地方的往日(Lowenthal,1975)。由于文化景观具有物质和非物质属性难以分离的特点(周尚意,2011;詹双晖,2010),地方的过去可能以空间尺度不一的物质景观形式存在,如城市(何依,2005)、街区(汪芳,2007;刘宇波、张振辉和何正强,2008;李王鸣、江佳遥和沈婷婷,2010)、街道(李王鸣等,2010)、房屋(沈实现、李春梅和徐华,2005;Lewicka,2008;王霄冰,2009),甚至雕塑(杨斌,2006;王爱平等,2006)、家中摆设(Ferguson,1998)等,也可能以各种文字与仪式(王霄冰,2007;唐顺英和周尚意,2011;张桥贵和曾黎,2010)、语言(朱竑和韩延星,2002;Segrott,2001)、地名(司徒尚纪,1992;石超艺,2010;朱竑、周军和王彬,2009)、传说(王明珂,2006)、音乐和戏剧(詹双晖,2010)等非物质文化形式存在。各种景观与记忆相互作用,共同塑造了地方的文化特性,有助于保持居民对地方的根植感(Lowenthal,1975),形成地方认同(李凡和黄维,2012;李凡、朱竑和黄维,2010)。目前,国内关于城市景观保护的研究大都注重物质景观层面的规划保护(于波,2004;于立凡和郑晓华,2004;何依,2005;沈实现等,2005;涂欣,2005;张善峰和张俊玲,2005;舒乙,2006;李宏珍、薛菲和孙静,2007;汪芳,2007;李爱云和吴海涛,2010;李王鸣等,2010;石超艺,2010;汪芳、刘迪和韩光辉,2010;张希晨和郝靖欣,2010;刘兆丰,1997),也有少数研究从文学(赵静蓉,2005a、2005b、2006、2009;刘永丽,2006)、新闻出版(杨斌,2006;李玲芝,2007;盛巽昌,2005)、档案管理(潘积仁和徐继亮,2003)等角度探讨如何挖掘与保护城市的地方性文化。

第二章 文献综述与研究设计

具有悠久历史文化传统的地方性景观最易于被识别和认同,这构成了地方认同建构的物质基础。像历史档案一样,物质文化遗产能够再现过去,成为历史的物质存在形式。英属哈里斯岛原住民在其家中布置哈里斯挂毯,使用艺术元素体现其对于故土的再建构与再想象(Ferguson,1998)。另如,北京市崇文区金鱼池小区老舍作品《龙须沟》群雕景观体现了金鱼池小区城市下层市民的文化传统,具有独特的地方性,构成社区认同的文化表征符号。其符号价值超过其艺术价值,有效地促进了社区的内在文化凝聚力和文化认同(王爱平等,2006)。宜兴在独特的紫砂矿产与紫砂手工传统制陶技艺这一"小"自然地理和江南文学"大"文化地理的共同塑造下,获得紫砂文化"地方性"独特身份与标志(钱丽芸和朱竑,2011)。而云南泸沽湖摩梭母系社会文化背景下独特的地方性婚恋文化在旅游发展的影响下,当地摩梭男性的文化身份不但未被削弱反而得到进一步巩固(魏雷、朱竑和唐雪琼,2011)。此外,世界遗产景观作为"被发现"的景观,其自身价值显赫而易于激发地方自豪感、促进地方认同;有些景观制造过程则过于强调未来性而抛弃地方性,那么它将不能承载地方认同的功能(赵红梅和李庆雷,2011)。

尽管在发现或制造景观的过程中,权力的本质并非压制,而是其生产性(刘丹萍,2007),但是无时无处不在的权力却可能给地方性的建构带来多种可能性。当权力仅集中在精英群体手中时,草根群体所认同的地方性就可能被抹杀。北京前门—大栅栏地区景观改造中,政府与规划师拥有绝对的景观表征权力,拨浪鼓、鸟笼、糖葫芦等北京文化符号替代了前门—大栅栏的商业文化符号(周尚意等,2010),抹杀了历史商业街区的地方性,导致城市内部空间在更大尺度上的同质化。文化创意产业资本促使上海田子坊地区从一个传统的、地方性的、私密的、低收入群体为主的空间向一个时尚、国际化的、开放的、高收入群体为主的空间的再生产(孔翔等,2011)。澳大利亚阳光海岸由全球化和资本的力量自上而下创造的地方认同,成功地打断了地方性话语,与居民地方感发生断裂(Carter,Dyer and Sharma,2007)。地方精英投资建设纪念性景观来固化地方意义并影响地方认同,但是草根群体却更倾向于从其对地方直接的日常生活实践来塑造地方认同(Schnell and Mishal,2008)。当精英群体的话语代表地方传统历史或满足地方居民以及地方之外的他者对地方的想象时,地方性会被加强并成功获取普遍的认同,在促进地方社会发展的同时,增进了群体的地方认同。滇西北迪庆藏族自治州州府中甸县为开发民族文化旅游资源,利用英国小说家詹姆斯·希尔顿在《消失的地平线》中虚构的理想王国"香格里拉"这一符号,将中甸更名为"香格里拉"从而声名大噪。当地政府为塑造一个想象中的香格里拉,将《消失的地平线》作为文本指南,来强化地方现实与想象的一致性,打造成一个地方文化符号,在带来可观经济利益的同时,重构了地方文化并引导经济发展转向、增强环境保护意识(熊燕和杨筑慧,2007)。云南哈尼族昂玛突节长街宴受旅游影响不断演变:元阳哈播长街宴经历了文化适应而实现地方传统与现代发展的有机融合,绿春长街古宴的变迁则体现了政府权力在文化重构过程中的关键作用,但无论文化适应,还是文化重构都是地方性有意识的再生产过程(唐雪琼、钱俊希和陈岚雪,2011)。

持有不同认同的行动者往往积极挖掘特定地方的地方性并建构出新的地方认同。例如,酒吧作为西方消费文化表现形式,其经

第二章 文献综述与研究设计

营者、消费者、管理者、歌舞者等空间主体共同建构出全球与地方杂糅特色的地方性,地方性并非是全球化的对立面,二者是相互融合的(林耿等,2011)。文学作品、学术专著、电影、音乐、广告、新闻、网络和其他媒体等传统文本体现了文本作者所理解的地方性,但是文本对地方性存在强化与削弱两种相反的作用方向,尊重地方历史、追求人性向善向上的文本再现会强化地方性,而破坏地方真实性、站在"他者"好恶视角扭曲地方性的文本将削弱甚至完全消除地方性(唐顺英等,2011)。城市空间一般在记忆的创造和协商中处于中心地位(Lee and Yeoh,2004)。在城市历史中,每个人、每件事物都在记忆,同时也在经历被记忆(和重新记忆)的过程。地方的景观会随着时间变化被赋予新的意义,甚至演变为完全相反的陈述(Marshall,2004)。它们在城市的范围中记忆与共。不同的行动者会在不同时间发表自己对事件的理解,这些争论使相互竞争的解读进入公众视野。长期而言,可能比任何有形的、实物的纪念物更重要(Foote and Azaryahu,2007),所有空间的意义都不是永恒、固定不变的,而是随时间变化的(Foote et al.,2007)。Cooke 以 1983 年("二战"结束 38 年后)英国海德公园建立的专门纪念大屠杀受害者的纪念馆为例,探讨纪念馆及其可能选址的关系在意义建构中的重要性。这表明有关选址的争论不但受有关英国犹太人身份话语的建构并且反过来建构相关话语(Cooke,2000)。Blokland 以美国康涅狄格州首府纽黑文一个原以"小意大利"著称的绅士化街区为例,在地方建构的过程中,贫穷的黑人居民的历史在主导叙述中缺席,绅士化居民和美籍意大利居民都拥有其"讲故事的人",象征性地叙述其集体记忆、强调共同的身份,由此找到建构社区的公共途径。例如,吸引本地媒体报道节庆活动,并被提名为全国"最佳公共场所"之一,由此获得政治权力;而黑人居民却并没有宣称集体记忆,由此不能获得政策支持(Blokland,2009)。以色列殖民下的加沙犹太人定居者将其在定居点的生活体验视为帮助他们逃离边缘融入精英群体的增权过程(Schnell and Mishal,2008)。

综上所述,人文地理学者关注地方的独特性,包括自然、社会、文化等多个方面,取田野调查与综合性、系统性分析之长,对文本、访谈记录、图片等多种定性资料进行质性分析,研究家、社区、城市、国家等不同尺度的地方。城市或乡村等不同经济发展状态的地方,消费空间、纪念空间、节庆文化空间等不同情境下都得到展开,积累了日益丰富的地方理论。

第二节 城市民俗节庆中的地方认同

自 20 世纪 80 年代以来,节庆和事件(简称节事)(戴光全、保继刚,2003a、2003b)就受到地理学界的持续关注(Waterman,1998a,1998b;De Bres and Davis,2001;Jackson,1988;Getz and Andersson,2009)。节庆允许地方居民引用共享的故事、文化实践和观点等(De Bres et al.,2001;Ekman,1999),对内而言,有助于保留地方传统历史文化(Assmann et al.,1995),宣扬地方的文化意义,增进人们自我身份与地方的联系,进而增强群体凝聚力和认同感(Silverman,1983;Ekman,1999;Quinn,2005;Derrett,2003);对外而言,节庆在表达特定群体的文化意义时,为他者提供了一个学习自我文化、习俗和生活方式的机会,实现了与他者的文化沟通与交流(Quinn,2005)。这亦有助于多元文化的共存

(Hall,1993)。因此,节庆的本质是建构在本土文化之上且具有外向包容性的文化事件。

在文化和空间转向的背景下,随着全球化和城市化的快速推进,城市社会文化呈现动态化、多元化、兼容并蓄的特征。节庆常常被视为地方营销的工具和城市再定位的策略。很多研究关注节日旅游和管理及其经济利益(Huang,Li and Cai,2010;侯兵和陈肖静,2008)。例如,有研究探讨政府主办对节庆参与度的影响,认为由于多数城市节事由政府主办,当地居民和普通游客的参与程度不高,有些节事缺乏与传统文化和生活方式的连接,知名度不高,种种原因导致节事参与者人数偏低的现象(余青等,2004)。多数城市节事举办历史不长,节事品牌尚在成长之中,其中有数据记载的届数最长的是洛阳牡丹花会,自1982年创办到2003年,已经成功举办了22届,该研究表明,节事活动举办的历史越长,其知名度往往越大(余青等,2004)。同时,本地居民的参与对促进游客形象认知非常重要(Huang et al.,2010)。然而,地方能否继续位居节庆的中心地位仍然成为地理学者讨论的重要议题。近期研究特别关注现代城市背景下的节庆(Lentz,2001;McClinchey,2008;Quinn,2005),地方和地方认同再生产(Lewis,1996;Waterman,1998b;De Bres et al.,2001)、权力与认同(Waitt,2008;Curcio,2004)、人类行动者或利益相关者(Crespi-Vallbona and Richards,2007;Karlsen and Nordstrom,2009)等话题,逐步开始关注节日在社会和文化中的功能、意义和影响(Getz,2010),但对小尺度的民族或社区节日与城市社区的相关话题却知之甚少(McClinchey,2008),特别是较少研究关注节日对本地居民的认同影响。因此,从新文化地理视角探究节日情境,有助于洞察人们如何将其自身身份与地方依恋、地方认同相联系（Quinn，2005），也便于积累有关节日或事件与地方的相关知识。

一、民俗节庆与地方

在全球化与传统相互冲突的背景下，所有地方都在不断被写入新的记忆，地方记忆不但因人而异且随时间发生变化（Lewicka，2008）。城市本底文化受到外来文化冲击，也适度"反弹"实现本土文化的复兴（朱竑、封丹和王彬，2008）。节庆期间，日常生活的地方被临时改变为生产与消费文化的物质环境，而且人们在体验地方文化的同时也消费了地方（Waterman，1998a）。地方作为节庆实践的场所，充满了丰富的社会文化意义，成为地方空间文化身份的符号（Elias-Varotsis，2006）。

然而，地方并非是铁板一块，地方总是由特定时空的内外社会联系建构而成。所谓"地方独特性"也总是"超越地方"的"全球"广泛联系的产物（Massey，1995）。广州环市东酒吧的空间建构是本土对西方、当下本土对历史本土的再结构化过程（林耿等，2011）。挪威巴伦支海地区的三个节庆案例表明节庆发生的背景非常复杂，具有全球本土化特征。它不仅影响地方也受地方文化影响（Karlsen et al.，2009）。这都为马西的观点提供了实证支持。地方性本身还具有自发向外流动的能力，"流动的地方性"概念就强调不同地方的地方性或许有杂糅的可能性，它们不仅共存于一个更大的独立空间而且是互动的（朱竑，2005）。地方与历史、人类以及与其他地方从来都不是割裂的，而是不断地交流与互动，存在千丝万缕的联系。正是地方本身所具有的这种开放、变化的特性（朱竑、钱俊希和陈晓亮，2010），要求人文地理研究者要从"地方"本身

第二章 文献综述与研究设计

入手来深入理解人地互动过程,解读不同的政治、社会、文化与经济情境下"地方"建构的不同方式及其背后的社会与文化关系(朱竑和刘博,2011)。然而,地方却不具备自己宣称身份的能力,行动者视角对于理解节庆背景下地方文化身份与认同的建构过程具有方法论上的价值。它打破了许多地理学研究中普遍存在的微观与宏观、地方与全球、主体与客体、特殊与一般等简化二元对立的社会空间分析范式(Murdoch,1997)。

城市庆祝活动总是根植于地方的,物质景观为节庆实践提供场所,节庆实践反过来为物质景观书写新的记忆,增强或者改变城市的地方性。然而,节庆为了获得更多认同的意义,常常采用与过去有关的立场。因此,不可避免地成为城市不同群体争议甚至抵抗的领域。精英有权选择记住什么和忘记什么(Hoelscher et al.,2004)。于是,地方与节日经验的互动可能是正面积极的,也可能是负面消极的(Osborne,2001),节日由此成为文化的政治表征(Jeong and Almeida Santos,2004;Mayes,2008;Waterman,1998a)。纪念公共记忆、构建地方认同的任务面临诸多挑战,必须要思考,人们保留/否定谁的记忆……借助节日和仪式,人们又在保留谁的传统(Chang,2005)。广州荔湾区政府通过举办"西关小姐"评选活动,原本希望借"西关小姐"这一极具地方象征意义的文化符号,借以宣传本地文化并刺激旅游发展,虽然它成功地唤起人们对地方的记忆,但也备受争议,不同群体对于这一符号存在多种想象和不同认知(孙九霞和陈冬婕,2009)。事实上,"拥有一个身份"关涉权力、从属和排斥有关的社会实践(Atkinson,Jackson,Sibley and Washbourne,2005)。然而,节庆发生的物质景观固定在特定地方,相对稳定不变,具有真正的物质力量(Mitchell,2001)。

二、民俗节庆的地方认同建构

彼得·杰克逊认为美学、品味、风格等"文化"问题不能与权力、不平等和压迫相分开,并提出"文化是政治"的观点(Jackson,1989)。唐·米切尔赞同并进一步探讨了文化政治的议题,他对复杂的文化概念进行了回顾,提出"文化战争"的概念。文化通过地方的表达,不仅是社会建构的,而且是空间建构的。争夺文化就是争夺空间的生产和控制权。由此定义在特定社会里,哪些行为是合法的,而哪些行为是违法的,谁是"局内人",而谁又是"局外人",从而明确了社会边界(Mitchell,2000)。人文地理学者关注性与性别、种族、语言、民族主义等相关文化政治话题。节庆被认为是"反转策略",尽管抵抗经常是象征性的,如狂欢节实践及其美学在巴西社会引发激烈争论。传统上它常被视为"巴西精华"的文化表达,巴西里约热内卢狂欢节上女性的表演以及对女性身体的凝视就承载了矛盾且不稳定的文化价值观。尽管巴西社会通常借助权力、知识和社会对"女人是或应该是什么样"的含糊其辞来假装不存在这种紧张和不稳定的关系,但狂欢节始终存在高雅与低俗两种相对的价值观念。然而,女性绝非既成权力和意义体系的受骗者,他们不仅通过身体来传达文化规范,而且更加积极地展示女性特征,由此表演也可能是一种抵抗(Lewis,1996)。

(一)全球化、地方性与民俗节庆地方认同建构

澳大利亚塔姆沃思被誉为"乡村音乐之乡",尽管该地所具有的英国殖民历史、凯尔特音乐传统和北美流行音乐等一定程度上消解了其民族主义解释,并共同建构了所谓"乡村"的意义。但是,节庆和乡村音乐仍然被认为组成了该镇地方性身份的主要象征

(Gibson and Davidson,2004)。面对海洋公园的竞争,香港迪斯尼一改其米老鼠、唐老鸭和家庭其乐融融的传统形象和文化价值观,大力促销迪斯尼的万圣节,这被视为全球本地化的一剂良药(Lam,2010)。澳大利亚南部港口城市阿德莱德自1997年开始举办两年一度的"品味澳大利亚"节庆,与60年代南澳大利亚将自身定位为"节庆州"的身份有关,因此这就是被发明的传统。当人们将消费视为个人身份的一种表达时,"品味澳大利亚"节庆也倾向于走精英路线,如追溯食品和酒的历史(Brown,Chappel and Jane,2009)。爱尔兰共和国于1978年举办首届戈尔韦艺术节以低价票吸引本地人参与并坚持采用爱尔兰语的案例表明,虽然节庆受到多种复杂力量的影响而面临同质化的危险,但节庆之文化生产具有受争议的性质(Jackson,1988;Waterman,1998b)。只有在与其他地方持续互动过程中,地方性才能得以充分挖掘(Quinn,2005)。

(二)被建构的民俗节庆

民俗节庆是被发明的传统,它并非一成不变,而是随着时间变化,所谓"传统"、"真实"也是由不同群体建构出来的。美国堪萨斯州林兹堡"小瑞典"的案例表明,游客所持有的"该地完整无变地传承了瑞典的传统民俗"的感知与学术界所认为的"唯利是图抹杀了居民的种族"的观点都并非实情(Schnell,2003)。事实上,传统和文化都不是静止不变的,而是在不断转换的历史情境下被统治群体和少数文化群体不断地发明和再发明。林兹堡曾为瑞典路德殖民地,原本非但没有任何瑞典标志,连基于语言的地方认同亦渐趋消亡。但随着20世纪末美国民族旅游的兴起,当地居民通过服饰、食品等重新建构地方认同的涵义,再次确立了自身的文化身份,明确了其"瑞典裔美国人"的文化身份。而今林兹堡的街道布满提供"瑞典传统冒险"的商店,并且每年举办多次民俗节庆活动,比较著名的有六月仲夏节、圣诞节前圣卢西亚节、为期三天的瑞典纪念节(Schnell,2003)。由此,节庆、记忆与景观共同参与了地方性文化身份的再生产。游客和居民都认为西班牙巴塞罗那传统文化节事是原真的和本地传统的,但是两个群体之间存在显著差异:游客倾向于围绕其体验到的文化差异而持有存在主义的原真性观点,但居民则持有与文化和社会参考性有关的建构主义原真性观点(Richards,2008)。另一项西班牙加泰罗尼亚州文化节的研究发现,持鼓励创新观点的群体和希望保持传统和地方性文化的群体都认为有助于保持加泰罗尼亚的身份,但是他们对身份的理解却存在差异,政策制定者更强调经济和政治方面,而文化生产者更加在乎身份的社会影响(Crespi-Vallbona et al.,2007)。基于城市视角对东莞东坑"卖身节"民俗节庆再造过程的研究认为,权力政治、金融资本与地方性文化共谋使其成为一种不断被发明的传统(阎江,2007)。尽管盎格鲁美国人对海盗遗产的刻板印象包括闯入大海深处的、性别歧视的、血腥的男人强奸和抢劫等,而斯堪的纳维亚对海盗文化的理解却与战争毫无关联,海盗被认为尽管在外工作,但是在家乡却依然是生活在一个井然有序的社会中的人,在北欧海盗主题节庆过去被建构和理想化为一种原真的生活方式并将其作为身份的一种表达方式(Hannam and Halewood,2006)。泰国帕安岛被外国游客认为是纵欲的游乐天堂,而本地精英却坚决捍卫本土居民固守的文化传统与价值观,在认同的博弈中保持权力与关系的平衡(Malam,2008)。可见,近距离的文化体验与远程的文化想象可能存在截然相反的地方性认知与认同

(Martin,2005)。

(三)受争议的节庆实践与多样化地方认同建构过程

节庆实践具有受争议的性质,不同行动者对节庆地方性的认同存在显著差异,这导致地方认同的建构存在多种可能性。

第一,商业化是挑战节庆地方认同的重要因素,然而对于商业化在节庆中的作用与影响却存在不同理解。加拿大安大略省伊劳拉村作为历史遗产地的身份源自其迷人的自然风光,该地在2003年开始举办商业化的赛马赌场。尽管当地居民认为赛马赌场将弱化伊劳拉遗产地的形象,然而多数游客却不这样认为,拥有可持续发展文化保育思想的霸权话语有助于保持甚至增强遗产地的地方认同(Shannon and Mitchell,2012)。全球化、旅游发展和社区内外的商业化都使得地方身份受到争议,这势必导致区域身份的重组和象征性身份的重塑(Jeong et al.,2004)。奥地利沃尔夫冈·莫扎特的出生地萨尔茨堡艺术节原本是请最好的奥地利演员来为本地人表演歌剧,商业化导致艺术节关注精英的消费需求而成为精英的艺术节。表面上看来,艺术家、导演和经理是文化的主要生产者,观众是消费者。然而,这一关系在消费者对文化内容提出更多要求时发生反转,消费者成为主动的"生产者",表演方则按需提供他们想要的(Waterman,1998a)。以色列北部集体农场自1985年始每年一度的室内音乐节加利利山百隆节原本极具传统风格,是草根阶层的文化空间。但在商业化趋势下,以色列上层精英消费群体的需求导致音乐节成为欧洲高雅艺术的象征,而草根阶层被排除在空间的意义之外(Waterman,1998b)。同时,节庆被地方视为治疗经济衰退的良方,如距悉尼以西350公里处、1万人的小镇帕克斯(Parkes),该地面临人口下降、高失业率、经济衰退等问题,20世纪90年代,一批商机敏锐的发起人和猫王的歌迷们开始举办一年一度纪念猫王诞辰的模仿秀活动,自此猫王复兴节开始声名大噪。事实上,猫王普雷斯利从未到过澳大利亚,更别提帕克斯这个小镇了。然而,猫王复兴节却成为该地新发明的传统,该小镇被贴上埃尔维斯的标签和独特身份。尽管这一身份受到不同群体的争议,但它为帕克斯带来巨大的经济收益却是不争的事实(Brennan-Horley,Connell and Gibson,2007)。格拉斯哥冬季节试图同时实现刺激旅游和经济复苏与满足城市居民文化需要并改善生活质量两大目标,结果发现,表面上看来似乎同时实现了两个目标,但事实上游客和商家是节庆服务的对象,经济目标得以实现,而在地理上和文化上处于边缘的社区和格拉斯哥居民并未受惠于节庆(Foley and Mcpherson,2007)。自贡灯会由地方政府、市场、媒体、学术界等因素合力作用,逐渐由民间发展到官方,也逐步从本土走向异地,并从民俗转变成彩灯文化产业(田阡,2011)。因此,如何权衡社会和文化复兴的目标成为关键问题(Foley et al.,2007)。

第二,"统治"群体控制节庆并定义节庆的地方意义,由此导致地方认同建构产生多种可能性。一则节庆可能消解其原本具有的地方认同。浙江省景宁畲族自治县"中国畲乡三月三"民俗节庆被政府打造成为推动县域经济发展的文化品牌,经济主导导致具有商业价值的文化元素被赋予较大的表征权力,政府主导则忽视了民间的声音,强势的畲族文化认同建构策略忽略了其他民族的文化表达,抹杀了地方认同的多元特点(马威,2010)。"女儿会"本是湖北恩施市红土乡石灰窑镇的传统民俗,恩施政府为打造城市文化名片、发展旅游经济,于1995年将"女儿会"移植到恩施州城,

第二章　文献综述与研究设计

2000年又在距恩施市区54公里的梭布垭旅游景区举办,这破坏了文化传统的连续性,消解了传统民俗的地方性(曹毅,2009)。广州珠村乞巧节原称"七娘诞",自2005年广州市政府介入以来,改称"乞巧文化节",节日从民间走向官方,呈现半民间化的特点。尽管官方力量的介入对于民俗复兴来说具有积极意义,但是节庆的内核却发生了变化,从娱神向娱人转变(储冬爱,2009b)。在民族文化旅游发展的背景下,贵州省都匀市务川县仡佬族精英重构了"九天天主"及其祭祖仪式和场所,将务川树立为仡佬族族群中心,精英利用政治和文化表征权力重构地方文化身份、重新书写地方意义。然而,精英的"台上"认同与民众"台下"认同出现对立,官方主导、没有民众支持的文化重构实践具有很大的脆弱性(杜芳娟、陈晓亮和朱竑,2011)。二则节庆促进传统文化的保留与发展,增进地方认同意识。广州七夕节和鬼节往往借助官方力量得以扩展,官方象征借此成功地进入百姓的日常信仰生活。但是普通人也利用官方象征重塑并保留了大量的地方性文化传统(Wah,2004)。尽管乞巧节内容、形式和功能都已被重构,乞巧节对珠村世居居民、新移居居民、租房于珠村的居民这三种不同身份居民心理形成过程中的情感、认知和意向都产生了重要作用,但重构后的乞巧节在改善原住居民精神生活、优化珠村村落风貌、提升珠村族群的凝聚力、增强文化自豪感、保护乞巧文化及推动珠村的发展等方面产生了重要的影响和作用(陶伟、陈慧灵和蔡水清,2014)。战后香港移民的盂兰节案例表明,香港移民通过举办传统仪式的盂兰节来增强移民地方舒适和亲切感,这种熟悉感让他们将香港看作"家",增强了移民群体的凝聚力,并重新定位其社会空间身份,进而形成地方认同。但盂兰节并非一成不变,通过与移民地方的互动,移民不但纪念死去的人而且思念活着的人,使节庆在移民地方获得不同于大陆"祖居"地的新意义(Sinn and Wong,2005)。三则保留所谓的传统与原真,但却将地方社区成员边缘化,并挫伤地方经济发展的动力而受到当地群体的抵抗。韩国江陵端午节的案例表明,统治群体控制节庆并定义区域身份而将社区成员边缘化,强调社区和地方的传统意义但却未能实现平等、权力和公正的普世目标,由此节庆可被解读为神圣与世俗、公共与私人、冲突与凝聚等简化二元分类的"文化框架"(Jeong et al.,2004)。

第三,移民与流动性导致地方性从一地流动到另一地,并使移民城市节庆活动呈现多元文化特征。从加拿大安大略省多伦多市内21个商业促进区中根据在成立时间长短不同和每年举办一次族群节庆为标准,选择韦克斯福德高地(Wexford Heights)、龙塞斯瓦列斯(Roncesvalles)、小意大利(Little Italy)、厄尔斯考特(Earlscourt)四个族群街区,来探讨与族群节庆有关的地方多元文化现实,并指出,为了使族群节庆强化地方意义和社群的归属感,需要注意到地方的多元意义(McClinchey,2008)。后殖民社会新西兰奥特阿罗广播电视等媒体采用毛利语发音的地名,认为方言地名有助于建构想象的共同体,地方认同至少在一定程度上借由方言发音来得以表达,在多元文化下的认同逻辑应该是"既是……又是或者和",而不是"不是……而是"(Kearns and Berg,2002)。地方认同建构过程中充分考虑普通百姓,特别是居民和其他使用者的意见,将他们作为地方建构的积极行动者,将有助于增强其采取有利于遗产保护的态度和行动,并增强其对城市的认同(Yuen,2005)。云南省西双版纳州勐海县曼峦回村帕西傣在适应傣族文化的过程中,创造性地利用汉族春节强化族群内部的凝聚力,使得帕西傣保持了清晰的族群认同(马创,2010)。

(四)节庆增进群体地方认同

节庆有助于增强群体的地方认同。美国堪萨斯河沿岸社区于1997年秋季举办了"沿河而下节庆"(The Rollin' Down the River Festival),科镇河谷遗产联盟(The Kaw Valley Heritage Alliance)负责举办该节庆活动,目的纯粹是为了教育没有任何经济目标。而且,它并非属于某个特定社区的,而是宣传24个分散社区的特定方面。这一节庆主要有堪萨斯河项目、乡村返乡探亲、美国土著项目、自然环境活动、本地农业庆祝活动五大吸引物。结果发现,城镇的人口规模与活动参与度之间呈反比。尽管节庆被开发为针对游客的旅游商品,但是本地居民在过节时仍然增进了对社区的地方认同(De Bres et al.,2001)。尽管不同利益相关者对地方性持有不同观点,但都认为西班牙加泰罗尼亚自治州传统文化节庆在巩固加泰罗身份中具有重要作用(Crespi-Vallbona et al.,2007)。在打造地方性文化形象时,首先获取群体的地方认同,因为地方认同是地方形象成功的先决条件,地方形象进一步增强地方认同,形成良性循环(Zimmerbauer,2011)。

综上所述,围绕民俗节庆的地方性建构的时空背景,需要考虑多个行动者的文化实践来探讨城市多元文化背景下民俗节庆塑造地方性文化符号的过程,及其对相关群体地方认同的影响,这对保护城市多元文化、树立地方独特形象而言都有积极意义。

第三节 地方认同的主要研究方法

1978年,Proshansky提出"地方认同"的概念(Proshansky,

1978),将认同概念引入环境心理学,自此不少学科展开对地方认同的研究。其中,环境心理学、人文地理学者对地方认同持续关注了30多年。环境心理学研究者受社区和环境心理学训练而热衷定量研究方法(Hernandez et al.,2007;Williams et al.,1989),人文地理学者偏爱以定性描述见长的现象学研究方法(Tuan,1975;Relph,1976;Olwig,1999;Schnell,2003;Shannon et al.,2012)。尽管两者都注重探讨人地关系,且皆成果颇丰,但研究范式上却几乎没有任何交集(Lewicka,2011)。人文地理学者则侧重强调地方本身的特质,环境心理学大多数研究重点始终围绕"人"展开并特别注重心理元素的作用(庄春萍等,2011)。这与环境心理学对地方认同的关注主要受社会认同理论影响关系很大。国内已有不少研究关注地方认同等概念。较早见于旅游研究(黄向、保继刚和Geoffrey Wall,2006;唐文跃,2007;唐文跃等,2007;汪芳、黄晓辉和俞曦,2009;吴莉萍等,2009;许振晓等,2009;张中华、张沛和王兴中,2009;钱树伟、苏勤和祝玲丽,2010;唐文跃,2011a;唐文跃,2011b;赵红梅等,2011),主要沿袭环境心理学定量研究方法,着重测量人对特定旅游地的心理感知。近几年文化地理领域有关地方认同的研究成果颇丰(吴莉萍等,2009;蔡晓梅、朱竑和司徒尚纪,2011;蔡晓梅、朱竑和刘晨,2012;朱竑、钱俊希和吕旭萍,2012;杜芳娟等,2011),更加注重探讨地方性在地方认同中的意义和作用,与西方人文地理学建构主义思想一脉相承。过去40年间环境心理学领域有关地方依恋概念仍不统一,且过分关注"人"而忽视地方本身,这限制了环境心理学对人地关系的深入探究,建议结合当前全球社会的流动性和全球化进程,不必执着坚持以人为中心的研究方法,而是首先识别地方的意义(Lewicka,2011)。本研究将质性研究方法与定量研究相结合,试图从地方本身的文化特性出发,探讨地方认同的建构过程,或许是个有益尝试。

一、地方认同的定量研究

环境心理学认为,地方认同在性质上主要涵盖四点特征:表现出个人或群体对于环境的熟悉感以及作为"局内人"的感知(Rowles,1983);地方带给人情感满足以及促使产生情感偏好(Proshansky,1978);地方成为自我的一种符号、一种象征,特别在人们搬离熟悉的地方或者人地关系受到威胁时,地方认同变得更加显著(Dixon and Durrheim,2004;Zhu et al.,2011);地方认同影响个人与群体的行动或行为(Korpela,1989)。但是目前环境心理学大多探讨地方认同的心理因素(庄春萍等,2011),衡量人们在多大程度上依恋、依赖或认同一个地方,而对地方本身的文化意义挖掘不够深入,即对人的关注远超对地方独特性的关注,这使得地方认同被认为是一种心理结构,而忽视了人与地方互动过程对认同的影响。

关于地方认同的形成过程,有四项指导性理论:自我尊重、自我功效、独特性以及一致性(Breakwell,1986)。自我尊重是指人借助地方认同,获得其在社会结构的立足点,对自我和地方有积极评价,由此产生一种自尊感;自我功效是指地方具有某种特性使个人或群体得以满足其生活或精神等方面的需要,并由此产生一种对环境的可控制感;独特性是指个人与群体以地方来与他人或其他群体进行区分;而一致性则包括地方的连续性与自我的连续性两个维度:前者指人们在选择新地方时倾向于那些与已有地方认同相一致的地方,后者则指人们在选择认同的地方时会倾向于那些与自我价值观、社会地位等因素相一致的地方。但是学术界对于人们的地方认同形成机制却尚未形成一致意见（Lewicka，2011）。

后续大量研究继续探讨地方认同的影响因素，涉及性别、年龄、社会阶层、居住时间、房屋所有权等个人因素，也包括节庆、移置、区域经济一体化、移民环境等社会、文化因素（庄春萍等，2011）。同时，部分研究热衷借助定量研究区分地方的相关概念，包括地方感、地方认同、地方依恋、地方依赖等，但是这几个概念之间的关系如何尚不明确，不少研究认为地方认同与地方依恋内涵相似，二者常被交替使用（Rowles，1983；Stedman，2002）。有人认为地方依恋、地方认同都属于地方感的维度（Jorgensen，2001），也有认为地方依恋是地方认同的维度（Lalli，1992），地方认同也可能被认为是地方依恋的维度（Vaske and Kobrin，2001）。然而，也有不少研究表明地方依恋与地方认同并非完全等同，它们共同影响地方感（Rollero and De Piccoli，2010），也有研究证明地方依恋影响地方认同，如对吉隆坡的传统商业街所做的一项研究，采用问卷调查和深度访谈方法，发现地方依恋会影响地方认同（Shamsuddin and Ujang，2008）。另一项对本地人和外地人的比较研究发现，本地人在地方依恋和地方认同上其实没有差异，而外地人则是先有地方依恋，再进一步发展成为地方认同（Hernandez et al.，2007）。然而上述这些研究更加注重对人的探究，未能充分考虑地方本身的独特性，而已有研究强调要从地方本身的特质出发来构建概念（朱竑和刘博，2011）。因此，从地方本身文化特性出发，构建认知、情感与意向三个层面的地方认同测量指标，将有助于理解地方独特性在地方认同建构中的作用。

二、地方认同的质性研究

定量研究结果已可表明,地方认同不同于地方依恋。地方认同是一个将个人身份与物理环境联系起来,并由此对自我进行界定的复杂多维概念,包括有意识和无意识的观点、信念、偏好、感觉、价值观、目标……行为倾向和技能(Proshansky,1978),特别强调物理环境在塑造人的地方认同中的重要作用(Proshansky et al.,1983)。国内心理科学研究者的成果也认为地方认同在人的认知、情感和意向三个层面发挥作用(庄春萍等,2011)。关于广州市海珠区小洲村村民与艺术家地方认同的冲突或融合的研究采用质性研究方法,以认知、情感和行为意向三个维度作为研究的主体脉络,充分挖掘地方特质在不同群体建构地方认同中的作用(朱竑、钱俊希和吕旭萍,2012)。

基于地方建构观点,地方认同是个人认同的一个组成部分,是根据特定地方的独特要素、人地互动的本质而发展出来的(Bernardo et al.,2005)。人与地方互动的过程中,保留了许多与地方有关的个人记忆和集体记忆,这赋予地方独一无二的意义,成为人们识别地方的重要来源,促进地方认同的实现(Twigger-Ross et al.,1996)。有关地方认同的质性研究强调地方认同建构的多样性,及同一地方内部存在的地方认同的分异,即一个地方可能存在多种身份认同。地方认同的建构可能发生在多种情境之下。例如,物质文化遗产地发展商业经济对地方认同的影响(Shannon et al.,2012)、民族文化重构实践中地方认同的建构(杜芳娟等,2011)、食品实践对地方认同建构的影响(Panelli et al.,2008)、经济衰退地区的人造节庆建构地方文化身份(Brennan-

Horley et al.,2007)、城市更新与发展建构地方认同(Yuen,2005)、非物质文化遗产地节庆地方认同的文化政治(Jeong et al.,2004)、外来企业影响资源依赖型地区的地方认同(Larsen,2004)、移民基于自身文化建构地方认同(Schnell,2003)、新创区域节庆庆祝群体和地方认同(De Bres et al.,2001)、地方传统音乐节商业化的地方认同政治(Waterman,1998a,1998b)、废除种族隔离政策削弱了白人的地方认同(Dixon et al.,2004)、城市区域绅士化对不同群体地方认同的影响差异(Martin,2005)等。上述研究均采用质性研究方法,侧重探讨不同群体在地方认同建构过程中的权力关系,以及对地方认同的影响。这说明很多情境都可能导致地方认同的建构,而质性研究方法将有助于全面细致地理解地方认同建构过程中的权力关系。

第四节 研究问题

广州自盛唐时期便成为岭南政治、经济、文化中心,是海上丝绸之路的起点,本地文化吸收与融合外来文化精华,逐渐形成具有务实、创新、开放、包容特性的广府文化。但全球化的经济与文化迅速占领城市消费、文化等空间,城市化进程中的移民涌入与城市更新改造则打破传统的城市社会空间肌理,城市成为不同群体、不同文化争夺意义的地方。城市管理者日益意识到本土文化的可贵,不断挖掘、展示本土文化资源,以文化软实力来推动整个区域的发展,并力图逐渐将广州建设成为世界文化名城。面对认同危

第二章 文献综述与研究设计

机,本地居民不断发起本土文化保卫战①,捍卫属于地方的独特记忆。南方报业集团的一项调查②指出:"为弘扬广州传统文化,45.7%的市民表示应重点加强'保护特色建筑、街巷、古村落';其次是'举办庙会、龙舟赛等民间民俗文化活动'、'改造提升刺绣、雕刻等传统工艺和粤剧、粤菜、饮食等传统特色'和'保留老城区整体风貌'。"广州市各区都在积极打造民俗节庆来打造独特的文化身份③。民俗节庆为地方性文化展演甚至重构提供机会,也在地方书写新的记忆,是地理学者探讨地方认同的重要情境。然而,民间传承下来的传统民俗节庆与新创的民俗节庆在现实中并存,有必要探讨它们重构地方性文化元素、建构地方文化身份与认同过程中的权力关系,以及是否存在差异。因此,"城市民俗节庆中不同行动者如何建构地方认同"构成本研究的关键问题。具体包括以下几个关键问题。

第一,传统民俗节庆体现谁的文化记忆,彰显谁的文化身份,体现哪些地方性文化元素?地方认同建构过程是否存在争议与协商,程度如何?传统节庆建构出的地方认同是单一的还是多元的?

第二,新创民俗节庆体现谁的文化记忆,哪些行动者参与地方认同的建构?不同行动者如何基于其对地方意义的理解,选择何种地方文化元素,建构何种地方认同?这一过程中是否存在争议与协商,程度如何?地方认同是单一的?还是多元的?

---

① http://www.tudou.com/programs/view/Gs5xdunDkQ0/; http://www.tudou.com/programs/view/AB6vfUYLvl4/。
② http://news.nfmedia.com/nfdsb/content/2011-08/01/content_27542250.htm。
③ http://news.ifeng.com/gundong/detail_2011_05/10/6281069_0.shtml?_from_ralated。

第三,复兴的民俗节庆体现谁的文化记忆,彰显谁的文化身份?不同行动者如何参与地方认同建构?地方认同建构过程是否存在争议与协商,程度如何?

第四,不同类型民俗节庆在地方认同建构中有何差异,产生差异的主要原因何在?

第五节 研究设计与方法

一、研究设计

本研究以新文化地理学理论为指导,以城市民俗节庆为研究情境,探讨拥有不同权力的行动者基于何种文化认同,如何在城市民俗节庆情境下理解并建构其所理解的地方意义与地方认同,并探讨地方性文化元素在地方认同建构中的作用。研究围绕地方性建构过程中的权力关系与地方认同两个概念,基于迎春花市、端午节扒龙船与广府庙会三个案例具体展开。第三章将详细说明案例选择的过程。

(一)迎春花市地方性与地方认同建构

迎春花市因其与地方经济、文化、历史的千丝万缕的联系而被贴上本地标签,其地方性是如何形成的,迎春花市背景下不同群体如何建构其地方认同,是否存在单一的地方认同,是否存在争议与协商,程度如何等,是这个案例需要着重解决的问题。

(二)广府庙会建构地方认同

广府庙会是由政府新创的民俗节庆,但却涉及多类行动者,他们就广府庙会应该如何书写地方进行协商,这一过程中争议与协商的程度如何,能否增进民众对地方文化身份的认同,是这一案例需要解决的问题。

(三) 广州龙舟节与地方认同建构

端午节是中华民族共同的节日。但是不同地方在庆祝节日时有其独特的地方性,因此必须建构起多元的地方认同。在城市化进程中地方如何利用端午节来建构地方认同,有哪些变化,是这一案例需要解决的问题。

二、研究方法

研究不同尺度地方文化建构时需采用不同的研究方法论(周尚意,2011),这要求地方性与地方认同相关研究在方法选择上需灵活应对。而目前有关地方认同的研究方法主要有两大类:一是人文地理学者青睐的源于现象学的基于田野调查的质性研究方法(朱竑、刘博和钱丽芸,2011),获取各类观察、访谈、拍照等一手资料与历史文献、网络文本等二手资料,依赖于过去的常识、经验等进行分析;二是环境心理学研究者热衷采用的定量研究方法,采用问卷调查获取数据并利用统计软件进行分析。有学者指出,中国人文地理学正处转型的关键时期,需要提倡学术上的百花齐放和学术宽容,加强学术对话(R. 基钦和 N.J. 泰特,2007),摒弃所谓"唯一"的科学方法(顾朝林,2009)。事实上,地方认同的研究者已经意识到不同学科领域存在研究方法上的分歧,并提出学科理论与方法融合的建议(Lewicka,2011)。因此,本研究试图综合运用人文地理学对地方认同研究的质性方法与环境心理学研究的定量方法,一方面探讨节庆地方认同生产的过程机制,另一方面评估节庆对群体地方认同的影响作用及程度。具体而言,包括以下几种方法。

（一）参与式观察法

在迎春花市、广府庙会、端午节扒龙船活动期间,体验节庆气氛、观察节日地方场景的变化、了解不同行动者参与的方式,并与其他游人交流互动,拍摄照片,以便获得感性认知。鉴于广府庙会属于新创节庆,特于第二届广府庙会期间参与主要组织活动与重要会议,充分全面了解节庆筹备与进行的全部过程。

（二）访谈法

主要针对几类对象。对越秀区文化局、文化馆、科技与信息化局、工商联等政府机构实际负责人、城隍庙道长等行动者进行一对一的半结构化访谈,对世居居民、父辈移居者、己辈定居者、暂居者等不同居民群体、迎春花市档主、广府达人秀活动参选选手、广府庙会非物质文化遗产展销区的手工艺人进行一对一的开放式访谈,对车陂村、猎德村和珠村等端午节组织者、参与者和观看者等进行访谈。一方面获得迎春花市、节日文化建设等政策资料,另一方面了解不同行动者如何理解并建构其所认为的节庆地方性,他们采取何种实践,如何书写、书写怎样的地方意义。

（三）文本分析法

通过百度搜索"迎春花市"、"端午节扒龙船"、"广府庙会",获取传统媒体（报纸）报道、网络新媒体（各类网站,包括综合网站、微博、博客、视频等）的相关评论,反复阅读各类文本资料,寻找本土概念和关键话语并将类属分析与情境分析相结合进行深入分析。

（四）问卷调查法

基于地方认同定量研究文献,结合迎春花市、广府庙会的地方性文化特质与定性访谈发现,设计地方性、地方认同衡量指标,设计并发放调查问卷,利用统计软件 SPSS 进行数据质量分析、因子分析、Kruskal-Wallis Test 分析等统计分析,利用 Lisrel 进行结构方程模型分析,目的是了解节庆体验如何影响不同群体对地方性的认知及其地方认同。

第三章　广州民俗节庆与案例选择

　　广州节庆活动类型丰富多样。经济类型中首屈一指的当属中国进出口商品交易会（广交会），它创办于 1957 年春季，每年春秋两季在广州举办，迄今已有 57 年历史，是中国目前历史最长、层次最高、规模最大、商品种类最全、到会采购商最多且分布国别地区最广、成交效果最好、信誉最佳的综合性国际贸易盛会[①]。旅游文化节庆当属广州每年十月份举办中国旅游艺术节暨广东欢乐节，它最初是由广东省、广州市的文化、旅游部门从 1987 年起在东方乐园举办名为"广东民间艺术欢乐节"的民间艺术活动。1990 年国家旅游局、文化部、中国文联等单位共同参与组织第四届"广东民间艺术欢乐节"，并正式定名为"中国旅游艺术节暨广东欢乐节"，使之成为中国发展旅游业的一项新内容，并成为一项全国性旅游活动。自 1998 年中国旅游艺术节暨广东欢乐节在广州天河体育中心举行，并同时举办 1998 广州国际美食节，从此主会场一直在广州天河体育中心。民俗类型节庆得到新老广州人一致认同的是迎春花市，这是中国传统节日中最隆重的，也是广州人最重视的。随着时代的发展，不同规模的民俗节庆得以复兴甚至新创民俗节庆，民俗节庆活动空前繁荣。然而，民俗活动受不同时代的政治经济、文化生活等影响，反映了一个地区及其社会民众的心理、

---

① http://www.cantonfair.org.cn/html/cantonfair/cn/about/2012-09/119.shtml。

社会、生存状态。因此,不同民俗节庆在地方性和地方认同上均存在不同程度的差异。本章将首先按照时间顺序介绍广州民俗节庆,然后进行分类并比较其差异。

第一节 广州民俗节庆类型

一、广州民俗节庆简介

(一)春节

一般而言,农历除夕与春节合起来统称为"过年",正所谓"一夜过两年,一宵有两节"。除夕本是农历最后一天的一个节日,因为它与翌年春节连在一起,辞旧迎新,可认为是春节的节奏,是春节的一部分。如单独分开来称呼,"除夕"则称为"大年夜"或"年卅晚"。是日,广州人家家户户大搞卫生,清洁室内室外。然后布置厅堂、房舍,厅堂上挂上祖宗或先人肖像,供以果品,贴门神、年画、春联。下午四点钟,全家人围桌而餐,称为"团年饭"。饭后的重头戏则是"行花街",一般为年轻人行花街(逛花市),老年人在家"守岁"。旧俗儿童们还要去"卖懒"。入夜以后,一手提灯笼,一手拿着染红的鸡蛋和数炷香。走出家门,沿街边行边唱:"卖懒卖懒,卖到年三十晚,人懒我唔懒。"一直唱到土地庙或某神庙,把香插到神前的香炉上阻后,转身走回家,将红鸡蛋分给长辈吃。民间传说,红鸡蛋分给越多人吃,这孩子越聪明。此时长辈便赏以"压岁钱"。广州此俗的形成,是由珠三角居民从乡下带来的。有些不是从珠江三角洲迁来的居民,多无此俗。到了晚上十点钟以后,各家各户开始在厅堂神台前摆上年宵品、罗汉斋、糕品、生菜等,以待子时祭神迎春。此时,全城鞭炮连天,直响到天明。90年代初开始,政府明文严禁燃放鞭炮,因此现在节日均无鞭炮声了。广州的除夕花市,又称年宵花市或迎春花市,是广州人年三十晚的重要节目。学界普遍认为它是在19世纪60年代的双门底(今北京路中段)形成的(叶春生,1992)。除夕"迎春花市"是广州特有的节日民俗,具有深刻的文化内涵,既是精神文明与民俗文明的一种表现形式,又是象征吉庆祥和、生活美满、吉祥如意的民族文化传统,深得人民群众的喜爱。

(二)元宵节

传统的元宵又称上元节、元夕,元宵节是中国传统迎春仪式的重要部分。元宵节的起源与农业文明有直接的关系,元宵节起源于上古时期的农业祭祀活动,"元日祈谷"为元宵节的滥觞(韩梅,2010)。学者们基本认可元宵习俗主要形成于隋的观点(彭恒礼,2006)。元宵节赏花灯的习俗亦由来已久(戴新华,2010),更因历代这一节日有观灯习俗,故又称灯节。彭恒礼(2006)对宋代元宵节的研究说明,元宵节具有狂欢性质,赏灯游乐活动非常丰富。广州也不例外,一直都有元宵节赏花灯、猜灯谜、吃元宵的传统。例如,越秀公园2015年2月14日至3月20日举办越秀灯展,吸引大量游客。各区很多街道、公园甚至超市、百货等商业场所均开展与元宵节有关的文化活动,节日气氛浓厚。基于元宵节这一传统节日,以城隍庙的重修开放为重要契机,越秀区构思了广府庙会,在元宵节前后举办,尽管最初引发了广泛争议,但几届之后,得到市民认可,成为元宵节的重要庆祝活动。

(三)生菜会

生菜会是广州及近郊独特的大型民俗活动,是民间信仰与春游集会相结合的民俗盛会,既承载着岭南的风俗习惯,又是广州商业文明的体现,是广州特有的人文背景与自然环境相结合的产物。每年正月间举行,主要流行于现在的广州番禺、荔湾以及周边的顺德、南海(古属广州府)等地。主要民俗事项包括祭拜仪式、抢炮头、摸螺摸蚬、醒狮表演、"生菜主题"(包括购置生菜、吃生菜包、食生菜席)。近年来,这项传统的民俗活动逐渐走向复兴,越来越多人开始重视和参与此活动,规模之宏大前所未有。最为著名的当属广州芳村坑口生菜会,俗称"观音开库日",于正月二十六日在观音庙周围举行,迄今已 300 多年历史,1986 年恢复举办。不少广州佛山等地的市民都会前来上香,向观音"借库",即借财、借运、借业等,祈求新的一年有个好兆头。据研究,清朝同治十一年(1872年)《南海县志》卷五明确记载了"生菜会"这一民俗活动,是一种迎神赛社活动(白海英,2008)。最早生菜会作为我国"立春"时的风俗活动而出现,后不断衍变,仅在广州得以传承和保留。由于"生菜"与"生财"谐音,民间借生菜寓意"生财",寄托了民间美好的祈愿。然而,新时期以来,民俗解封和认同复兴,以及非遗保护的兴起,复办以后的佛山官窑生菜会发生了如下变化:由民间自发组织到官方主办、从有限禁令到全面管控、从信俗主导转变为商业盛会,体现了行政力量主导下民俗的遗产化和资源化取向,但遗产保护中产生的官民互动、观念修正等因素,又倒逼官窑生菜会出现了复归民俗传统的趋向,从而有效保护了民俗(谢中元,2015)。

(四)波罗诞

南海神庙的庙会在每年农历二月十一日至十三日举行,其中十三日为正诞,也叫波罗诞,即南海神诞,是广州乃至珠江三角洲地区独具特色的民间传统节庆活动,也是现今全国唯一对海神进行祭祀的活动。它在珠三角地区具有很大的民间影响力,蕴含了广州最有代表性的民俗民间文化元素,有着千年的历史文化传统。波罗诞庙会活动与南海神庙和扶胥古镇的发展、历代皇帝对南海神庙的敕封、地方官吏的祭祀密切相关,相辅相成(吕鹰,2010)。广州民间俗语有云"第一游波罗、第二娶老婆",可见庙会影响之大。波罗诞庙会期间,珠江三角洲一带村民和善男信女便结伴从四面八方到黄埔的南海神庙,或祈福,或观光,或购物,参观游览人数达数十万。国家"标准化"与民间"地方化"相互交织,使得波罗诞既获得国家赋予的正统性,又有深厚的民间地方化基础,从而使该项民俗得以产生并长期繁盛(黄韵诗,2013)。1986 年 1 月 24 日动工重修南海神庙,1991 年 2 月 8 日落成。[①] 2005 年,广州市把南海神庙"波罗诞"庙会与广州民俗文化节结合起来,创立了广州民俗文化节暨黄埔"波罗诞"千年庙会活动,活动规模和影响力不断扩大,社会效益和经济效益不断增长。

(五)清明节

清明节有 2500 多年历史,是中华民族重要的传统节日。"各处乡村各处例",祭祖扫墓,广东人过清明也有着众多不同的传统。传统的广州人向来重视清明扫墓,有在当日"行清"的习俗。按照旧时习俗,"行清"是一族人一起约定去扫墓。扫墓时,人们要携带酒食果品、纸钱等物品到墓地,将食物供祭在亲人墓前,再将纸钱焚化,为坟墓培上新土,折几枝嫩绿的新枝插在坟上,然后叩头行礼祭拜,最后吃掉酒食回家。广州人祭祀后分猪肉,将猪肉带回家后,配上清明时节的菜蔬"清明荠菜"炒着吃,吃完这些菜肉才算完

---

① http://www.ycwb.com/ePaper/ycwb/html/2010-04/11/content_797081.htm。

成"行清"任务。然而,清明节这些习俗主要由广州世居居民坚守,新广州人仍然按照各自家乡的传统习俗来完成清明祭祖仪式。因此,"行清"也是中国传统节日一体而万殊的独特表现。这一民俗在广州及周边地区均有很好的保留,然而,由于节日不免涉及怀念已故的亲人,不能用庆祝来表示,因而清明节是一个节日而非节庆。

(六)北帝诞

农历三月初三为北帝诞,民间称为拜北帝,北帝又称为真武帝君或玄武大帝。广州的仁威庙、三元宫、城隍庙都是供奉北帝的,与佛山的著名道教圣地佛山祖庙联系密切。泮塘"三月三"仁威庙会和黄埔波罗诞齐名,并称广州东西两大庙会。广州市道教仁威祖庙紧靠荔湾湖畔,始建于宋皇祐四年(1052年),有近千年历史,历来是广州市民、外来游客和海外华侨华人新年祈福、接财神、拜太岁首选地方。由于多种原因,北帝诞庙会活动到20世纪50年代后停止。2002年12月,经市政府批准,仁威庙移交市道教协会管理使用。经过市道教协会与荔湾区政府出资维修扩建,后于2004年4月27日举行了仁威庙重修落成典礼。2005年,原西郊乡泮塘等村和仁威庙联合举办"三月三泮塘仁威庙会",此后每年农历三月三日,荔湾区都举办盛大的北帝诞祈福活动。不过,2013年仁威庙会在2013年2月4日至2月24日(腊月二十四至元宵节),即农历的立春到正月十五元宵节,历时21天。另外,广州黄埔村北帝庙(又称玉虚宫)2007年修缮完毕,当年恢复举办北帝诞庙会。2011年珠村再现了北帝神"游进",广州人称"菩萨行乡"。

(七)端午节

端午节,广州人称五月节,是一个历史悠久的中国传统节日。

古籍记载,此节最早可追溯至秦汉之前。中国东西南北不同地方的人们均过端午节。端午,有很多称谓,如端阳、重午、端五、重五、五月五、端节、蒲午、蒲节、天中节、诗人节、女儿节等。端午节有着丰富的文化内涵,各种各样的传说与活动,不胜枚举,但祭神、划龙舟、吃粽子、挂菖蒲,这几大活动内容,全国从古到今是基本相同的。关于端午节的起源,流行的主要有纪念屈原和伍子胥说、恶日说、夏至说和龙图腾祭祀说等(黄珍,2007)。端午节传入广州的时间未见史籍记载,但其应为中原移民带到广州来的。尽管广州的端午节内容比较简单,其文化意义也有所转变,但广州人非常重视端午节。旧俗于农历的五月初二至初四便有送节之举。年轻"新抱"(媳妇)们,用"全盒"六个或四个,盛以粽子、猪肉、生鸡、鸡蛋、生果、酒等回娘家向长辈贺节。到了端午那天,姑娘和儿童们还要挂香包,香包中装有檀香粉、花椒、八角、茄楠粉、硫磺等。香包多以五色丝线编织,也有用绣花丝线缝制或用毛线织成。一般均为新媳妇所送,可以体现新媳妇的贤良和手艺,俗称"新抱手艺"。端午午饭后,家家贴"午时符"。符用宽约一寸、长近一尺的黄纸条,上面用朱砂写上"五月五日午时书,官非口舌疾病蛇虫鼠蚁皆消除"等字样。在大门上悬挂菖蒲、艾叶、凤尾草等,并扎上一束大蒜头,涂以朱砂避邪。也有些人家还在门上贴上用黄纸写的小对联:"艾旗迎百福,蒲剑斩千邪。"正午时分,用生果、粽子拜家神,烧艾草薰屋角,称"驱蚊虫邪魔"。用雄黄酒调朱砂,在孩子的额上、胸口、手心上点一红点,以示避邪。赛龙舟,广州人称"扒龙船",是广州人过端午最大的活动项目,过去多为郊区农民为之。20世纪30年代前,在四月初八的浴佛节便将去年端午节后沉入涌底的龙船起出,俗谚谓"四月八,龙船随海滑"。30年代后,逐渐改为五月初一才起出龙船,俗语顺口溜念道:"初一龙船起,初二龙船忍,初三初四游各地,初五龙船比,初七初八黄竹岐,初九初十龙船打崩鼻。"初五是赛龙船的高潮,得胜者可获赏全只烧猪与赏银元。初七初八,郊区各乡龙船多集中到市郊黄竹岐进行表演比赛。因为那时黄竹岐地方有一座龙母庙,初八为龙母诞,人山人海,人们既拜了庙,又观看龙船表演,所以人们乐此不疲。五月初五的龙舟活动,1994年,广州市政府正式定为龙舟节①。为庆祝龙舟节,弘扬民俗文化,宣传"精诚合作、奋勇向前"的龙舟精神,自1994年,广州市政府于农历五月期间举办首届国际龙舟邀请赛,目前是中国传统体育运动的五星级赛事,被誉为世界上最好的龙舟赛事之一。2015年第二十二届广州国际龙舟邀请赛由国家体育总局社会体育指导中心、中国龙舟协会、广州市人民政府主办,广州市体育局、广州市公安局、广州海事局、广州市住房和城乡建设委员会、广州市卫生和计划生育委员会、广州市城市管理委员会承办,广州市体育竞赛中心、广州市水上运动管理中心、广州市龙舟协会协办,特邀中国香港、中国澳门、澳大利亚、马来西亚、伊朗、美国和加拿大等龙舟队伍前来参赛,国际影响力凸显。

(八)乞巧节

农历七月初七,相传为牛郎、织女聚会之夜,古时称七夕节、乞巧节,还有许多称谓,如七巧节、女儿节、少女节、女节、洗头节、情人节、双星节、妇女节等,广州人则称为"七姐诞",也叫"摆七娘"、"拜七娘"。民间关于牛郎织女的故事不尽相同,大体如下:相传,

---

① 中国广州网. http://www.guangzhou.gov.cn/node_2090/node_2141/2009/02/04/1233719199286796.shtml.

牛郎是一个非常勤劳而朴实的农民,织女(玉帝的女儿)是一位心灵手巧的织布能手。由于有天人为媒,两人相亲相爱,婚后男耕女织,生儿育女,过着幸福美满的生活。后来玉皇大帝知道女儿下嫁凡人,气愤不过便派西王母到人间硬将织女接回天庭。牛郎知道后携带儿女追赶,到了天上,西王母拔簪划河为界,结界一对恩爱夫妻只好隔河相望而居。后来玉帝被牛郎织女的真挚爱情所感动,并在喜鹊的同情和帮助下,两人每年七月七日的晚上可得一次相会。这种悲欢离合的爱情故事,在全国各族人民中家喻户晓,也是形成乞巧节的主要缘由。广州旧时过乞巧节一直热闹非凡,甚至可与春节媲美。宋人刘克庄诗咏道:"粤人重巧夕,灯光到天明。"在节日到来之前,姑娘们就预先用通草、色纸、芝麻、米粒等,制成各种花果、仕女、器物、宫室模型等奇巧玩品。将谷种和绿豆放入小盒里浸,使之发芽,待芽长到二寸多长时,用来拜神,称为"拜仙禾"和"拜神菜"。七夕晚(广州人多从初六晚开始至初七晚,一连两晚),姑娘们穿新衣、戴新饰、涂红指甲,将早已备好的古董珍玩、鲜花、时果、脂粉等各式物品摆放在厅堂的八仙台上,还要有一盏油灯放置在"仙禾"或"仙菜"中间。此时,有钱人家的厅堂布置得锦屏绣椅、富丽堂皇,一般人家尽量把厅堂摆设井然。一切都安排停当以后,姑娘们便焚香点烛,对星空跪拜,称为"迎仙"。自三更至五更,要连拜七次。此时,除了邀请亲戚朋友前来做客以外,还要请邻里中相识与不相识的姑娘们一起拜神,观赏巧艺与玩具,高高兴兴,热热闹闹,如巧艺与玩具受到越多人的称赞,主家姑娘就越高兴,越感到荣耀。广州的姑娘们说,像这样能在众人面前展示手艺,一生是没有多少回的。拜仙之后,姑娘们手执彩线对着灯影将线穿过针孔(古称金针度人),如一口气能穿过七枚针孔者

第三章 广州民俗节庆与案例选择

被称为巧手(得巧),穿不到七孔针者则"输巧"。正如唐代诗人所描绘:"向月穿针易,临风整线难。不知谁得巧,明旦试看寻。"再后便焚烧纸制的圆盒(梳妆盒),盒里装有纸制的衣服、鞋、脂粉、梳妆镜、梳子等,每样一式七份。祭拜仪式结束后,八仙台上的摆设保持不动,留待翌日(初七)供姑娘们互相串访时参观、评议。据明清和民国时期的一些书籍所载,广州姑娘于七夕中展示出来的巧艺,有一粒谷粒大小的绣花鞋、指甲般大小的各式扇子,有玲珑轻飘的小罗帐,还有特制的莲花、茉莉、玫瑰、夜合花等,花盆只有酒杯大小,盆内描有两朵花,一真一假,令人难以区别。到了初七晚,继续如昨晚一样祀神,称为"拜牛郎",一般由男童主祭。七夕过后,姑娘们所制作的工艺品、玩具等互相赠送,以示友情。广州七夕拜仙,已婚女子一般不能参加,但新婚后的新娘在过第一个七夕时,要举行一次"辞仙"仪式。即在初六晚上祀神时,除了牲醴、红蛋、酸姜等(取兆得子)以外,还要加上雪梨或沙梨,表示与姑娘节离别之意。可见,广州乞巧节并非情人节。然而,因历史原因,广州乞巧节曾历经近百年沉寂,后在广东省番禺凌边村、天河珠村最早复苏。广州珠村被广州民俗文化研究会誉为"中国乞巧第一村",珠村乞巧节由官方走向民间,珠村乞巧节成功列入"国家级非物质文化遗产"[①]。乞巧节案例表明,乞巧节是女性文化的载体,充分表达着女性话语,其中包括女性技能的展示、女性信仰的表达、女性智慧的象征等(储冬爱,2009b)。在城中村逐渐城市化的进程中,乞巧节依然作为一种女性交往方式存在,增进族群内部的情感联系,也沟通着珠村与外界社会之间的联系(罗丹、徐天基和曹新玲,2009)。

---

① http://www.xwgd.gov.cn/xwgd/News.shtml?p5=114443。

（九）中元节

中国的岁时节令中有所谓三元，指正月十五日上元，七月十五日中元和十月十五日下元。"三元"是根据道教的三官而来，这三官即天官、地官和水官。天官为上元一品九气天官赐福紫微帝君，地官为中元二品七气地官赦罪清虚帝君，水官为下元三品五气水官解厄洞阴帝君。三官分别以正月十五日、七月十五日和十月十五日为诞辰。中元节，又名七月十五、七月半、鬼节。广州人称"七月半"，以祭祖、上坟与施孤为主。《中华全国风俗志》："七月十五日，俗谓鬼节，僧道沿街搭台念经，谓之盂兰会，谓广施佛力，以追荐鬼魂，而为饿鬼施食。"因此，七月十五日中元节与道教有密切的关系。而就佛教而言，七月十五日是盂兰盆节（高洪兴，2005）。中元节的文化内涵其实是包含了对已逝亲人的思念，现在一些地区还保留着烧纸钱过中元节的传统。随着时代的变迁，祭祀祖先的方式也有变化，比如摆放肖像、保存遗物等方式。盂兰盆会为天竺语，意为"解救倒悬"。传说释迦牟尼弟子看见自己的母亲在地狱倒悬受苦，求佛超度。释迦牟尼于是让他在七月十五日僧众安居终了之日，备百味果食，供养十方僧众，使其母亲解脱，从而形成了盂兰盆会。我国举行盂兰盆会已有较久历史。《荆楚岁时记》："七月十五日，僧尼道俗悉营盆供诸佛。"广州于七月十三至七月十五日在僧尼寺院中举行盂兰盆会。僧道诵经施食，以祭幽灵。也有些居民，利用盂兰盆会将亡人的牌位送到会中凭吊，俗称"附荐"。亡人的妻子儿女日夕临吊哀哭，向亡人焚化金银纸衣、用纸制的用物住宅等。如要超度先灵者，还须预先报名，安排大小灵牌位置，按牌位的大小收牌位费。民国时期，小的用红纸条写上亡者姓名，收费白银5元，纸扎龙牌位收费10元，加大的则收15～20元。如纸扎真身人像(穿上真人衣服),按大小另议收费。盂兰盆会中或僧或道均要诵经念咒。盂兰盆会最后一晚,不论僧、道,都要举行水陆超度,才告法事结束。据说,广州市天河区车陂村"摆中元"活动有五百年历史,2000年车陂村"沙美梁"祠堂恢复举办中元节,但这个节日仍是一个边缘化的节日。①

(十) 中秋节

中秋节是最具诗情画意的一个节日。中秋节,古时也叫月夕、月节。因为时属仲秋,酷暑渐渐退去,秋风习习而来,天高云淡,秋高气爽,月朗星稀,一轮明月皓然长空,这便是中秋月了。农历的八月,是秋季的第二个月,称仲秋;八月十五则是仲秋之中,秋季之中,故称中秋。八月十五称中秋节、仲秋节,都是由此而来的。广州的中秋节,旧时也有称"月光诞"。八月十五日,人们一早起来,用月饼、生果祭祖拜神,晚上全家围桌而聚,美美地吃上一顿团圆饭。广州俗语说:"冬唔饱,年唔饱,八月十五得餐饱。"说明广州人对中秋节这顿团圆饭是极为重视的。晚饭过后,便举行"拜月光"仪式。有天台的在天台上,无天台的在门口竖起竹竿,挂上彩灯和灯笼,摆上月饼、芋头、菱角、柚子、香蕉、杨桃、柿子、油甘子等(芋头的摆法是,在盘的中央放芋也母,周围摆芋仔),对月而祭。祭月时要焚香燃烛,烧"月光衣"。拜完月光后吃粥、吃田螺,台称田(石)螺粥,田(石)螺用蒜头、豆豉炒熟,非常鲜美,吃月饼、水果,一家老少或亲友在一起畅叙至深夜。剥壳而食的祭品,含有剥去衰运、迎来新运的意思。现在若有家人在外不能回来团聚的,则用电话互相道贺,共祝节日快乐。儿童们手持各式灯笼,如鱼龙灯、鸟

---

① 广州日报. http://gzdaily.dayoo.com/html/2011-08/15/content_1446482.htm.

兽灯、水果灯等（多在街上购买）沿街走动。在儿童世界里也别有一番情趣，给节日增加了浓厚的气氛。广州人度中秋，最有特色的便是月饼了。广州的中秋月饼，以其色香味形驰誉中外，受到国内外人们的欢迎。其品种之多（约有数十种）、选料之精、味道之美、制作之细，更是其他各地月饼望尘莫及的。广州于20世纪20年代流行一种"月饼会"社会组织。即一些中下等的饼家、茶楼为了资金周转，串连周边居民按月交纳若干钱，从中秋节后开始，供足十二个月，到下一个中秋节前，即可从该饼家、茶楼取得一份月饼。参加"月饼会"的人，多是一些受薪阶层或一般开小店档的居民，均为一般劳苦大众。他们按月交纳份金，零存整取，明年中秋节日，能得到一份可观的月饼，又享有正价八折左右的优待，着实是广州人所说的"一家便宜两家着"，对饼家和消费者都有好处。因此，当时的广州"月饼会"吸引了不少市民。抗战期间，因社会混乱、民不聊生，"月饼会"从此中断。

（十一）重阳节

重阳节，又名九月九、重九、九日、茱萸节、菊花节。重阳节的由来已非常久远，在战国屈原的诗句中就已经有咏重阳之句。九月九日登高是源于为避瘟疫的神话，后来才逐渐演变为以登高为主的文化节日，并深受道家的影响。唐代诗人王维写道："独在异乡为异客，每逢佳节倍思亲。遥知兄弟登高处，遍插茱萸少一人。"以此思念家人。但是，广州人过去登高并不完全是登山，也有许多是登五层楼（镇海楼）和花塔的。这可能是因为五层楼和花塔是当时广州建筑物中的制高点。人们在登高时携带广州当地特产菊花糕和茱萸酒到登高处食饮。是日还有"放鹞"的习俗。今天广州的人们已不再登五层楼和花塔，而是登白云山了。人们从九月七日开始,自备干粮(主要以各式糕点为主)、饮料(矿泉水、可口可乐、健力宝等)在登山时食用。旧的菊花糕、茱萸酒也早已被人们所忘却。从八日下午开始到十日早晨,白云山上人潮汹涌。大批警察常常上山维持秩序,以免出现事故。人们登上山顶(多数还要登上白云山最高峰摩星岭顶)后,买上一支用塑料纸扎成的小风车(上有八个小风轮、二个蝙蝠模型、三个铜钱上刻上"福、发、财"字样,顶尖上还插有"生意兴隆"、"心想事成"二支金龙红三角旗),带回家去,以示"登高转运"。到此节日活动宣告结束。广州人登高侧重于祈望转好运,并祭拜神灵或祖先。"九九"音同"久久",重阳也是"长久"的象征,引申为"长寿",广东省政府特别定立重阳节为"老人节",一是含有祝老人平安长寿之意,二是借这个节日,倡导关怀老人、孝敬老人的风尚。

(十二) 冬至

冬至是我国廿四节气之一,是中国农历中一个重要的节气,也是中华民族的一个传统节日。冬至俗称"冬节"、"长至节"、"亚岁"等。简单来讲,就是"冬季到了极点"。由于冬至后,白昼渐长,所以民间有"冬至阳生"之说,象征万物生机日渐加快。广东人很重视冬至,有"冬至大过年"的俗谚,又有"肥冬瘦年"的讲法,比之"过大年"(即春节)要早,不能忽视。广东人冬至祭拜神灵和祖先也很重视,这一天家家户户都杀鸡宰鸭,并准备好烧肉、果品、糕点、酒茶等祭品。拜祭之后,将祭品做成丰盛的晚餐大吃一顿,叫作"团冬饭"。农谚有云:"食了冬饭冬冬坐,吃了年饭讲耕锄。"还真有一点过年的味道。广州人在冬至还要做咸汤圆吃,用糯米粉做皮,把切碎的沙葛、猪肉和虾米做馅,配以鸡汤。也有些地方是吃甜汤圆,寓意团圆甜蜜。每人吃一碗再添一些,叫作"添岁",意思是过了冬就增加一岁了。有些地方把糯米汤圆贴在门楣、屋梁、米缸等处,说是喂老鼠,叫"饲耗",说是为了感谢老鼠从远方把谷种带来。也有人说:"喂饱老鼠,免得它到处咬烂杂物。"

(十三) 谢灶

广州人谢灶,于每年农历十二月二十三日或二十四日进行。因灶神节是最接近新年的一个节日,也是一年除夕之前的最后一个全民族较大的民俗节日,所以民间将其作为过年的一个组成部分。从这天开始便进入年关了,俗称"入年架"。在这一年就将终结之前,"本家司令"要上天去向玉皇大帝汇报这家一年来的善恶之事了。灶君要走了,作为家庭就要举行饯送,所以这天称为"送灶",即"送灶神"。因为我国地方辽阔,各地对这个节日的名称有着许多不同的叫法,有的称谢灶,有的称祭灶、送灶、辞灶、小年、小年下、小年节、夜灶神节等。道家称祭灶,为我国古代五祭之一。灶神,俗称灶君、灶王,或称"东厨司命"。广州人祭灶称为"谢灶",一般在农历十二月二十三日晚上进行,关于谢灶的日期,广州有谚云:"官三、民四、疍家(水上居民)五。"即官宦人家在腊月二十三谢灶,一般平民百姓二十四日谢灶,而水上居民要推后到二十五日才能谢灶。这是封建社会等级制在节日中的反映。对于谢灶,广州居民也与其他地方的民间传说大体相同。是日,灶君爷要上天向玉帝述职,奏明各家善恶,玉帝将各家灶神的奏述情况,分别给各家赐福或降祸,所以老百姓对灶神的举动非常重视。为在灶神临行前表示虔敬,要于该日清洗灶君神位,簪金花,挂彩红,用猪肉、全鸡、鲤鱼、酒、甘蔗、饴糖焚香点烛祭拜灶君。百姓说,灶君吃饱饮足后,用饴糖(麦芽糖)将其嘴封住,不让其多说话。此外,再用清水加上黄皮叶,置于灶神前面,焚烧金银纸帛、灶君衣帽(纸制),

意为请灶君沐浴更衣。灶神前还要点上一盏油灯,好让灶君照明行路。历来祭灶是男人的权利,女人不能参加,也不能观看,有谚云:"男不拜月,女不祭灶。"礼毕,还要烧"灶君疏"。此"疏"用红纸写上全家今年所做的好事,以及户主姓名、地址等,边烧边祷告灶君爷爷"上天言好事,下地保平安",或"上天言好事,下界降吉祥"。祭毕,燃放鞭炮,合家高高兴兴吃"小年夜"饭。

二、广州民俗节庆类型

民俗节庆类型的划分依据多样,学者们并未给出一致的标准。按照传统与现代划分,一般认为传统民俗节庆是经历史传承并流传至今的,而现代民俗节庆则是发明的节庆,往往为新创节庆。按此标准,广州民俗节庆大都属于传统民俗节庆,然而也有基于传统节日新创的民俗节庆,如越秀区在元宵节期间举办广府庙会和端午节期间举办的广州国际龙舟邀请赛都是现代民俗节庆。不同类型节庆地方性存在差异,因此可能对不同类型市民的地方认同影响存在差异,有必要探讨不同地方性的民俗节庆与地方认同之间的关系,将有利于民俗节庆活动的健康发展。根据主办方不同,民俗节庆可以分为民间自发组织、官方组织、官民合办等几种类型,不过很多节庆主办方会有所变化,这也会对节庆性质产生影响。根据节庆地方影响力划分,民俗节庆可以分为城市民俗节庆、村落民俗节庆。还有其他划分标准,不一一详述。广州民俗节庆类型大致如表3—1所示。

表3—1 广州民俗节庆类型及其差异

节日	时间	民俗活动	地方性元素	类型
春节	除夕和年初一	迎春花市	花文化核心	城市传统民俗节庆
元宵节	元宵节前后	公园灯会、广府庙会	灯会核心、多元化的广府文化	城市民俗节庆、城市新创民俗节庆
生菜会	正月二十六	坑口生菜会	村落特色文化	村落复兴民俗节庆
波罗诞	二月十一至十三	波罗诞	祭祀海神	基于神诞的民俗节庆
清明节	阳历4月5日前后	行清祭祖	祭祀先人	广泛影响力的民俗
北帝诞	三月初三	仁威庙北帝诞	春游与水文化	基于神诞的民俗节庆
端午节	五月初五	扒龙船、广州国际龙舟邀请赛	传统村落龙舟文化为核心,与现代体育赛事结合	村落传承的民俗节庆与现代体育赛事结合
乞巧节	七月初七前后	珠村摆七娘	女性乞巧文化	村落复兴民俗节庆
中元节	七月十五	车陂摆中元	祭祀祖先	村落复兴民俗节庆
中秋节	八月十五	互送月饼、赏月赏灯等	团圆	重要影响力的民俗
重阳节	九月初九	白云山登高	祈福消灾与敬老爱老结合	广泛影响力的民俗
冬至	阳历12月21至23日	吃"咸汤圆"、打"边炉"	实践冬至大过年的说法	有影响力的民俗
谢灶	腊月二十三或二十四	祭灶	祭灶,购买腊肠、芹菜、葱、蒜等"压年菜",求好意头	有影响力的民俗

第三章　广州民俗节庆与案例选择

第二节　广州民俗节庆与地方认同

由表3—1可见,并非所有的节日都被庆祝,并非所有的民俗都被记忆,也并非所有的民俗节庆都被更为广泛的群体接受。也正因为如此,才形成了多元群体民俗节庆的异彩纷呈,为不同群体实践自身的地方文化认同提供更多空间和舞台选择。而面对全球化激烈的竞争,城市则充分利用各种传统的、人为的或混合型的节庆来建构城市形象(阎江,2007)。广州传统节庆的代表非广州迎春花市莫属,规模最大、影响力最大、得到广泛认同的也非迎春花市莫属,俗称"行花街",已然是独具特色的年俗景观,本地人普遍认为不逛花市不算过年,而且外地人也认为迎春花市是广州特有的文化现象,正如《法制日报》一篇报道所言:"北京人热衷庙会广州人钟爱花市。"[①]传统与现代相结合的民俗节庆活动则以端午节扒龙船与广州国际龙舟邀请赛为代表。基于广府地区民间端午节扒龙船的习俗,1994年始,广州市政府于农历五月期间举办首届国际龙舟邀请赛,一方面扩大了村落端午节扒龙船的影响力,另一方面将龙舟文化推向世界。还有一类节庆为人为创造的,最典型的是广州市越秀区于2011年元宵节开始举办的"广府庙会",无论是名称还是展演内容都备受争议,争议的关键是庙会究竟体现谁的地方性,进一步引发了谁有权决定哪些是广府文化元素,谁的文化记忆应该得以保留等一系列问题。节庆由于其传统根基及其在现代社会的传承而获得不同的地方性影响力,也因此对不同群体

---

① http://www.fawan.com/Article/gn/ss/2011/02/06/141914104038.html。

的地方认同建构产生不同影响。因此,不同民俗节庆与地方认同的关系成为本研究关注的重要问题。

第三节 案例选择与研究过程

一、案例选择

本文以城市民俗节庆为情境,具体从地方建构观点和行动者视角探讨城市民俗节庆活动情境下,地方性文化元素的重组及地方认同建构过程中的权力关系,是节事与新文化地理研究的有益交叉,弥补了以往节事研究较多关注节事活动的经济和社会影响而较少深入探讨文化过程的缺憾。在城市背景下探讨民俗节庆地方性及地方认同的文化政治过程,选择传统、复兴与新创三类民俗节庆进行比较研究。案例选择的主要依据有如下几点。

第一,城市作为地方研究的最佳选择主要基于以下几个考虑。①有历史上的相对稳定性;②其边界比邻里街区和区域都更容易描绘;③城市通常承担着政治、经济或文化中心功能,汇聚着多元文化;④城市本土文化面临着全球化、城市化、移民、流动性等外力的猛烈冲击,内部空间存在激烈的抗争,地方身份与认同存在多种分异。

第二,民俗节庆作为探究地方性和地方认同的情境,则基于以下几个现实。①政府地方传统文化保护政策和行动促进民俗节庆的复活与发展,城市民俗节庆活动空前繁荣;②城市民俗节庆承载着刺激地方经济发展、重建地方文化身份、增强群体凝聚力与认同感的多重目的,国内民俗学研究已经围绕城市民俗节庆的发展与变

第三章　广州民俗节庆与案例选择

迁作了探讨,但是尚未考虑它们的社会和文化影响;③城市民俗节庆"邀请"各类行动者参与文化重构过程,亦引发对节庆地方性、文化身份与地方认同的广泛争议,体现了文化政治过程,值得关注。

第三,选择三类具有不同历史延续性和文化记忆的城市民俗节庆作对比研究,有助于洞察节庆重组地方性文化与建构地方认同的过程,能够对节庆地理和政治地理相关理论起到补充作用。本文选择广州迎春花市、广府庙会与广州龙舟节为案例,具有典型性和代表性。所选三个城市民俗节庆都发生于广州市。广州自公元前214年建城以来,两千多年来一直是珠江流域最大的中心,历经两汉、隋、唐、宋、元、明、清,广州成为南海郡治、州治、都督府治、岭南道、广南东路、广州府治及广东省省会,由此成为广府乃至岭南的政治、经济及文化中心(谭元亨,2004),再没有第二座城市能够充当全流域文化中心的角色(司徒尚纪,2000)。1982年2月8日,广州成为中国国务院最早批准并公布的24座国家历史文化名城之一。广州各区都积极举办各类民俗节庆,提供了较多可供比较研究的案例。比较而言,所选三个案例在以下几个方面有独特特征(表3—2)。

表3—2　案例特征

比较内容	迎春花市	广府庙会	端午节扒龙船
行动者类型	较少	多	一般
地方文化元素	较为单一	多元	适中
节庆文化核心	核心是对花及其象征意义的追求,已经内化在广州人年俗中,地方性显著	不明确,易于让人产生不同的地方想象	节庆内容和形式均有所变化,节庆内核也从纯粹的宗族联系向节庆展演转变

续表

比较内容	迎春花市	广府庙会	端午节扒龙船
运作形式	政府行为、市场化运作受到民间认同,赋予其民间合法性,经济与文化之间存在冲突但常常被淡化	政府主办,目的是宣传地方文化,尚未采取市场化运作模式,却被认为是政绩工程,不能体现地方性	组织呈现半民间半官方性质,复兴之后形式上有所变化,但仍获得民间合法性,属于城市部分村落尺度的民俗节庆
权力协商	矛盾较少,由于中国传统年文化一体而多元的特征,花卉本身没有立场等,迎春花市更容易建构单一的地方认同,权力的协商并不激烈	存在激烈的争议与协商;关键在于谁的文化传统得到展演,这不可避免地涉及包容与排斥,在定义广府的过程中,新来者被边缘化	端午节扒龙船呈现出内部组织和参与者强烈认同与对外展演的表演性质,易于唤起对于传统节日的共同文化记忆

二、研究过程

研究分三阶段进行。第一阶段阅读并梳理国内外相关文献、构建理论框架、明确选题,并搜集网络文本资料、完成调研准备;第二阶段主要是网络文本分析,联系节庆组织策划方负责人,于节庆期间进行实地调查,后续补充访谈等,并利用文献分析法、文本分析法、问卷调查与统计分析法系统分析相关数据资料,撰写论文;第三阶段不断补充文献资料、修正理论框架,总结研究结论并与以往理论进行对话,最终完成论文写作。值得说明的是,上述三个阶段之间并不能被划分为清晰的时间阶段,资料搜集与分析过程常常与文献梳理反复交错展开,调查发现与理论框架都时刻处于相互修正的过程中,直至最终定稿。

第三章 广州民俗节庆与案例选择

对迎春花市与广府庙会,均进行了两年的实地调研。其中,迎春花市两年皆为正式调研,其中 2011 年春节前在西湖花市发放调查问卷。同年元宵节去广府庙会进行参与式观察,后与越秀区文化局和文化馆的组织策划人员取得联系,对第二届广府庙会的组织策划、总结座谈会、第二届广府庙会大家谈进行了全面系统的跟踪调查,也对相关组织部门、参与人员进行了访谈。对端午节扒龙船,于 2011 年端午节期间赴车陂和猎德进行了访谈和问卷调查。比较集中的参与式观察、访谈与问卷调查时间段如下所示。

2011 年 1 月 27 日在番禺花市进行参与式观察和开放式访谈。

2011 年 1 月 31 日至 2 月 1 日于西湖花市进行访谈和问卷调查。

2011 年 6 月 4 日于车陂晴川苏公祠进行观察和访谈。

2011 年 6 月 6 日于猎德进行观察、访谈和问卷调查。

2011 年 12 月 23 日于天河体育中心迎春花市招标投档现场访谈前来参与的档主。

2011 年 12 月 25 日海印文化广场广府达人秀海选现场观察访问。

2012 年 1 月 1~2 日北京路广府达人秀现场访谈。

2012 年 1 月 20~22 日于西湖花市进行参与式观察,对档主进行访谈。

2012 年 2 月 6~12 日于广府庙会主会场及美食区、动漫区进行参与式观察和访谈,其中 11 日晚赴越秀公园观察访谈。

2012 年 2 月 13 日 对越秀区文化馆馆长进行访谈。

2012 年 2 月 21 日下午越秀区政府 303 会议室参加广府庙会

总结会。

2012年2月28日对越秀区工商联相关工作人员进行访谈。

2012年3月1~2日对越秀区科学技术与信息产业局进行约访,对广州市越秀区创意产业协会负责人进行访谈。

2012年3月7日于广州市越秀区中山四路城隍庙对该庙车道长和巡游策划者主要参与人刘先生进行访谈。

2012年4月26日于越秀区文化馆参加第二届广府庙会大家谈活动,对有关专家进行访谈。

访谈在一年多的时间内连续展开,访谈时间、地点、方式、主题等详见附录B,主要调研对象群体和主要内容如表3—3所示。

表3—3 调查对象群体及内容

四类群体		调查内容 问卷调查	访谈、参与式观察、网络文本资料搜集等
居民	三代及以上世居居民	迎春花市、广府庙会、端午节	地方文化元素与地方认同
	父辈移居广州者	迎春花市、广府庙会、端午节	地方文化元素与地方认同
	己辈移居广州者	迎春花市、广府庙会、端午节	地方文化元素与地方认同
	暂居者	迎春花市、广府庙会、端午节	地方文化元素与地方认同
政府官员		无	举办节庆的构思、目的和安排
节庆举办相关机构		无	建构地方性文化的实践与节庆的举办过程
专家		无	专家对不同民俗节庆的看法

第四章　广州迎春花市的
　　　　地方认同建构

现代广府的各种节俗活动中,迎春花市是最具地方特色的活动之一,被认为是广州独具特色的民俗活动。尽管过年逛花市已经扩散到其他城市甚至北方一些大城市,但是广州迎春花市却有独特的文化意义和民俗价值。

第一节　迎春花市的形成历史

一、广州悠久的种花赏花历史是行花街习俗形成的基础

广州种花的历史最早可以追溯到两千年前,拥有悠久的历史传统。这首先与广州所处地理位置及其自然环境条件密切相关。广州属边缘热带季风气候,气候特点是气温高、降水多、霜日少、日照多、风速小、雷暴频繁,年平均气温 21.7℃,年降水量为 1982.7 毫米,平均相对湿度为 77%,日照时间长,雨量充沛、四季常青、繁花似锦。优越的地理位置和良好的自然环境,为各种花卉的成长提供了极佳的生长条件(钟鸣,2008)。

据传说,南越王赵佗时期,陆贾受汉高祖刘邦之命出使南越国劝其归汉,看见岭南地区人民爱种花、插花、戴花,将广州人称为"彩缕穿花"的人(周沁春,2010)。当时他携带从波斯胡人那里得

来的"耶悉茗花"和"末利花"(今分别称作素馨花和茉莉花),赵佗后命人将其种植于"河南"(广州市内珠江以南一带)庄头村。另传说,南汉时代,南汉王有位名叫素馨的宠姬,原是珠江南岸庄头村的种花女,进宫后仍然爱好种花,这进一步带动了王宫贵族乃至平民百姓们种花养花的民风,素馨死后,后人将岭南特有的一种茉莉花称为素馨茉莉以示纪念(周沁春,2010)。此花后于庄头大量繁殖,海珠区(俗称"河南")成为专门种植花木的地方,不少花农以种花为业,故这一带被称为"花馨斜"。自古以来该地引起"恨不长作庄头人,一生衣食素馨花"的慨叹。素馨花被认为是南越国的"活化石"。清代,庄头村花农每天一早开始采摘含苞的花蕾,等待花贩上门采购,再由花贩们将所购之花集中至现同庆路口江边码头,等船艇载运到"河北"(指广州市内珠江以北一带)闹市区出售,明清最盛时日产鲜花达数百担。河南因而得名"花洲",运花渡江的码头则称花渡头。多处历史文献提到河南素馨花种植历史。清黄绮云《广东花木记》记载有:"素馨一名耶悉茗,一名河南花,来自波斯,珠江之南有庄头村,十里均植素馨,名为花田。"① 乾隆年间名士沈复在《浮生六记》中记云:"渡名花田,花木甚繁,广州卖花处也。"② 屈大均《广东新语》记:"珠江南岸,有村曰'庄头',周里许,悉种素馨,亦曰'花田'……花谓'素馨'也,花田亦止以'素馨'名也。"③

---

① http://www.ycwb.com/ePaper/ycwb/html/2008-04/14/content_182677.htm。
② http://www.ycwb.com/ePaper/ycwb/html/2008-04/14/content_182677.htm。
③ (清)屈大均:《广东新语》卷二十七。

第四章　广州迎春花市的地方认同建构

二、对外经济贸易的繁荣促进花市的发展

　　花市的形成和发展,与广州这座千年商埠的发展史关系密切。广州是海上丝绸之路的发祥地,历来商业气氛浓厚,而发达的陆路和水路交通促使经济繁荣和频繁的对外交流,这进一步使得广州汇聚了世界各地的花卉。特别是清初广州"一口通商",茶叶成为主要的出口货物之一,而茶叶的加工需要大量香花,这催旺了种花业和花市。广州人种花、养花、赏花、易花的习惯古来有之。花象征美好,时至今日,广州人仍喜欢在家中种植花卉或者在厅堂房内摆花,开业志庆、男女婚嫁、探亲、访友、相亲等各种生活情境中都可以选择送鲜花。花在广州人生活中不是可有可无,而是不可或缺的,不少广州人在买菜的同时,都会顺手捎上一束花。花已成为广州民俗中不可缺少之物,进入广州人的日常生活中。北宋大文豪苏东坡的"罗浮山下四时春,卢橘杨梅次第新。日啖荔枝三百颗,不辞长作岭南人"、"如今只有花含笑,笑道秦皇欲学仙"等诗句皆可证明,自古以来花文化都在岭南历史上占据了重要地位,这对鲜花种植和销售市场的形成和发展有很大推动作用。① 但是频繁的交流也使得本地的传统花卉品种走向衰落。广州历史上种植四大传统花卉:素馨、白兰、茉莉、鸡蛋花。20世纪50年代后,素馨花逐渐绝迹,鸡蛋花也芳踪难觅。"花洲"这一符号渐成记忆,为了保留"花洲"记忆,十位"老海珠人"提交别出心裁的议案,要求挽救古花洲四大传统花卉②。目前已成功培植了素馨花,将其种植于

---

　① http://www.guangzhou.gov.cn/node_437/node_441/2005-06/111839394951975.shtml。

　② http://www.ycwb.com/gb/content/2001-07/03/content_210224.htm。

庄头公园。

三、常年性花市转变成岁暮花市

有关花市的最早记载见南宋淳熙五年(1178年)周去非的《岭外代答》,记载广州地区盛产素馨花,花开时"旋掇花头,装于他枝。或以竹丝贯之,卖于市,一枝二文,人竞买戴"(黄碧琴,1985)。广州花市的形成,则可追溯到明朝,当时羊城花市位列"粤东四市"(其他三市分别为罗浮药市、东莞香市、廉州珠市)之首(叶春生,1992),它当时在全国规模最大、影响最广、游客最多。明末清初屈大均《广东新语》记载:"广州有花渡头,在五羊门南岸。广州花贩,每日分载素馨至城,从此上舟,故名'花渡头'。"历代多首诗词歌赋记录了广州迎春花市的盛况。同治年间所修的《南海县志》写藩署前(今财厅前)的花市,有"灯月交辉,花香袭人"、"夜有花市,游人如蚁,至彻旦云"等句子。清同治、光绪年间撰写的《菊坡精舍全集》中徐澄溥岁暮杂诗云:"双门花市走幢幢,满插箩筐大树浓,道是鼎湖山上采,一苞九个倒悬钟。"(吴泽椿,1986)张心泰《粤游小志》也记载道:"每届年暮,广州城内双门底,卖吊钟花与水仙花成市,如云如霞,大家小户,售供座几,以娱岁华。水仙名色甚伙,与他省布置不同,有形如蟹爪者,以人事为之。"(黄碧琴,1985)清光绪年间冯向华的一首《羊城竹枝词》这样写道:"羊城世界本花花,更买鲜花度年华。除夕案头齐供奉,香风吹暖到人家。"(钟鸣,2008)张徐二人是咸丰、同治年间人。可见年宵花市在19世纪咸丰、同治年间就已形成热闹局面。也可断定,广州人民用花美化日常生活到用花增加新年的节气气氛,是广州花市由常年性发展为岁暮花市的重要动力。此后,在广州藩署前和西关十八甫一带形

第四章　广州迎春花市的地方认同建构

成最大的两个花市。辛亥革命后,老城拆除,藩署前一带更加开阔,还扩展到了高第街一带。广州大规模的除夕花市定型于1920年以后。但一年一度岁暮花市,学界普遍认为是在19世纪60年代的双门底(今北京路中段)形成(叶春生,1992)。据此,越秀区西湖花市自称"百年花市",并立碑牌为证(图4—1)。

图4—1　西湖花市的"百年花市"碑牌

1949年新中国成立后,双门底的年宵花市自1956年起迁往教育路、西湖路,广州市政府正式将年宵花市命名为"迎春花市",此后数十年间成为中心花市。每年农历腊月二十八开始至除夕深夜12时进行。广州旧时代春节年俗称"三十喜团年,行花街,接财神"。"行花街"、"逛花市"是广州人过新年最隆重的一个仪式,是广州市民春节前的特色节目。广州人普遍认为,不"行花街"就不算过年(王宇丰,2007)。广州童谣《行花街》描述了喜迎传统农历新年的喜庆氛围:年三十晚,行花街,迎春花放满街排,朵朵红花鲜,朵朵黄花大,千朵万朵睇唔晒。阿妈笑,阿爸喜,人欢花靓乐开怀……迎春花市作为广府人的独特年俗文化,本身具有地方性文化的标志性特征:反映这一地方的特殊历史进程和贡献,体现地方民众的集体性格和气质而独具生命力,与地方民众的生活方式和诸多文化现象紧密相关(刘铁梁,2005)。迎春花市正是这样一种民俗,虽然作为年俗的花市至今历史尚不到100年,但是广州花市却已有千年之久,最早可追溯至两千年前。迎春花市作为年俗体现出广府民众好"意头"、重商的集体性格,爱花是当地民众深层兴趣的一部分,是很多人的生活方式,经常见到广州人左手提着菜篮子,右手捧着一束花,菜市场上总有几个花摊。广为人知的秦牧的一篇散文《花城》更使迎春花市为全国人民所熟知。根据新华网城市论坛发表于2011年8月、由广州市统计局最近发布的"对广州'十二五'期间的期望和建议"的入户调查结果显示:"花园城市"是市民对广州建设的最大愿景;36.2%的市民期望广州"十二五"期间在城市环境保护和生态文明建设方面继续取得突破,把广州打造成蓝天、白云、青山、碧水的"花园城市"。可见,长期的文化积累和审美兴趣使得民俗文化得以形成,但民俗是流动的,所有"传统民俗"都是由"新民俗"发展而成的(毕旭玲,2011)。

第四章　广州迎春花市的地方认同建构

第二节　迎春花市民间合法性基础与认同实践

人与地方互动的过程中,保留了许多与地方有关的个人记忆和集体记忆,这赋予地方独一无二的意义,成为人们识别地方的重要来源,促进地方认同的实现(Twigger-Ross et al.,1996)。一体多元的春节文化记忆、广大市民的迎春花市文化实践和迎春花市的独特地方性都对地方认同的建构起正向作用。

一、一体多元的春节文化记忆是地方认同的基础

(一)春节的"年味"记忆作为文化认同的基础

春节是中华民族最重要的、历久而弥新的传统节庆。一年之计在于春,新春寄托着人们对生命的期盼,鲜花代表生机勃勃的活力,年花不同于日常生活中的花卉,除具观赏价值之外,其更象征着人们对美好生活的祈望和对新年红红火火的美好祝愿。为辞旧迎新,人们会举办各种庆祝活动。然而,节庆习俗总是不断被利用、改造或发明。春节是中华子孙最重要的节日,是"阖家团圆、普天同庆"的重大节日。过年最重要的是与亲朋好友相聚共同感受年节气氛。中国人有过年守岁的仪式,在媒体强大的传播力量作用之下,中央电视台每年一度的"春节联欢晚会"成为大多数中国人除夕守岁的新仪式,尽管是一种新的表达方式,但体现的仍是对传统春节文化的认同(邵培仁和范红霞,2010)。而在广州,年三十晚"行花街"是传统的过年习俗。逛花市买花并不一定是主要目的,关键是感受年节气氛,祈求来年好运气,已经成为广州人过年

的必备仪式。

1."行花街"是广州人过年的象征性仪式

"每年都要逛花市,不逛花市就觉得像没过年一样,花市我还真从来没缺席过!每年一双新鞋是少不了的,要年三十晚穿着到花市顺时针逛一圈,可以转运的。不过年三十晚人实在太多了,我家都是早上去了。"

——访谈对象 M5

"一年一度的广州迎春花市又来了。时间过得真快,转瞬又一年,去年逛花市仿佛还是昨天的事情。"

——网友"番薯"[1]

"一年一度的广州迎春花市如期于年二十八在广州开锣,今天阳光明媚,温暖如春,是逛花市的好日子,尽管很忙,但还是抽空去逛一逛,逛花街已成了广州人的一个传统节日。"

——普宁在线的网友"风中玫瑰"[2]

"迎春花市是广州迎新年的传统活动,这一新年,你怎么可以错过呢?大家一起来西湖花市吧……"

——"aii_neko"发起"我们相遇于广州迎春花市"活动[3]

"来广州一定要游的地方——花街,迎春花市。"

——启程旅行[4]

"春节,给国人太多的寄情了!记忆最深处,春节相

---

[1] http://camera.syue.com/details.htx&id=1230413。
[2] http://bbs.pnol.net/forum.php?mod=viewthread&tid=175476。
[3] http://event.weibo.com/68230。
[4] http://blog.sina.com.cn/s/blog_41deba4b0100tved.html。

第四章 广州迎春花市的地方认同建构

关事:烧炮仗、炸油角、穿新衣、零花钱。自成了广州人后,又增加了行花街看花灯……一切都在变,行花街却一直保持着。"

——网友"淡淡的云"①

上述话语都透露出迎春花市是过年的仪式,不但老广州坚持这一习俗,新广州人也欣然接受这一习俗。迎春花市与广州这座城市经济贸易文化的发展史密切相关,体现地方自然和人文特征,具有独特的地方性,而其潜在的内涵为该地居民提供认同感和利益(赵红梅等,2011)。东莞卖身节得以沿袭的原因就是其功能从经济为主的墟市传统向象征、娱乐祈福功能及政治文化功能转变(阎江,2007),迎春花市从花卉买卖的交易功能转变成地方文化符号,是其获得民间合法性的关键。

2. 传统中国春节文化的生肖象征意义

随着政府出面组织迎春花市,其文化意义渐渐取代市场交易功能。中国传统年文化中重要的生肖象征意义融入花市。例如,2012 年是龙年,主牌楼的设计主要理念就与龙有关。纵观多年的花市牌楼,皆有中国传统文化元素,生肖、对联等皆有体现。例如,1987 年的花市牌楼有对联和生肖兔②,2012 年龙年各区都送上龙元素,越秀区的西湖花市则是将"春、龙、对联"等几位一体(图4—2),煞是壮观。

在广州过年的人,不管是广州世居居民还是新来者,抑或游客,逛花市看牌楼、摄影留念等成为迎春一大乐事。甚至有不少摄

---

① http://blog.tianya.cn/blogger/post_read.asp?BlogID=483917&PostID=8320838。

② http://www.gzyes.com/thread-4662-1-1.html。

图 4—2　2012 年越秀区西湖花市主牌楼

影爱好者每年都会将所有花市逛一遍，为的就是获取和保存花市牌楼影像。新浪博客、网易博客、腾讯博客等网友热衷撰写有关迎春花市的帖子，从花市的历史到对花卉的赞美等主题不一，不断建构地方认同。

3. 阖家团圆的美好祈愿

"大年三十行花街已是广州人传统的习惯。这一晚万人空巷，花街里人山人海，水泄不通。还记得 2005 年的春节，我们一家老少，吃过团圆饭便去市中心教育路花市。那简直是人头涌动，一个跟着一个，慢如蜗牛一样往前挪动。走在中间的人看不到什么花，只是看到人头。一旦进去了就只能跟着人流走。做爸爸的还得让孩子坐在肩上看热闹。你说累不累？累呀！也得凑这份热闹。就算为了孩子高兴，为了自己来年转运吧。广州花市是

第四章　广州迎春花市的地方认同建构

广州市传统的春节活动,每一年迎春花市都热闹。今年春节我当然不会缺席去逛花市,和家人一起聚聚,祈求来年有好运气。"

——身在异乡过年的广州网友"我走过的路"[①]

"很多年没有在中国过年了,很怀念以前逛花街的时候。"

——网友"candy-zhang"[②]

"都会逛三个花市,荔湾路,西湖路,滨江路。去感受那热闹气氛。"

——网友"大敏"[③]

(二) 迎春花市年花具有地方性文化意义

年花是专门为过年购置的花卉,其长势和形态具有重要的文化含意。从花卉颜色来看,年花以红黄两色为主。这与中国消费者的审美观念关系密切,中国人过春节讲究的是吉祥如意,而在中国的传统观念中,红色代表喜庆和吉祥如意,红色作为暖色调,本身就带给人们热闹、喜庆的气氛,在寒冷的冬日制造出温暖的感觉。同时也与广府文化务实、开放、包容、创新的特性有关,广府人认为红色代表喜事吉祥,黄色代表金银满屋,因此,广州春季花市的花色以红色调的花卉种类较多,其次是黄色(温庆杰等,2007)。

---

① http://lkdtk.blog.sohu.com/78174439.html。
② http://www.gzmama.com/forum.php?mod=viewthread&tid=2830603&extra=&highlight=%E8%BF%8E%E6%98%A5%E8%8A%B1%E5%B8%82&page=1。
③ http://www.gzmama.com/forum.php?mod=viewthread&tid=2830603&extra=&highlight=%E8%BF%8E%E6%98%A5%E8%8A%B1%E5%B8%82&page=1。

从花卉形态来看,大都具有吉祥如意的好意头。例如,唐菖蒲在广东被称作"剑兰",其"节节高"的开花习性被人们喻为"步步高升";对生意人来说,桃花、吊钟花、水仙花等开得是否繁茂可预示新年生意的好坏,对未婚青年来说则是能否顺利找到对象的征兆;金橘、四季橘、朱砂橘统称"年橘",因"橘"与"吉"谐音,是年夜的抢手货,且果实以多且密为好,如果果子疏落的话意味着"空(谐凶)多橘(谐吉)少"。从花卉语言来看,年花的传统花语具有比较浓厚的功利色彩(王宇丰,2007),不但传承中国传统年文化喜庆吉祥的特点,而且体现了广府文化代表性语言粤语的语言特色,即讲究"意头"的特点(周玉蓉,2004)。年橘与桃花共同构成迎春花市的文化符号。粤语中,"橘"与"吉"谐音,所有年橘都象征"大吉",金橘还有"有金有吉"之意,四季橘则表示"四季吉祥";红桃花的"红"与"鸿"谐音、"桃"与"图"谐音,因此有"大展鸿图"的寓意,未婚男子喜插桃花,并戏谑为"行桃花运";水仙花开寓意"花开富贵",且带有"仙气";百合有"百年好合"的美好寄托;银柳本是一种普通的观芽植物,但粤语中"柳"与"有"音近,因此成为"银有"象征财运;广州人插吊钟的历史非常悠久,清末诗人徐澄傅《岁暮杂诗》有云:"双门花市走幢幢,满插箩筐大树秾,道是鼎湖山上采,一苞九个倒悬钟。"吊钟开花多、应时,被广州人视为好兆头,如果一芽能萌出九朵以上的花,就要为其系上红绸带来庆祝,称为"贺钟";富贵竹、发财树、郁金香等在花市中也备受青睐。广府人不但喜欢传统花卉,如菊花,也喜欢新品种。例如,近几年乳茄因其金黄色和独特造型被称为"五代同堂",受到市民的青睐。甚至在花卉的标价和成交价上,也与发财致富有关,粤语中"3"、"8"、"9"与"生"、"发"、"久"谐音,寓意生生猛猛、发财大利、长长久久,而花卉的价格也多

第四章 广州迎春花市的地方认同建构

与发财致富有关,讨价还价也具有了独特的文化意义,最终多以吉利数字成交。从外来花卉品种来看,"洋花"大行其道,挤占了乡土观赏植物的展示空间,一项于2004~2005年对广州五个花市记录到的二百多种植物种类所做的调查发现,原产中国的种类还不到30%(温庆杰等,2007)。一位60多岁、携老伴儿和小孙女一起逛花市,他认为,现在花市规模小了,原来的规模很大,除了西湖路、教育路,还有惠福路、大南路,很多街道都是花市,大都是本地菊花,"几多几靓"("几"是粤语表达,普通话"很"的意思),(现在)本地花的品种越来越少了,没有原来好了。但更多人表示到花市就是为了看到一些新鲜的花卉,长一下见识。这样体现了广府人务实、创新的文化特征。

访谈发现,几乎所有访谈到的广州世居居民都能一口气讲出多种花卉的花语及寓意。这已经成为他们日常生活的必备知识,也建构起其对地方意义的理解。

"过年前都要买花的,橘子树、桃花,花开富贵,好意头。特别是桃花,让广州人在花市上发挥得很好,"桃"在粤语中是"图"的意思,桃花就是"大展鸿图"的意思。其他花也都有好意头的。"

——访谈对象 M10

"按照广州的传统风俗,每年农历的腊月二十七或二十八到除夕夜,一般都开设迎春花市,市民可以逛花市顺便采购一些年货年花什么的,还可以跟亲朋好友一起逛逛以增进感情。其中有几个'关键词'可以向外地的朋友解释一下吧。

行大运:因为逛花市需要沿花街步行一大圈,广东人美其名曰行大运,预祝来年好运连连。

大吉大利:花市每年的必不可少的主角之一就是年橘,买一盆年橘回家,再在年橘上挂上一些'利事(红包)',为大吉(橘)大利之意。

花开富贵:这个就不要多解释了,花市的主角之一就是年花,只是品种一年比一年更多了。

时来运转:买个风车回家,祈求来年好运。桃花运到:买株桃花回家,让家中的年轻男女早日找到意中人。"

——网友"我要想知道是谁"①

二、迎春花市文化实践增进地方认同

迎春花市现已拓展到广州市12个区(市),共设花市13个。据《羊城晚报》报道,2011年广州全市10大花市人流量为730万人次,与2010年10个迎春花市三天的总人流量379万人次相比,增长了92.9%。② 其中,2月2日为最高,达362.7万人次;而人流量最大的是越秀区西湖花市,头两天人流就达到161.2万人次,接近全市的1/4。2011年广州花市的高潮出现在除夕夜的7时到11时之间,人流高峰时间持续了4小时。据《广州日报》报道③(同上),从2012年1月20日全部花市开张至22日晚上11时,广州13个花市总人流量为598万人次,其中1月20日人流量163万人次,1月21日人流量174万人次,1月22日至下午4时人流量77万人次。全市花市总成交额8478多万元,比2011年的7300

---

① http://bbs.tiexue.net/。
② http://www.ycwb.com/ePaper/ycwb/html/2011-02/03/content_1033524.htm。
③ http://gzdaily.dayoo.com/html/2012-01/23/content_1594834.htm。

第四章 广州迎春花市的地方认同建构

万元增加 1178 万元,其中 1 月 20 日 2707 万元,1 月 21 日 2548 万元,1 月 22 日至中午 12 时 582 万元。成交额比较大的为天河花市,三天成交额 3548 万元。人流量最大的是越秀区西湖花市,头两天人流就达到 135 万人次,约占全市人流量的 1/4。

越秀区西湖花市历史最悠久,亦最负盛名,历年来都是最为热闹、人流量最大的迎春花市。历史上众多文人雅士等名人云集,有关历史记载、诗词歌赋也最多。秦牧的《花城》一文更是将广州迎春花市美名远扬,迎春花市已经成为广州市的一张文化名片。但是各行政区仍然试图打造彰显各区地方形象和文化特色的花市。越秀区政府已经将迎春花市列入重点打造的节庆品牌之一。越秀区努力挖掘地方性文化,在地铁站"公园前"D 出口、西湖花市主牌楼入口处树立了"百年花市"介绍碑牌(图 4—3),将迎春花市作为越秀区"广府文化源地,千年商都核心"的文化品牌之一,彰显越秀区迎春花市在广州诸多花市中的独特地位,以传统性来吸引更多市民游客前来光顾。2008 年 1 月 8 日下午,由越秀区委、区政府主办的"广州好,花市百花开——越秀迎春花市图片展"在区文化艺术中心隆重开幕[1],并于花市开市期间到北京路步行街进行流动展览。

在访谈期间,当被问及"广州最早开设的花市是哪个"时,很多人回答西湖花市。但当问道"那最早的花市开始于什么时候"时,被访者给出的答案很多,1000 多年前、200 年前、100 年前、清光绪年间等。但是要评价最传统、最热闹、最广州的花市,则亦非西湖花市莫属。

---

[1] http://www.gzdaj.gov.cn/gzdt/200801/t20080129_9199.htm。

图 4—3　地铁口附近的"百年花市"介绍碑牌

大众点评网广州站上有关于广州"越秀西湖花市"、"荔湾路花市"、"滨江花市"、"东湖花市"的点评贴。其中,荔湾路花市和东湖花市各两条点评;滨江花市无点评;越秀西湖花市的点评贴数量最多,达 36 条,而默认点评 30 条,也即网友特别留言描述西湖花市的点评数量为 28 条。① 所有点评中,五星点评为 4 封,四星点评为 16 封,三星点评为 9 封。这些描述一定程度上体现出网友对西湖花市的热爱,甚至有人将对西湖花市的热爱与对广州的热爱联系起来,再次证明地方节庆会积极影响地方认同的建构。

网友"香蕉招"(2011 年 7 月 13 日)的点评说:"就在北京路旁,离我家不远,所以每年都会来这里逛花街。十字形的设计,通

---

① http://www.dianping.com/shop/2972845/review_all。

第四章 广州迎春花市的地方认同建构

常会有两边多的地方是卖传统花卉的,其他就是用来卖时尚玩意儿的,多种多样的。"

网友"老实就奇"(2011年7月11日)点评说:"这是广州花市中最大的一个,以前叫中心花市。每年的年二十六左右,就开始在西湖、教育路打棚,很多花农和经营花木的商家入场摆买。近几年卖各类工艺品的摊档增多了。有很多学生也来摆档卖东西。没有花市,广州就像没有过年似的。"

"旺当当"、"钟意食蛋糕"、"why518"、"aii_neko"、"rcx179"、"makimay"、"WongQueenie"等网友都认为西湖花市最有人气、最有历史,春节气氛最浓。逛花市不在乎买不买,关键是感受气氛。例如,网友"sumszhang"所言"凑热闹的,还没在花市消费过,不过很喜欢看着人来人往,大家开心的挤来挤去。传统的东西还是希望能够保留"。就这一点来说,花市的规模并不是决定花市特色的重要因素,花市本身的历史文化才是最关键的影响因素。

网友"garypanda"给了五星评价,帖子是这样的写的:"广州市最传统嘅花市,每年都同家人或者朋友去行下,虽然感觉上呢几年都无咩太大嘅变化,不过还是每年嘅必备节目,情怀最重要!!!"

网友"ming_623"也给了五星评价:"呢个都算景点……不过都算嘅……一年只有三日……无时无刻都人逼人……不过气氛好好……成日都有D好奇怪嘅人同物品出现……而且非常有创意……过年如果无去中心花市 都唔算行过花市……"

网友"小nina":"我年年都去那里的。从小到大,虽然会有人说那里的花市小了点,但胜在够热闹。好中意甘有gz feel嘅地方,广州是我家,我爱我的家……"。"小nina"将西湖花市看作是有"广州感觉"的地方,体现出民俗与地方之间的密切关系。

普宁在线网友天涯常客:"老一辈无产阶级革命家朱德、叶剑英元帅也喜欢到广州西湖路逛花市,西湖路花市是广州市各区花市中人气最旺的一个花市。"①他继续发帖道:"广州越秀区西湖花市是广州历史最悠久的花市,逛花市成了广州人的传统习惯,大家买些年花,象征花开富贵,开开心心过新年。"②广州妈妈网的"suenckay"说:"西湖花市应该是几大花市气氛最好的,因为是最好,所以是最挤的,晚上基本上走一步都非常艰难,所以推荐早上去。"③

广州论坛中"论坛〉吹水闲聊〉吹水生活〉2012年广州迎春花市全指南"网友"huadi_anson"发帖道:"西湖路花市高清牌坊图,最广州的迎春花市!"④网友"经哥"的博客也指出:"越秀区西湖路迎春花市是广州规模最大人气旺的花市。"⑤爱卡汽车网的"鼓佬"认为:"广州西湖路迎春花市 最广州的迎春花市!"⑥很多帖子都将西湖花市作为广州的标志。

广州妈妈网的休闲旅游论坛中有关于迎春花市的讨论⑦,"小精灵诺诺妈咪"表示:"西湖路花市我从小到大必逛,这里承载着我

---

① http://bbs.pnol.net/forum.php? mod=viewthread&tid=175468&extra=&page=2。
② http://bbs.pnol.net/forum.php? mod=viewthread&tid=214492。
③ http://www.gzmama.com/forum.php? mod=viewthread&tid=2838692&highlight=%E8%BF%8E%E6%98%A5%E8%8A%B1%E5%B8%82。
④ http://www.gzbbs.com/thread-454171-1-1.html。
⑤ http://aa559503.blog.163.com/blog/static/4226263120111213646393/?hasChannel AdminPriv=true。
⑥ http://www.xcar.com.cn/bbs/viewthread.php? tid=16843048&extra=&showthread=&page=1。
⑦ http://www.gzmama.com/thread-2830687-1-1.html。

第四章　广州迎春花市的地方认同建构

对家人、对羊城风俗的热爱。五年前传西湖路花市要搬走,我有份表达自己的意见,留得下来,自会好好珍惜。其他花市嘛,只要我能安排到时间,也会逛逛的,体会各处不同特色嘛。"

新浪网友"涕仔地上爬"发帖"♯晒过年风俗♯♯逛花市赶庙会♯广州人的传统就是逛花市!"[①]中这样写道:"西湖路花市,是最早的花市,这个花市至今我走了20多年。(据母亲大人说,从我出世开始,从没间断)……回来路上,看见日渐美好的广州,感受很多。花市是我们一种地方特色,随着城市急速发展,很多传统的东西逐渐淘汰。很多人说,过年,但是年味逐渐减少。其实我相信每人心中都有一份年味,假期虽然过去了。但是,我相信'年',永远在人们的心中……这,就是我们的广州。独一无二的广州。"

三、广州市民对迎春花市的文化认同程度高

作者对迎春花市对地方认同的作用作了问卷调查。主要参考以往研究的概念和项目,问卷设计了逛迎春花市的基本情况、地方认同、个人资料三大部分。题项设计采用李克特五点尺度,根据地方认同的认知、情感和意向三个层次编制题项。在专家建议下并经预测试,删除2个题项,保留10个题项。根据样本量应为题项5倍以上的原则,兼顾研究同时考虑本研究涉及的世居居民、父辈移居广州者、己辈移居者三大群体,故样本量最小为150份。因广州市大部分常住人口构成样本总体,而进行大规模的系统分层抽样可行性较低,故采取花市现场抽样调查的方法。研究者于2011年1月31日至2月2日在越秀区西湖花市邀请并指导被调查者

[①]　http://group.gd.sina.com.cn/112517/thread-7479.html?retcode=0。

填写问卷,由于人们逛花市大多结伴而行,问卷发放与回收相对较为困难,研究人员采取主动赠送小公仔(布娃娃)的方法,最终回收有效问卷共计185份,回收率为92.50%。从样本基本情况看,与广州逛迎春花市的群体基本一致,如附录D—1所示。问卷数据分析主要利用SPSS17.0进行,具体包括描述性统计分析、数据质量分析、因子分析、单因子方差分析。结果显示,尽管不少逛过迎春花市的市民表达了担心人多拥挤、财物丢失等消极体验,但是其对迎春花市地方性的认同并未受到显著影响。例如,很多网友表达了对拥挤、财物丢失等的担心。

"花街唔系行嘅,系挤嘅!"

——网友"左边笑脸"[1]

"从小到大99%都在西湖路花街逛,小时候劲头可大了,现在想起都害怕,怕给偷东西。而且以前的花街真的是卖花,现在全是卖些奇形怪状的公仔。说实在,真要买花也不去花街买了,现在都在芳村买,又便宜又方便,卖花的批发市场都看见不少年轻小伙子买花准备到花市卖。"

——网友"penguin369"[2]

"在我们广州,像这样的花市,每一个区都设有一个。广州人民就是用'行花街'这个传统形式,来迎接每一年春天的到来……记得小时候我只去过设在教育路和东川路的迎春花市。记忆中的花市人山人海,挤得水泄不通,

---

[1] http://www.gzbbs.com/thread-453768-1-1.html。
[2] http://www.gzmama.com/thread-2830687-1-1.html。

第四章 广州迎春花市的地方认同建构

尤其是年夜饭之后,花市简直就是有进无出的了。别说买花了,连看花都相当的困难。人流密集,扒手也容易得手,行花街还要时刻留神钱包,欢乐轻松的心情自然大打折扣。更由于花农们将切花放在木桶里养着,拿出拿进带出的水,把地面弄得湿漉漉的,泥泞得不行。结果一趟花街逛下来,才换上的新鞋袜都弄得又湿又脏。当时花市上主打的都是些传统的花卉,菊花、剑兰、桃花、水仙以及盘橘等,没什么太大的新意。"

——网友fzz718的"春到广州——记广州兔年的迎春花市"①

"越秀西湖花市人头涌动,我以为过年了今年车票实行实名制,广州今年的人流量会小,这人多的超乎我的想象。"

——网友"带着灵魂去旅行"②

但是调查发现,无论是新广州人还是老广州人对迎春花市作为过年的一种重要而独特的民俗认同度很高(平均值大于4.000)、由花市产生的骄傲和自豪感、向他人推荐的意愿都较强(平均值大于4.000),迎春花市使得人们产生对广州这个地方的归属感、融入感、成员感也比较强(平均值3.500以上),这都说明迎春花市作为广州地方性文化特色得到市民的认同。表4—1列示了变量的平均值和标准差,PI代表地方认同,共10个变量,PI1~PI10,平均值最低为3.741,最高为4.389。可以认为,总体而

---

① http://blog.sina.com.cn/s/blog_5e3bc49c0100ozll.html。
② http://hi.baidu.com/lpp1987419/blog/item/f8be820925fd4a2f6a60fb2f.html。

言，逛迎春花市的亲身体验对地方认同产生显著的积极影响。这与已有研究结论一致，节庆是地方的独特代表，是社区身份向外界展示的窗口，尽管节庆是日常生活的短暂插曲，但是节庆体验可能长期影响人们对地方的骄傲感和归属感(Wood,2006)。特别的，当举办节庆的主要目的并非追求诸如吸引旅游者之类的经济利益，而是以社区欢庆为主时，可以有效增强地方认同与自豪感(Wood,2006)。

表 4—1 变量的平均值和标准差

变量	平均值	标准差
PI 1 逛迎春花市(行花街)是广州人独特的过年习俗	4.227	0.951
PI 2 逛迎春花市是广府文化的重要民俗	4.389	0.691
PI 3 逛迎春花市是广州节庆的重要组成部分	4.346	0.773
PI 4 我非常喜欢逛广州迎春花市	3.843	0.940
PI 5 我愿意向他人推荐广州迎春花市	4.162	0.863
PI 6 广州举办迎春花市让我感到骄傲和自豪	4.011	0.885
PI 7 逛迎春花市让我产生对广州的归属感	3.816	0.988
PI 8 逛迎春花市让我感觉自己融入了广州	3.827	1.039
PI 9 逛迎春花市让我感到我是广州的一分子	3.741	1.097
PI 10 逛迎春花市让我对广州产生认同感	3.795	1.059

第三节 迎春花市习俗的扩散与变迁

一、迎春花市规模和影响力不断扩大

迎春花市在广州随时代变化和城市发展而不断变化，数目不断增加。1949年前，全市已分设四个花市：中心花市位于西湖路、

第四章 广州迎春花市的地方认同建构

教育路一带,东山区花市在东川路,南区在滨江路,西区在新风路。在1950年除夕,广州市就兴办了第一个花市,规定在除夕前三天连续摆卖,直至大年初一的凌晨2时前结束,中心花市在太平南路和教育路。1956年,双门底花市迁至教育路、西湖路,桨栏路花市迁至太平路(今人民南)一带,并首次将花市命名为"迎春花市"。60年代是广州迎春花市的第一个鼎盛时期。1967~1982年,花市停办。1973年恢复迎春花市。80年代,因改革开放,广州人的生活水平空前提高,广州迎春花市迎来了第二个鼎盛时期,规模进一步扩大,花市的分布越来越广。至1996年,越秀、荔湾、东山、海珠、芳村、天河、黄埔区各开设一个迎春花市,开放时间统一为三天,从1996年2月16日起至2月19日凌晨2时止,其中2月16~17日两天至深夜12时止,2月8日延至19日凌晨2时结束。2001年起,天河花市取代越秀花市成为广州中心花市。2004年正值广州市行政区划调整期[①],广州市花市办公室通过民意调研向市政府提出了"关于改进广州迎春花市运作方式的若干意见"[②],于2004年6月21日广州市政府常务会议讨论通过了该意见。自2005年始,广州9区设10个花市,对于不占主干道、对交通影响较小的越秀的西湖花市和东湖花市[③]、海珠花市、荔湾花市等花市,保持原址;对于确实没有合适场馆的白云花市、番禺花市、从化花市和增城花市(从化和增城花市当时尚未纳入广州迎春花市统

[①] http://news.dayoo.com/guangzhou/zhuanti/node_31701/node_31703/2007-11/22/content_3146535.htm。

[②] http://www.gzuda.gov.cn/news/view.asp?id=XW200409210938175149&fdID=CL200303051534051295&KeyWord=。

[③] http://www.gzdcn.org.cn/2010/0718/32149.html。

一管理),仍然按照传统方式设置花街;对于有场馆条件的天河花市、黄埔花市、芳村花市、花都花市,引入到体育场馆经营。2011年南沙举办首届迎春花市,后于2012年正式由广州市花市办公室统一管理,全市13个花市实现大团圆(表4—2),档位比2011年增加了30%。

表4—2 2012年广州迎春花市概况

迎春花市(所在行政区)	具体地址	时间安排
西湖花市(越秀区)	西湖路和教育路	1月20日至23日凌晨2时
东湖花市(越秀区)	大沙头三马路	
海珠花市(海珠区)	滨江西路和宝岗大道	
荔湾花市(荔湾区)	荔湾路	
天河花市(天河区)	天河体育中心	
黄埔花市(黄埔区)	黄埔体育中心	
白云花市(白云区)	云城西路五号停机坪	1月18日至23日凌晨2时
萝岗花市(萝岗区)	青年路	1月18日至23日凌晨0时
番禺花市(番禺区)	市桥东区广场东路、广场西路和东兴路	1月17日至23日凌晨0时
从化花市(从化市)	旺城大道	
南沙花市(南沙区)	金州广场至市南路口段	1月16日至23日凌晨0时
花都花市(花都区)	芙蓉大道中广州花卉之都	1月13日至22日22时
增城花市	增城广场	

随着市场经济的发展、人民生活水平的提高和花卉养植技术的进步,花市已经扩散到国内其他城市,如广东省的佛山、中山、东莞、顺德、深圳、珠海、清远、惠州、韶关、江门、湛江等地。广西省会南宁2002年举办了首届迎春花市,北海、梧州等地亦

第四章 广州迎春花市的地方认同建构

相继举办。远在长江三角洲的上海也有迎春花市。迎春花市不再是广州独一无二的现象，而成为很多地方传统年俗文化的一部分。然而，单纯就民俗和民众参与度来说，广州迎春花市拥有独特的粤语花卉语言表达方式，强调好意头等仍然具有其地方的独特性，都使得它在众多花市中独树一帜。因为对于广州本地人来说，过年逛花市必不可少，而对于其他地方的人而言，花市是锦上添花，并非必需的仪式。这就是广州本地花市与外地最大的区别。

二、迎春花市的文化功能不断增强

近几年，迎春花市的社会效应受到重视。所有节日都是用以庆祝的，广州迎春花市已成为现代市民喜迎春节的欢乐嘉年华。然而，迎春花市并非一成不变，而是时刻处于变化之中。越秀区政府和文化部门牵头申报的迎春花市在被列入广州市非物质文化遗产名录之后，又于2007年被列入广东省第二批非物质文化遗产名录，尽管由于缺少确定的传承人而未能入选国家级非物质文化遗产名录，但是这一民俗作为广府地区的重要年俗活动却得以延续。2012年9月中共广州市委十届三次全会将"广州花城"作为培育世界文化名城的六大城市文化名片工程之一，将建设花市牌楼和花市博物馆，并继续进行广州"迎春花市"申报国家级非物质文化遗产工作。事实上，最初的花市可以定义为由对花卉有需求的消费者和以追求经济利益为目的的花农构成的以花卉买卖为主要功能的市场，后来才演变为专门为过年而开办的年宵花市。而今则成为广州市民的欢乐嘉年华、广州城市的文化名片，由此迎春花市不再单纯是市场，更重要的是广州的地方文化符号。正如不少被访者表示，逛花市主要是习俗，感受年节气氛，买花赏花倒在其次。广州迎春花市作为民俗已经发生了不少变迁。

迎春花市花卉买卖功能逐渐弱化，而文化功能得以加强。对身处花城的广州人而言，花是他们生活中不可缺少的一部分，有着根深蒂固的历史渊源。迎春花市与春节年文化的结合，加之政府的大力支持和开放的市场经济作用，迎春花市作为花卉买卖的市场交易功能逐渐淡化，而转向以象征性意义为主的地方文化符号。这一转变从迎春花市参与主体的多元化和所售商品的多样化可见一斑。与最早的迎春花市以卖花为主不同，近些年的花市不但设置盆花、鲜花、桃花、盆橘等各类花卉档位，由花农参与为主，还有商人和大学生实践团队等参与的工艺品档位，食品企业等的参与度也逐渐增大。2012年广州各区迎春花市招投标情况显示，花农、商贩、学生等多类群体进入花市经营。广州中心花市天河花市年货档的"标王"由"四洲食家"以28800元获取，也是广州13个花市的"标王"，突破历年标王价格，而历史最悠久的越秀西湖花市的工艺品档也以14980元的价格成为另一个价格过万的"标王"。有人批评花市商业气息太浓，"变味"了。但在市场经济背景下，单纯靠花农很难将迎春花市这一习俗传承下去。多元化主体的参与和多样化的商品种类是花市延续的支撑力量，传统是被不断发明的，只有适当创新和变化才有可能将传统延续下去。

越秀区2008年举办了千年花事的展览，宣传广州特别是越秀区迎春花市的历史。2010年开始，将非物质文化遗产和民间手工艺纳入花市，如将粤剧、粤语讲古等融入花市，进行广州剪纸、肇庆

第四章 广州迎春花市的地方认同建构

端砚、石湾公仔等民间手工艺展示。2012年越秀区花市办则专门设置广佛肇广府文化特色展区,亲临现场的有广州红木宫灯制作工艺的传承人罗昭亮大师(图4—4)、剪纸艺术大师李秀枝女士和练汉锋先生夫妇(图4—5)、肇庆端砚工艺美术师梁满雄先生(图4—6)等。在西湖路和教育路十字路口处特别放置了一个大型红木宫灯,用以展示广府文化(图4—7),也是在建构越秀区广府文化源地的文化身份和地方形象。天河花市作为现阶段广州规模最大的中心花市,则对广州迎春花市的历史、渊源、诗词歌赋等进行宣传展示,并配合智慧天河的口号,宣称该区的中心地位。

图4—4 广佛肇广府文化特色展区最大展位之罗昭亮的红木宫灯

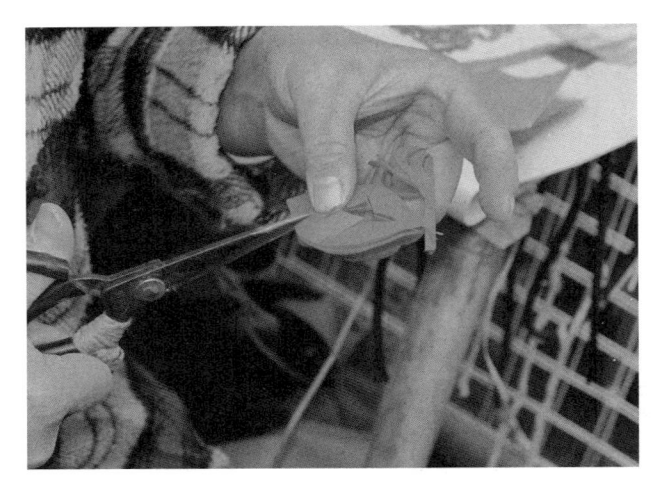

图 4—5　中国剪纸艺术大师李秀枝在剪纸

图 4—6　前来展示的肇庆端砚工艺美术师梁满雄

第四章　广州迎春花市的地方认同建构

图 4—7　教育路与西湖路交叉路口处彰显广府文化元素的红木宫灯

（二）开始关注环保和社会效益

根据风俗，花市结束后花农必须把售不出去的花砸烂。这是花农作为供应者理性思考的必然结果。广州人的性格特征和处事风格有务实避虚、重商轻文、开放兼容、重利轻义、淡泊政治等深层文化心理（郭起华，2009）。这样的民风特点加之过去相对落后的经济境况，很多穷人买不起昂贵的花，但是又希望过年能有花摆在家，于是就等着最后的低价甩卖甚至白捡。卖方砸花的行为事实上是市场经济理性行为，这样是在告诉买家，等不到免费的花，这样才能让更多人掏钱买花。借网友"余以为"的话就是:"砸花是保证花市年复一年持续运转的必要'浪费',是花市风俗的一部分。"①然而,这一风俗已经发生变迁。这源于2000年越秀区发起的"护花活动",当时越秀区说服客商买下花农卖不出去的花送给老人院的孤寡老人,很多青年志愿者从行动上支持护花活动,其他花市也纷纷效仿,由此广州花农破除了除夕夜过后摔花砸花的习俗。尽管仍有部分花农会将花运走,但是更多花农选择将花留在花市,请志愿者送到老人院、孤儿院等地。这一方面可以为社会公益事业尽一份力,推广文明新风,而且可以减少收拾残花碎盆的环卫成本,一举两得。志愿者还不断有新的举动,如2012年广州荔湾区义工携空巢老人逛迎春花市。

迎春花市还不断做加法。例如,市民年后抛花的问题仍然有待解决。《羊城晚报》关注"元宵后,又见抛年花"②导致市民出行困难,指出尽管广州市城管部门在各区共设立了264个年花临时收集点,并呼吁市民将抛弃的年花送到收集点处理,但是可能由于宣传不够、市民嫌收集点远等原因而未能取得良好效果。花都区环卫局尝试上门收花,受到市民欢迎。番禺区不少社区提倡年花复种,也收到不错效果。大家在实践文化的过程当中,并没有本着过于高尚的情操,而是在生活实践中自然而然地把生活实践化。据《羊城晚报》报道,黄埔长洲岛美丽田园乡村俱乐部、番禺新造镇、杰农庄等四家农庄开展了年花复种活动,回收废置桃花。③ 海珠区城管局则组织18条行政街、清洁公司、区余泥所、海珠城管局

---

① http://www.my1510.cn/article.php?id=71663。
② http://www.ycwb.com/ePaper/ycwb/html/2012-02/08/content_1316438.htm。
③ http://www.ycwb.com/ePaper/ycwb/html/2012-02/07/content_1315492.htm。

第四章　广州迎春花市的地方认同建构

车队进行部署,明确了各街分别设一个废弃年花收集吊装点,节后由各街环卫工人即对居民丢弃的年花等集中收拢、即时分类,统一存放在收集吊装点,并由海珠城管局车队统一实行分类收运,截至2月7日,共收运废弃年花、年橘、花枝、花盆约16吨[①]。这些新行动皆有助于花市习俗的延续。

又如,年轻人"卖懒"以另一种形式出现,就是花市上的学生档。在2012年1月20日西湖花市西湖路上有三个档口卖转运风车,档主是一位经营花市五年的大学生——中山大学生命科学学院的本科女学生,她很开心地告诉我,他们是在做实践活动,并不一定要赚多少钱,关键是得到锻炼。当问及是否是在延续"卖懒"这一习俗时,她却明确表示,没有听说过这个说法。他们的团队共有40位成员,分别负责采购、保管存货、运送货物等,并且坦言过年的时候大家都是图开心,不管问价的人买不买东西,他们都不会在意,开心地送上"新年快乐"。像他们这样的大学生实践者在各大花市成为一道靓丽的风景(图4—8、图4—9)。他们并不在意竞争对手的存在,而是欢迎大家都参与到花市中来,认为"走鬼"来也没关系,自己在意的是经营档口对自身能力的锻炼。甚至认为城管也挺好的,不会太难为人,发现了乱摆卖也只是赶走不会没收。事实上,尽管访问到的一位城管表示他们就是要负责整治花市乱摆卖现象,并说会驱赶"走鬼",但距离他很近的地方就有"走鬼",他却并未采取行动。天河花市里推车卖烤番薯和卖冰糖葫芦的确是一被发现就会被赶出花市现场。可能出于卫生安全的考虑,避免群众发生食物中毒类似事件之后的投诉。

---

① http://www.ycwb.com/ePaper/ycwb/html/2012-02/08/content_1316437.htm.

民俗节庆与地方认同——源于广州的多案例比较

图4—8 大学生的"无敌大风车"档

图4—9 离开档口站在路边吆喝买卖的"学生仔"

第四章 广州迎春花市的地方认同建构

同时,花市还在不断创新,以吸引更多群体加入到文化传承中来。2008年越秀花市首创"网上花市"和"手机花市"。2009年,西湖花市成为全国首个免费上网的无线迎春花市。2010年,越秀区不断将传统手工艺等文化元素纳入花市,宣传地方独特的历史文化。喜欢热闹的市民可以到传统花市现场享受一番充满人情味的讨价还价的乐趣,感受明快喜悦的贺年歌与热闹的年节气氛;在电子商务蓬勃发展的背景下,网上花市、手机花市等新的交易形式出现,给那些没有时间上街、不愿上街的人提供一个弥补遗憾的机会。

第四节　迎春花市成为地方认同建构的场域

在定量研究的同时,研究者开展了参与式观察、访谈、网络文本分析等定性研究。研究者于2011年1月27日番禺区迎春花市开市时和2012年进行现场参与式观察。随后在西湖花市发放问卷,间歇进行观察、拍照与访谈。春节后主动联系问卷中留有联系方式的被调查者,征得其同意后对其进行访谈,同时根据便利法则,对广州朋友邻居进行较深入的访谈。最终完成正式访谈17份,时间长短不一,最短约15分钟,最长约90分钟,其中广州世居居民8人,父辈移居广州者4人,己辈定居者5人。为了定量衡量迎春花市在地方认同建构中的作用,作者进行了问卷调查。

迎春花市问卷设计主要参考以往研究的概念和项目,包括逛迎春花市的基本情况、地方认同、个人资料三大部分。题项设计采用李克特五点尺度,根据地方认同的认知、情感和意向三个层次编制题项,并请文化地理学著名专家及其他同行提出修改意见。经预测试,删除2个题项,保留10个题项。根据样本量应为题项5

倍以上的原则,同时考虑本研究涉及的世居居民、父辈移居广州者、己辈移居者三大群体,故样本量最小为150份。因广州市大部分常住人口构成样本总体,而进行大规模的系统分层抽样可行性较低,故采取花市现场抽样调查的方法。研究者于2011年1月31日至2月2日在越秀区西湖花市邀请并指导被调查者填写问卷,由于人们逛花市大多结伴而行,问卷发放与回收相对较为困难,研究人员采取主动赠送小公仔(布娃娃)的方法,最终回收有效问卷共计185份,回收率为92.50%。从样本基本情况看,与广州逛迎春花市的群体基本一致,如表4—3所示。问卷数据分析主要

表4—3 迎春花市问卷调查样本基本情况

项目	类别	频数(百分比)	项目	类别	频数(百分比)
性别	男	91(49.20%)	职业	政府职员	1(0.54%)
	女	94(50.80%)		事业单位职员	32(17.30%)
年龄	16岁及以下	2(1.08%)		企业职员	27(14.60%)
	16~30岁	141(76.22%)		个体工商户	4(2.16%)
	31~40岁	33(17.84%)		学生	96(51.89%)
	41岁及以上	9(4.86%)		农民	2(1.08%)
教育水平	初中及以下	4.00(2.16%)		其他	23(12.43%)
	高中或中专	17.00(9.19%)	现居广州	是	179(96.76%)
	大专	78.00(42.16%)		否	6(3.24%)
	本科	75.00(40.54%)	居住时间	5年以下	18.000(9.70%)
	硕士及以上	11.00(5.95%)		5年及以上	167.00(90.30%)
出生广州	是	140(75.68%)	身份	世居三代及以上	124(67.03%)
	否	45(24.32%)		父辈移居者	39(21.08%)
				己辈定居者	22(11.89%)

利用 SPSS17.0 进行,具体包括描述性统计分析、数据质量分析、因子分析、单因子方差分析。

一、迎春花市在认知、情感与意向三个层面积极影响地方认同

问卷调查数据借助 SPSS17.0 软件进行分析。数据质量主要以信度和效度指标来检验。数据的信度,也称可靠性,用以衡量某个变量的一组项目是否在测量同一个概念,是衡量数据质量的一个重要指标。在实证研究中,最常用的检验方法是计算各变量的内部一致性系数(Cronbachα 值,通称 α 值)。在本项研究中采用样本中各变量的内部一致性系数,地方认同的 Cronbachα 值为 0.910,大于 0.7,一般认为,Cronbach α 值大于 0.7 表明数据可靠性较高。

数据的效度(或有效性),指测量工具或手段在多大程度上准确测出所需测量的事物。首先必须确保内容有效性,内容效度是指衡量工具能涵盖研究主题的程度,要求衡量指标都必须有足够的理论或实践支持,否则在效度上是不足的。作者在设计本研究问题题项时,参照以往研究的理论与结论,并请教文化地理学知名专家给予修改意见,经预测试以使题项内容表达准确,因此本研究所用问卷应当具有可信的内容效度。结构效度最常用的两种检验方法分别是 KMO 检验和巴特利特球体检验,用以确定变量是否适合做因子分析。本研究中,地方认同的 KMO 值分别为 0.910,大于 0.700;巴特利特球体检验 P 值为 0.000(小于 0.05),这说明该量表所收集的数据可进行因子分析。

采用主成分法和 Varimax 正交旋转分析法,研究对地方认同进行了主成分因子分析。文献研究表明地方认同形成过程中有情

感、认知、意向三个心理过程,因此,在提取因子时采用强制获取三个因子模型,因子分析所得因子载荷及各因子解释的方差及累计值如表4—4所示。PI7~10为情感因子,PI1~3为认知因子,P4~6为意向认同,这三个因子分别解释了总方差的35.392%、24.685%、21.349%,累计解释总方差的81.427%。其中,情感因子解释的方差最大,这一方面支持了理论探索,即认知、情感、意向等心理过程对地方认同的形成有显著影响;另一方面表明,情感在地方认同形成过程中的作用最为显著,可能的解释为迎春花市作为文化实践活动固然重要,但是它对人们文化心理的深层次影响对地方认同而言更加关键。

表4—4 地方认同的因子分析

地方认同测量变量	情感认同	认知认同	意向认同	解释的方差(%)	累计解释的方差(%)
PI9 逛迎春花市让我感到我是广州的一分子	0.892				
PI8 逛迎春花市让我感觉自己融入了广州	0.887				
PI10 逛迎春花市让我对广州产生认同感	0.869				
PI7 逛迎春花市让我产生对广州的归属感	0.837			35.392	35.392
PI2 逛迎春花市是广府文化的重要民俗		0.870			
PI1 逛迎春花市(行花街)是广州人独特的过年习俗		0.866			
PI3 逛迎春花市是广州节庆的重要组成部分		0.834		24.685	60.078
PI5 我愿意向他人推荐广州迎春花市			0.820		
PI4 我非常喜欢逛广州迎春花市			0.777		
PI6 广州举办迎春花市让我感到骄傲和自豪			0.652	21.349	81.427

第四章 广州迎春花市的地方认同建构

面对全球化、城市化不断消解地方性的现实,地方不断觉醒而使得地方文化传统得以复兴,独具特色的地方文化便成为人们识别自身身份、实现地方认同的重要标识。虽然过年逛花市买花已经在中国不少城市得以实践,但是迎春花市对身处花城的广州人而言,花是他们生活中不可缺少的一部分,有着根深蒂固的历史渊源。迎春花市与春节年文化的结合,加之政府的大力支持和开放的市场经济作用,迎春花市作为花卉买卖的市场交易功能逐渐淡化,而转向以象征性意义为主的地方文化符号。对他们而言,迎春花市不是锦上添花,而是不可或缺的。迎春花市独特的地方性文化记忆建构起认知、情感和意向三个心理层面上的地方认同。对瑞典菲利普斯塔德 Oxhalja 市场的研究表明,市场是交易场所,但也是重要的社会集合,在这里人们交流信息并增强对该地方及其社会环境的归属感(Ekman,1999)。本研究访谈信息也说明,迎春花市虽然是花卉交易的场所,但更是人们传承花市年俗文化的地方。

二、迎春花市中不同群体的地方认同建构存在差异

单因子方差分析的目的在于确认不同定类变量下,测量指标之间是否存在显著差异。本研究希望了解逛迎春花市对性别、年龄、教育程度、职业、出生地、现居地、居住时间、身份(包括广州世居居民、父辈移居广州、新移民、暂居者四类)等不同的人群地方认同塑造上是否存在差异。利用 SPSS17.0 的 Kruskal-Wallis Test 分析得到结果(表4—5):迎春花市作为广州的一项独特民俗,一定程度上塑造了不同群体的地方认同。但是,不同类别人群在地方认同的不同维度上具有差异性。首先,性别在情感和意向认同

上存在显著差异,这与访谈发现类似。第二,教育程度在情感和认知认同上存在显著差异,但是意向认同上差异不显著。了解当地文化有个过程,真正做到入乡随俗则需要更长时间,加大宣传本地文化或成为新来者融入的有效措施。第三,现居广州与未居广州的群体在认知与意向认同上存在显著差异,但是在情感认同上的差异不大,因为来逛花市的人一般都有着美好的过年心情,所以情感差异不显著。第四,职业和居住时间在认知认同上有较大差异,这可能与对文化习俗的了解程度有关。第五,年龄、出生地和身份在地方认同的三个维度上都未表现出显著差异,这说明人与地方之间的关系是在互动中产生的,而非天生的,文化融入也在不断发生。尽管节庆是为了保持本土文化而举办,但是它也能将不同群体很好地整合进更大的社区。

表4—5 地方认同的独立样本 Kruskal-Wallis 检验

P值	情感认同因子	认知认同因子	意向认同因子
性别	0.026**	0.328	0.000***
年龄	0.434	0.162	0.628
教育程度	0.003***	0.020**	0.151
职业	0.856	0.033**	0.814
出生地	0.351	0.560	0.162
现居地	0.880	0.078*	0.099*
居住时间	0.633	0.000***	0.108
身份	0.227	0.474	0.800

注释:***、**、* 分别表示在 0.01、0.05 和 0.1 水平上显著。

尽管定量统计结果未发现身份在地方认同各维度上存在显著差异,但是定性资料分析却发现不同身份的广州人对迎春花市文

第四章　广州迎春花市的地方认同建构

化意义的理解存在差异。究其原因,很多父辈移居广州者、己辈移居者由于中华民族共庆春节的习俗影响而入乡随俗,但是对迎春花市这一地方过年民俗的文化意义缺乏了解,认识不够全面深刻,易于出现单纯从节庆角度来看待迎春花市的情况。

广州世居居民看重的是迎春花市文化习俗上的意义,特别是与独特地方有关的。因此,迎春花市成为地方性文化符号,他们大都认为行花街买花是传统,无论如何不能舍弃。广州妈妈网上居住地显示为越秀区的网友"看灰机"发帖表示,作为广州人,尽管"好多人都话花街多人或者 D 野好贵,但系我觉得行花街系传统,点都唔应该舍弃"。而且花街热闹、气氛好,再忙都会去行花街,感受新年气氛。

当被问及现在过年是否还会去逛花市买花时,访谈对象如是说。

"(花市)当然会去逛,买花就不一定。通常去逛之前家人就已经买好花了,去花市主要是陪爸妈,有时也会跟朋友一起逛。花市是广州人过年的习俗,而且关键是什么时候去逛,老广州大都会在年三十晚团年饭后去逛,如果当年运气好,希望来年更好,如果当年运气不佳,就希望借行花街转运喽。"

——访谈对象 M5

"小时候跟父母兄弟姐妹一起行花街,后来带着儿女行啦,现在生活好了,花街更要行啊!"

——访谈对象 M12,2011 年 3 月 22 日下午

"花已经成为广州的魂,花点缀现代城市建筑,花溶入人们生活,我爱你广州,愿鲜花永远衬托你的美丽,让

春风迎来你更加灿烂的前景!"

——网友"我走过的路"①

"广州花市,有两地不可不去。一个就是楼主所拍的西湖路花市。因为西湖路花市可以算得上是广州花市的'开山鼻祖'。西湖路花市,地方虽小,却是广州花市历史最为悠久的一个。同时,西湖路花市保持了很多广州花市的旧貌。今年来有句话颇为流行,不到XX,就等于没去过XX。套用到西湖路花市上来说,就是,如果逛花街不去西湖路花街,那广州的新春花市就等于没逛。另外一个地方,自然就是天河花市,天河花市,是目前广州面积最大的花市。由于在体育中心设场,因此,天河花市近年来已经发展成为广州最热门的花市之一。而且,由于天河体育中心的特殊位置,每年,天河花市的迎春雕像也是最大的。所以说,如果你要逛花市,这两个地方,绝对是你绝佳的选择!"

——网友"李家泰"②

"每年'行花街',西湖花市是一定要去的。因为,那里是过年前广州最热闹的地方。如果说东山花市的特点是'小',海珠花市的特点是'大',那么,西湖花市的特点就是——'人'——来到年三十深夜的西湖花市,就知道'人多力量大'作何解释——数以百万计的人们涌进西湖路、教育路,沿着指定的方向流动;虽然缓慢,却坚定无

---

① http://lkdtk.blog.sohu.com/78174439.html。
② http://bbs.tiexue.net/post_3365775_1.html。

第四章　广州迎春花市的地方认同建构

比;我想,即便路中拦腰停放着一辆重型坦克,也会被这人潮毫不犹豫地推走……大家都来买风车,期望明年转个好运!"

——网友"BeaRich"[①]

"每年都要逛花市,不逛花市就觉得像没过年一样,花市我还真从来没缺席过!每年一双新鞋是少不了的,要年三十晚穿着到花市顺时针逛一圈,可以转运的。不过年三十晚人实在太多了,我家都是早上去了。"

——访谈对象 M5,2011 年 6 月 7 日下午

总之,迎春花市作为民俗在人们心目中具有厚重的份量,是不可取代、难以割舍的文化实践。

然而,新来者总是不能轻易成为"本地人"(McKinlay and McVittie,2007)。对于社区节庆,重游者比首次参观者的评价更高(Huang et al.,2010)。同样,移居者的地方融入和地方认同也要经历一个过程,地方认同和成为本地人的归属感是逐渐建立起来的。新浪博客"剑霜风尘染,多情误此生"在描写其逛迎春花市的体会时,写道:"虽然已经在这里过了三个春节了,但是从来没有逛过花市,也总觉得不能够融入当地人的习俗中。好歹今年和朋友一起逛了一次花市,虽然夜晚的寒风依旧有点冷,但是看见每个人脸上洋溢着的笑容,心里总与(终于)开始有点想着:'真的是过年了'。"[②]

网友"仙人掌上的小花"2009 年 9 月 3 日写道:"我原本以为,

[①] http://blog.163.com/gmac_man/blog/static/313827620104211218359/。
[②] http://blog.sina.com.cn/s/blog_4bf1dfcf01008693.html。

大概是因为南国的气候迎合了我们这类喜好温暖冬天的物种,却发现不知不觉中,这种花香满地的地域性格早已浸润了自己。每到春节前,我都会带着期待去游逛迎春花市。"[1]

尽管父辈移居广州者(以 M7 的访谈为例)已经将迎春花市习俗融入自己的文化实践,但是对迎春花市的深层文化意义不甚了解或者觉得无所谓。而且他们对花在年俗中的象征意义并不是非常在乎。这与一项对加那利群岛本地居民和非本地居民在地方依恋和地方认同上的对比研究结果相似:虽然对本地居民而言,地方认同和地方依恋并不能严格分来,但是对非本地居民而言,地方依恋先于地方认同形成,也就是对地方的情感依恋并不一定会让人以地方来定义自我身份(Hernandez et al.,2007)。

"花市啊,小时候爸妈就带我和我姐去逛,觉得很热闹,也会买些花。现在也还会逛,但主要是为了带我女儿去感受见识,至于我,逛不逛就真觉得没所谓了。不过过年买花还是比较有气氛,至于买什么花就没所谓,好看就行,买过菊花,也买过郁金香,毕竟我们没有广州本地人那么讲究。"

——访谈对象 M7

作者访谈的外来务工型移民也认为在广州过年逛一下花市凑个热闹挺好。

"我来广州差不多三年了,今年没回老家过年,就在广州待着。听老乡说过花市,就去逛了一下,觉得挺热闹的,比我老家还热闹,感受一下,以后回去还可以跟人讲

---

[1] http://www.tianya.cn/publicforum/content/no04/1/833081.shtml。

讲,大城市就是不一样。人太多了,没买啥,不好拿。"

——访谈对象 M17,2012 年 2 月 18 日

"我在这里(做保安)九年多快十年了,院子里的人我都很熟的。在这里过过年啊。也学广州人买把花回来养一下,有个过年的气氛。花市也去两次,人多热闹,花也多一些,不过看过两回就那么回事了。"

——访谈对象 M16,2012 年 1 月 29 日

网友"我啲__小宇宙…"中发表了博文"2010 广州迎春花市"①,图文并茂地描写了他逛广州迎春花市的体验,特别提到西湖花市,最后署名"杨小俊"以纪念其第一次异地过年经历,并表示"今年我只有融入广州的新年了 哈 不错的经历 而且真的贼热闹"。

网友"Frienky Zhu"发帖"除夕·广州迎春花市"道:"咱以前在北方,到了除夕,中午开始就是全家一起包饺子,晚上一起看 CCTV 的春晚,零点的时候就放成串的鞭炮,还有各种花炮,什么夜明珠、窜天猴……而在广州,全家老小齐出动,把各大花市逛个遍,一直到新年来临。"②道出了广州过年与北方人过年的区别,也在体验南北年俗文化差异,或许这是融入广州的第一步。

三、迎春花市的地方认同不断被协商

当地方本土文化面临被改变的命运时,本地社会的地方认同被激发,他们常会基于自身的地方认同和社会网络组织作出激进的抵抗来捍卫自身文化想象中的地方性意义(朱竑、钱俊希和陈晓

---

① http://blog.sina.com.cn/s/blog_4aa328090100h6ce.html。
② http://www.frienky.net/blog/post/217/。

亮,2010)。例如,2005年广州市进行行政区划调整,将东山区撤并进入越秀区之后,"东山"成为记忆,东山人面临身份认同危机,特定时间内东山身份认同反而得以强化(Zhu et al.,2011)。对东山身份的认同在迎春花市活动上得到充分体现。2004年广州市行政区划调整考虑将东山区并入越秀区,广州市花市办公室曾考虑按照一区一花市的惯例,停办西湖路花市,这一消息11月15日一公布就激起了广州市民的极大反响,广州市人大代表徐若清更是连夜起草了一份"关于保留西湖路花市的紧急建议",于次日提交给广州市人大,要求紧急叫停撤销西湖路花市的行政决定。媒体随即对事件予以极大的关注和支持。至今一位名为"chilam"的网友写的一封信仍挂在广州市越秀区信息网上①。越秀区政府也非常重视市民的意见,表示会尊重广州全体市民的意见。越秀区委书记贡儿珍(时任越秀区长,现任广州市副市长)公开声明:"迎春花市属于广州全体市民,对于传统的民俗文化,政府要高度地尊重,并在保留传统元素的同时,引导其顺应时代创新发展。"最终在时隔半月后的12月1日,越秀区政府正式对外宣布:保留西湖路中心花市!② 可见,老广州人对迎春花市传统的认同。也可见,当市民争取到自己的文化权力,成功保留其对地方意义的理解之后,其对地方的认同也随之显著增强。正如对广州粤普事件的探讨所认为的,任何一个地方政策需要思考并回答以下问题,即在地方社会关系网络背景下,哪些元素会受欢迎,哪些会被本地社会所排斥(Qian,Qian and Zhu,2012)。面对"取消迎春花市"、"延长迎春花

---

① http://www.yuexiu.gov.cn/mailbox/mailbox_view.jsp?id=6201&pageid=1。

② http://www.gzdcn.org.cn/2010/0718/32149.html。

第四章 广州迎春花市的地方认同建构

市"这两个可能挑战,广州人的态度如何呢?

(一) 对"取消迎春花市"的态度

对于"有人建议取消迎春花市,你对此如何看待?"这一问题,广州市民有三种主要态度:第一种是绝对不能;第二种是无所谓;第三种认为支持取消花市。其中,第一种态度与第三种截然相反。持第一种态度的广州市民有如下观点。

> "绝对不能接受,花市是广州人过新年的一个主要组成部分来的,不逛花市广州人怎么拿个意头的呀,就算再简单的一个花市,广州人都会去逛的呀!"
> ——访谈对象 M2,2011 年 4 月 7 日上午

当作者追问,"那逛花市是为了买花吗? 有人说逛迎春花市,赏花、买花是核心,你怎么看待这个说法呢?"

> "赏花可以去看花展啊! 广州的花市主要是广州人过新年的其中一个习俗来的呀。又不是去赏花,何况那些年橘呀、桃花呀、水仙呀是在那个时候才开花和过年放在家才有意头的呀! 而且,年三十晚上习俗是穿新鞋子去逛花街转运气和踩小人的。"
> ——访谈对象 M2,2011 年 4 月 7 日上午

这部分市民认为广州市政府在主办迎春花市上对民意予以尊重。新华网发展论坛上[①]有网友评论如下。

> "广州花市是政府要贴钱的,这是广州市民春节文化生活的重要内容,这比放鞭炮烧钱污染环境扰清静祥和伤人引起火灾强万倍。赞赏广州市政府禁烟花爆竹大办

---

① http://forum.home.news.cn/thread/81977256/1.html。

花市的善政。"

——网友"罗浮散人",2011年2月5日

"ls想法没错,花市年年有,图个喜庆。很多人都是看,特别是没回乡过年的。花市本来就是赔本赚吆喝的买卖,在广州人心目中重要的是因为广州人重视这个传统。其实很多事情,并不能只从钱的方面看。"

——网友"最爱Douglaston",2011年2月5日

虽然广州迎春花市自2005年就开始采纳"政府引导、企业承办、市场运作"这种较为符合我国国情、较理想的节庆庆祝模式,但是市民对政府的引导表现出客观的认同。

"现在花市都是政府搞的,但是每年都会去逛花市的,有比没有好啊!我女儿也是一样,过年不逛花市就等于没过年。"

——访谈对象M10

持第三种态度的广州市民并非不认同迎春花市这一习俗,而是认为迎春花市关键在于其迎春花卉表达出来的文化意义,形式是次要的。特别是他们认为,花市已经不是以前的花市了,商业气氛太浓,取消算了。甚至有人认为迎春花市是为"外地人"举办的,本地人已经不需要迎春花市了。这种观点的出现,与这类群体激进的地方认同观念有关,他们在建构他们所认为的地方意义。花市商业化影响迎春花市地方性这一点首当其冲。这成为改革开放以来经济优先发展的实践与现代化压倒一切思潮的缩影,又体现了市民对经济发展思路的反思与忧虑。例如,博友"珠水云山"叹道:"观这几年的广州花市,逐步变成了工业日用品的大展场,花语

第四章 广州迎春花市的地方认同建构

何在？花韵焉存？"①有报道探讨小吃对迎春花市文化的影响②，其中强调小吃档的数量应加以控制，小吃应具有地方性，否则将不能代表广州特色。有报道批评"工艺品抢镜，花味不够浓，花市成杂市"③，而且很多居民认为如果增加舞狮等表演活动，办成北方庙会，就不是"行花街"了，广州也将不再是广州。持第三种观点的多是广州世居居民，有强烈地抵抗变化的本能，尽管这种抵抗在迎春花市中体现得非常微弱，但是不得不承认，迎春花市中哪些元素可以出现、哪些元素不受欢迎，始终由本地人与外地人协商决定。

（二）对"花市延长到元宵节"的看法

"羊城网"的"羊城故事论坛"中网友"鬼鬼"转发广州市广播电视台的报道"市长万庆良建议广州迎春花市延续到元宵"④，截至2012年3月3日共有3363人次查看，25人回复。不少网友表示强烈反对。例如，"幫忙 de 菜鳥"回复道："劳民伤财。年三十晚，如果有人去芳村个花市就知道，到夜晚 D 花送都无人要，很多人为左食年夜饭，宁愿贱卖。而做花市 D 人系牺牲自己食年夜饭机会去赚钱的。再讲如果将花市延长元宵节，我估计最辛苦就是守起花市 D 人，大概是五天的花市，有多少人知道做花市 D 人起花市度训左几日？市长你估个花档唔洗要睇住咖，你试下起个花市到训下，天寒地冷日日守，你仲会唔会叫人延长到元宵节。其实做花市赚唔到几多，尤其是第一次做果 D，原因是因为花市个花档租贵，市长一延长系米酒翁之意不在酒？"网友"a"说："花市，我都 N

---

① http://blog.sina.com.cn/s/blog_50a611d40100brca.html。
② http://news.sina.com.cn/c/2003-12-18/09341371415s.shtml。
③ http://www.ycwb.com/ePaper/ycwb/html/2009-01/24/content_414149.htm。
④ http://www.gznf.net/thread-100779-1-1.html。

年无去行啦,除咗有事要做,搞咁长有乜嘢用?花市扰民就肯定系扰,不过时间短嘅话,市民可以容忍,并非越长越好。更何况,依家花市都无几多花卖,成咗小商品小工艺品,甚至系劣质商品劣质工艺品嘅市场,有几多人会真系买?"上述网友话语讽迎春花市商业化抹杀迎春花市的文化意义。网友"job21@yahoo.cn"则表示:"正所谓物以稀为贵。行花街买花,只系一个意头同风俗。如果长时间存在,我宁愿去芳村买花算啦!起码价钱便d。"网友"zhaozhh_001"认为:"呢家花市都5系卖花噶啦……都冇晒节日气氛,延长时间只会扰民。""patrickboy"写道:"花街一早就五系花街啦,已经是小商品市场了,有必要吗……住系花街附近的人,维持花街秩序的人,他地都要同屋企人过年架。"网友"余以为"[①]也强调"不要稀释广州花市的年味",他认为过年前买的花才叫年花,尽管年后要清理花钵花盆,但是这样才有年味,尽管只有三天,却正是逛花市的乐趣。也有网友提一些善意的意见,如可以将天河花市适当延长,或者将花市搬到免费公园里办,亦有建议向香港学习做好隔离工作,避免扰民等。地方性的展演、传统与现代的融合要使得民俗文化节庆深入人心,必须抛弃对原生态的幻象,以传承、变化、发展的眼光来看待民俗(刘晓春,2008),但是传承、变化与发展也要考虑风俗客观存在的基本条件,这可能是更多网友反对延长迎春花市至元宵节的原因。

政策制定者对地方文化意义的理解可能与普通市民的日常文化实践相脱节,因此与根植于地方认同中的传统节庆之间,往往存在一定的紧张,常引发权力的协商与博弈。2012年6月25日广

[①] http://www.my1510.cn/article.php?id=71663。

第四章　广州迎春花市的地方认同建构

州市政协常委会议审议通过了"关于打造迎春花市文化名片,推进广州世界文化名城的建议"的建议案,其中提到迎春花市举办18天。尽管此时并非迎春花市备受关注的时期,但仍有网友对此发表观点。网友"kanle"认为:"提议的政协委员不了解三天的花市为什么要在年三十(或廿九)结束、不了解粤味的春节。"[1]网友"yumeng"质疑政府延长花市的动机,认为"延长花市,只会令有关部门收多D钱"。网友"丁丁亮"则说"甚至觉得现时的花市都宜取消,遑论延时啦。"网友话语体现出对广州的地方认同。《广州日报》于2012年6月26日刊出一则题为"迎春花市明年起或延至18天"的报道[2],接着于6月27日该报刊登"花市改为18天? 网友忧交通清洁问题"一文[3],对网友的不同意见作了报道,但是并未触及本地人与新来者对待这一问题可能存在的不同观点。接着6月28日《羊城晚报》对迎春花市延长作了新思考,刊出"花市延至18日:难道要搞大集市?"[4]一文,更加充分地展示了不同网友的意见。例如,网友"ERIC"[5]认为:"改动花市应该征求广州全体市民的意见! 这是古城的历史!"反对向民俗"动刀"的行为。本地报纸等担当起民意征集与反馈的重任,成为民众意见与政府沟通的桥梁,因此拥有较大的话语权。总之,关于迎春花市怎么办的问题,不仅仅是政策问题,而是关乎选择谁的文化记忆、型塑何种文化身份的关键议题。本地人的无权感被用来强调局内人和局外人

---

[1] http://bbs.ycwb.com/thread-949619-2-1.html。
[2] http://gzdaily.dayoo.com/html/2012-06/26/content_1746172.htm。
[3] http://www.people.com.cn/h/2012/0627/c25408-3253795250.html。
[4] http://www.ycwb.com/ePaper/ycwb/html/2012-06/27/content_1425310.htm。
[5] 同上。

之间的不平等,并会努力保持他们想象中的社区完整性(Larsen,2004)。

第五节 小 结

一、迎春花市的市场交易功能弱化,地方文化符号意义增强

花是广州人生活中不可缺少的一部分,有着根深蒂固的历史渊源。广府地区过年"行花街"的传统习俗的形成有几个关键因素:①广府地区有一年四季温暖湿润的自然地理环境;②该地对外经济贸易繁荣的历史;③受上层社会审美情趣影响而形成的民众爱花、赏花、用花的花文化;④花文化与传统春节的有机结合。迎春花市被批为广东省非物质文化遗产并积极申报国家非物质文化遗产,在政府的大力支持和花卉市场不断开放的背景下,迎春花市作为花卉买卖的市场交易功能逐渐淡化,转而成为象征广州年文化的地方文化符号,构筑起独特的地方感和地方认同。本地人大都认为这是广州独特的习俗,是根植于地方性的,不是"外来的",而外地人也认为迎春花市还是广州最热闹。特别是,迎春花市承担了更多文化功能,承载广州的文化记忆与身份认同,凸显了广州的地方性。

二、迎春花市地方性对群体地方认同有显著的正向影响

迎春花市承载着地方的历史记忆与市民的集体记忆,所使用的素材是地方性的,但它并非脱离中国传统文化背景而独立

第四章　广州迎春花市的地方认同建构

存在,作为中国传统年文化一体多元的地方性表现形式,地方文化展演也总是有国家维度(Lentz,2001)。这恰好是增强不同群体地方认同的重要文化基础。正如以往研究发现,节庆可以促进不同文化背景的社会群体在全球化背景下实现地方认同的融合。迎春花市以地方性体现中国传统年俗文化,不但延续了广府世居居民的文化传统,而且为新来者提供体验本地文化、融入本地社区的好机会。研究发现,对迎春花市的贴近感知会增强情感、认知和意向三个层面的地方认同。节日时可对下一代进行传统文化和仪式规范教育(王宵冰,2007),符合文化美学和社会教学原则的传统节日行为方式将有助于民俗文化的代际传承,保持世居居民的文化身份与地方认同,也能够使得新来者落地生根,真正成为"本地人"。

三、拥有民间合法性的迎春花市也是地方认同协商的场域

尽管迎春花市由多种因素综合作用而成,官方或者政府力量对迎春花市的形成与发展始终拥有很大的权力,但是它已经成功进入百姓的日常生活实践,获得民间的广泛认同,也因此获得民间赋予的合法性。保留西湖花市,体现了政府尊重民意、有效保护地方传统历史文化的意识,这使得迎春花市再次获得民间认同。可见,地方政府与地方社会之间形成的张力对多元文化共存有积极意义(杨华锋等,2011)。然而,迎春花市的具体运作已采取政府主导下的市场运作模式,有关迎春花市商业化的批评首当其冲。特别是持有本质主义倾向地方文化认同的广州世居居民,倾向于保留迎春花市的传统,抵触修改传统的做法,认为这会抹杀迎春花市

的独特地方性。这印证了以往结论,当地方政策与地方群体想象一致时,将有助于增强地方认同;而当改变地方的力量与居民的地方感发生断裂时,地方认同将面临挑战(Carter et al.,2007),那么地方认同的协商也将随之发生。

第五章　广府庙会的地方认同建构

进入新世纪以来,作为改革开放前沿的珠江三角洲地区,正受到前所未有的文化焦虑和经济增速减缓问题困扰。在过去几十年,"求富"成为许多人的主要追求,地方文化认同的空心化倾向日益明显(张昌山,2011)。节庆是地方努力挖掘本土文化元素以明确自身身份的重要形式,亦充当城市更新、区域旅游推广的媒介。节庆所具备的文化地位决定了节庆不能与旅游商业、区域经济发展和地方营销分割开来。同时,嘉年华和大众节庆被认为是缓和社会冲突的机制,它能将人们的注意力从其他重要事件上移开。诚然,节庆受特定"掌控人"的控制和安排,与地方的文化政治有密切关系,是"严肃的乐趣",是政治工具,亦是促销手段(Jeong et al.,2004)。文化与政治的相互交织使得文化政治成为必然结果(Jeong et al.,2004)。较小尺度的地方在建构自身文化身份时,会有意无意地将自身置于较大尺度地方的形象之下展开。例如,越秀区在打造地方形象时,很难脱离广州花城、羊城形象的影响,亦很难脱离中国传统节日文化的背景。这可以视为大尺度"文化—政治"权力向下渗透的结果。但是在以后工业化、后福特制为特征的全球城市中,节日日益被概念化为商品经济发展的动力,而地方都在宣称自身文化的独特性,以期同时实现更高的社会效益和经济效益。

尽管地方的概念是多重的、动态的,但事实上地方的变迁仍然比居民所持有的地方概念变化更快(Carter et al.,2007)。地方身份是被处于不断发展之中的全球化力量所创造和强加的,而不是源于居民的视角,可以说地方身份的塑造是自上而下的,是"被赋予"的;而地方认同则是自下而上形成的,是自我形成的。地方在不断寻找传统文化资源作为认同的基础,努力塑造地方文化身份,其中地方性物质和非物质文化遗产被作为建构地方认同的基础。那么自上而下塑造的地方身份将如何被当地居民认知,能否获得其认同,这值得深入探讨。具有传统文化保育思想的行政主体将有助于增强居民对地方文化的认同,自上而下建构的地方文化身份更容易得到居民的认同,从而增强居民的地方认同。广府庙会的组织者是如何借助"广府"概念来强调地方居民的"广府"文化身份,塑造地方文化符号,并影响市民对地方文化的认同呢?

城隍庙的重修开放是政府最初构思广府庙会的重要契机。广州都城隍庙始建于明朝洪武三年(1370年),位于越秀区中山四路忠佑大街内,现存城隍庙乃清代重建,曾是明清两朝岭南地区最大、最雄伟的城隍庙,是供奉城池保护神的坛庙,并在此间升格为"都"城隍,相当于现在的"部"级。但随着时代变迁,诸多内外因素作用导致其原外门、中门、廊庑、斋舍、厅房、羽士房等都遭到毁坏,仅存大殿与拜亭(越秀荟萃编委会,1999)。重修城隍庙是迎亚运的重点工程,2010年10月30日整修一新的城隍庙正式对市民免费开放,当日即宣布次年将在此地举办庙会。后于农历辛卯年(兔年)正月十五元宵节至正月二十一(公历2011年2月17日至23日)期间,在广州越秀区北京路商圈以城隍庙、五仙观、大佛寺、府学西街、惠福东美食街和北京路为六大支点,举办了以"广府庙会,幸福相约"为主题的首届广府庙会。然而,一石激起千层浪,媒体、

第五章　广府庙会的地方认同建构

专家、部分本地居民都质疑广州到底有没有庙会,即质疑庙会的地方性。那么广府庙会是如何命名?关于这一名称存在哪些争议?争议产生的原因是什么?广府庙会如何融入地方性文化,它是否能够促进民众的地方认同呢?

第一节　广府庙会的由来

一、以宣传广府文化为主要目的

从国家大背景来看,早于2005年6月中央宣传部、中央文明办、教育部、民政部、文化部联合出台"关于运用传统节日弘扬民族文化的优秀传统的意见"(〔2005〕11号),就提出要突出传统节日的文化内涵,精心组织好春节、清明节、端午节、中秋节、重阳节等最具广泛性和代表性的节庆活动。"十二五"期间,中国经济社会发展进入新阶段,文化发展成为重要的社会发展目标。越秀区制定发布了"越秀区文化发展第十二个五年规划(2011~2015年)",提出"文化引领、提升总部、创新驱动、共建共享"四大发展战略,并明确了建设"文化底蕴深厚、文化事业繁荣、文化产业发达、文明程度高、文化影响力强、文化特色突出"的广州中央文化区的总目标,以期将越秀培育和打造成为广州市精神文明首善区、国家公共文化服务示范区、广府文化博览区和文化产业集聚发展核心区"四个典范区"。2010年,在广州市迎亚运整治工程的推动下,越秀区进行了包含人民公园城市原点、南越王墓博物馆、广州城隍庙修缮、西湖路—教育路—书坊街、府学西路、孙中山文献馆、大佛寺扩建、越秀区旅游咨询服务中心和广府文化展示中心等多个标志性工程的建设,梳理了越秀区范围内现有的物质和非物质文化遗产,逐渐明确了"广府文化源地千年商都核心"的地方形象(图5—1),开始挖掘广府文化。但是由于受中国曾经历几十年政治文化运动和经济改革的作用,传统处于"失忆"和断裂状态,当下"传统"被符号化,人们围绕传统创造出无数新的传统(阎江,2007)。传统不断地被再生产,国际东巴文化艺术节由丽江政府主办,其指导思想是"淡化宗教,突出文化",开幕式上的"神路图"卷轴画被改称"世纪图",其顶端的全神坐像也被一轮"太阳"掩饰(宗晓莲和戴光全,2005)。

图5—1 北京路上福利彩票站亭上显著的标志
"广府文化源地千年商都核心"

广府是与历史上的行政区划名称有关的地名。明代始设的广州府,与元代所设"广州路"的境域基本一致,至今稳定了700多

第五章　广府庙会的地方认同建构

年,行政管辖对地方民风民俗的融合影响很大。鉴此,陈泽泓在其所著《广府文化》一书"叙言"中将广府理解为源自明代始设的广州府,而广府文化的范围则聚焦于以使用粤方言为语言特征、以广佛地区为中心的珠江三角洲(陈恩维,2010)。学术界对历史上与广府有关的地方已基本达成共识,即广府文化"三地说":肇庆是广府文化的发祥地,广佛是广府文化的发展地,港澳是广府文化的发扬地。[①] 广府和广府文化重新进入现代广府人的视野,成为人们关心和谈论的话题,曾经的广府历史记忆重新激活并成为地方打造自身文化身份的强有力话语。地方的意义并非一成不变,而是流动的、被建构的。不同种族和阶级的不同个体会有不同的地方感知,不同时代的个体和群体对地方意义的感知也会有显著差别(Massey,1994b)。广府的含义在学术界尚未达成共识,这成为广府文化研究的一大障碍(甘于恩、贺敏洁和黄碧云,2004),但是恰恰为广府文化认同的建构提供了机会。此外,除了个体对地方的依恋,地方的营造作为一个集体过程而出现,某些群体过去的记忆得以复活从而赋予地方独特的特性,并彰显特定群体和地方的文化身份,地方总是特定群体的社会关系相互关联的产物(Massey,1994b)。学术界也非常重视地方获得其象征性特质的方式(Blokland,2009)。一般而言,一个社区在城市中的定位取决于其所拥有的资产,也赖于对社区象征性的主导想象(Borer,2010)。广州作为近现代岭南的中心,拥有代言广府的权威性资源,广州市积极打造广府文化核心区、规划建设历史文化功能区。越秀区作为广州建城以来唯一的城市中心,聚集着古城文化、商贸文化、近

---

① http://culture.people.com.cn/h/2012/0106/c226948-1297730326.html。

现代革命历史文化、宗教文化、书院文化、戏曲文化、建筑文化、饮食文化等古今中外的多元文化元素;包括 16 个国家级、20 个省级和 67 个市级文物重点保护单位,建成 31 个大小博物馆和广味十足的微型博物馆,具有鲜明广府文化特质,并且明确提出"加快构建文化底蕴浓厚、文化要素聚集、文化事业繁荣、文化产业发达、文化全新活跃的广府文化博览区",利用其所拥有的历史、文化、政治资源大打"广府"牌,进一步将越秀区定位为"广府文化源地,千年商都核心,公共服务中心",希望保护传统历史文化、增强市民凝聚力的同时,获取区域经济转型发展的优势。在访谈中发现,很多人之所以知道广府,大都是从政府宣传、新闻报道中得知的,这说明政府为主导的官方宣传在文化传统恢复中发挥了积极作用。

在这一大背景下,广府庙会的出现就不会令人匪夷所思了,它寄托着政府多样的目的:宣传广府文化的同时成就文化政绩、保护历史街区的同时促进区域新发展、树立地方形象的同时促进市民的认同感和自豪感等。在第二届广府庙会中心区城隍庙忠佑广场的西南一角布置了越秀区形象宣传栏(图 5—2)。城隍庙车道长(访谈对象 T49)表示,他们希望能够在七月份(农历)举办庙会,因为那时才是城隍的诞日,但是也表示这个时间是政府定的,他们没有决定权,甚至城隍庙单独发起举办庙会也很难获得政府相关部门批准,更难于获取政府相关部门的支持,如公安局出于治安管理和维护社会秩序稳定的考虑而不予支持。这都使得广府庙会依托城隍庙却并不叫"城隍庙会"。事实上,"拥有一个身份"意味着一系列与权力、附属和排斥有关的实践(Atkinson et al.,2005)。

空间分层有赖于资产和想象(Blokland,2009),为巩固广州市作为广府文化核心的地方身份,广州市内各区分别开展了诸多物

第五章　广府庙会的地方认同建构

图5—2　市民观看第二届广府庙会忠佑广场东南角越秀区介绍专栏

质和非物质文化遗产的复建扩建保护等项目。早于亚运前，借亚运人居整治、旧城改造、创建文明城市之机，北京路启动了十大标志性工程，对北京路周边一带众多人文历史资源进行挖掘和整饬，以"广府文化源地，千年商都核心"为主题，建成面积近1.2平方公里，北连省财政厅、南达沿江路天字码头、西接起义路、东至文德路的整个区域，其中包含了人民公园城市原点、南越王墓博物馆、广州城隍庙（修缮）、西湖路—教育路—书坊街、府学西路、孙中山文献馆、大佛寺（扩建）、越秀区旅游咨询服务中心和广府文化展示中心等多个标志性工程。相继而来的是，广东省非物质文化遗产馆暨书院街复建项目。该项目规划东至大马站路、南至西湖路、西至教育路、北至中山五路，总用地5.2万平方米，将主要通过规划范围内的省非遗馆建设与大小马站书院群复建工程,集中展示岭南民俗文化风貌。主要包括大小马站和流水井一带的古书院所在地,还有药洲遗址、六脉渠遗迹、三叠古城墙遗址等文物。尝试通过对书院群的保护与更新,恢复其传统景观风貌和历史文化氛围。通过加速推进广东省非物质文化遗产馆建设,打造文物遗存与非物质文化遗产相结合的历史文化特色片区,希望树立广府城市文化新标志。

节庆或事件因具有强大的号召力而能够在短期内促进举办地的口碑而获得"爆发性"的提升(孙九霞等,2009),所以节庆也是一种社区"实践"的方式。广府庙会成为政府宣传地方的主要途径,试图将其打造成为与越秀区迎春花市齐名的另一大民俗节庆品牌。

二、借用北方的"庙会"这一文化符号

庙会是指依托某个神灵庙宇、以某个神灵诞日为活动时日,以诸多祭祀性仪式与酬神娱神内容为主的群众性集会活动(蔡丰明,2011)。有时伴有商业贸易、文艺表演、人际交往、休闲娱乐等多种形式,是传统社会中底层民众生活中的一件大事,是民间信仰的重要外在形式,也是传统民俗中一种地方性的文化标志(顾希佳,2010)。传统庙会因庙而起、因神而设,体现出鲜明的人对神的依附关系,但自唐宋以来城市庙会祭祀仪式的信仰成分减少甚至完全消失,商品交换功能、文化功能逐渐占据主导地位,庙会亦由清净圣地拓展为世俗文化娱乐空间(蔡丰明,2011)。现代社会中,群体的文化记忆和象征性意义使得庙会得以传承。城隍庙是浓缩了当地历史和区域文化的"记忆之所",复兴的城隍庙会不再是单纯

第五章 广府庙会的地方认同建构

的宗教性节日,而变成一种带有象征性和表演性的当地文化资本(王霄冰,2009)。

广府地区直接叫"庙会"的不多,而近些年复兴的一些基于庙宇的民俗活动多以"诞"自称。例如,广州市黄埔区每年农历二月十一日至十三日定期举行的"波罗诞",也叫菠萝诞或南海神诞,其中十三日为正诞,是广州乃至珠江三角洲地区独特的民间传统节庆,也是现今中国唯一祭祀海神的活动。这里"诞"有其鲜明的特点:时间上包含特定庙宇的神诞日,且以祭祀为主,尽管波罗诞民俗也已经发生了本质的变化,特别是民间俗语"第一游波罗,第二娶老婆",原本是强调波罗诞的重要性,而今却演变成"游波罗,娶老婆",但是其历史上留下很深的历史渊源,仍然可以号称"千年庙会"。另外,广州有俗语:"先有城隍庙,再有广州城",可见城隍庙是广州城的象征。而且相传广州都城隍庙城隍颇灵验,每逢农历七月二十四日为城隍诞辰,后世以此日为神诞。但是尽管广府庙会主会场选择城隍庙前的忠佑广场(图5—3),却并未在城隍诞日举行"城隍庙会"或"城隍诞",这使得广府庙会与珠三角地区现存多数以"诞"自称的庙会有本质上的不同。广府庙会没有基于特定庙宇的历史记载,而是由政府自上而下发起、以城隍庙为主会场、以"广府庙会,幸福相约"为主题、以宣传广府文化为主要目的并包含祈福文化、民俗文化、美食文化、商贸休闲文化等丰富内容的广府文化嘉年华活动,政府拥有最大的文化表征权力。政府举办广府庙会的主要目的是弘扬中国传统节日文化,延续和传承广府地区元宵节"赏花灯、猜灯谜"的活动。从访谈得知,政府目标中从未考虑过复兴宗教文化,而且越秀区政府副区长(访谈对象 T45)特别说道:"我们办广府庙会,主要是想推广广府文化,考虑广州是广府文化,尽管属于岭南文化,但毕竟广州最鲜明的还是广府文化,不能代表所有的岭南文化,在广州办潮汕庙会,大家都不会同意。所以我们强调'广府味',把广府庙会定位为'广府文化嘉年华',有专家说广州没有庙会,这个说法也站不住脚。其实不是说没有庙会,而是在北方地区保留得比较好,我们这里中断的时间长,都是中国传统文化,互相交融,说没有(庙会)也靠不住。"

图5—3 复建后的城隍庙作为第一届广府庙会的主会场

第五章　广府庙会的地方认同建构

当追问道:"听说潮汕地区很多地方在元宵节的时候都会举办游神赛会活动。"她则回应道:"一些县城举办类似活动会有比较浓的封建迷信色彩。我们不搞宗教、封建迷信那些,如果我们有迷信活动,公安局也不会配合我们工作的(笑)。就像城隍爷出巡活动,城隍庙有他们的仪式,但是一出庙,我们就不让他们烧香了。群众来了想进去烧个香祈福,我们就不管,但是我们只宣传广府文化,以广州城市的文化根基广府文化为核心,强调'广府味',目的是把庙会做成市民的欢乐节,让很多没能在广州过年的市民回来之后还能延续年的热闹气氛。"

而在2012年4月26日举办的第二届广府庙会大家谈活动中,陈晓丹总结时再次这样表达:"庙会的叫法,做过功课,自古就有,但也经过演变,历史加综合性文化综合的文化欢乐节,不叫城隍诞。主会场在城隍庙前,但是希望多元文化包容,广府庙会不仅仅是城隍诞,内容更广,不叫越秀庙会,是想体现广府文化。"

广府庙会未取名"城隍庙会"或者"城隍诞",而是巧妙地将"广府"与"庙会"结合起来,体现了政府的良苦用心。陈晓丹曾接受《中国社会科学报》等媒体采访,她表示:"广州市提出要建设世界文化名城,这不仅要发展现代文化,更要对有着两千年历史的城市本土文化进行发掘。广府庙会就是要更好地传承广府文化,弘扬民俗文化品牌。越秀区承载着浓厚的广府历史文化,被誉为'广府文化源地',广府庙会则能更好地凸显越秀在广府文化中的地位。"当然,仍然不能否认的是,广府庙会的出现存在一定偶然性。作为广府庙会的主办单位广州市越秀区文化广电新闻出版社(旅游局)下属事业单位的越秀区文化馆具体承办广府庙会的文化宣传活动。

时任越秀区文化馆馆长(访谈对象 T15)透露了广府庙会的最初构思。"据说广府庙会最初举办是源于时任文化局长的杨姓领导的一个疑问,大意是黄埔区有个'波罗诞',荔湾区有个'三月三',天河区有个'乞巧节',越秀区能不能也挖掘一项民俗活动?这引发了在场工作人员的思考。刚好又赶上迎亚运整治工程,废弃多年的城隍庙整修开放,大家就想依托城隍庙,学习北方也办个庙会。广州城隍庙在历史上的地位非常特殊,是都城隍庙,比上海城隍庙的级别还高,这么好的遗产,本地人都会觉得非常骄傲。借用它的名义来办庙会,应该能引起人关注。再者,越秀区两千多年来都是广州城的中心,这在世界历史上都是不多见的,全世界只有三个城市是这种情况,广州(越秀区)就是其一,政府定位为'广府文化源地、千年商都核心、公共服务中心',是毋庸置疑的。广府庙会也是想宣传这一形象。事实上,我们也都不是广府文化专家,也不是十分清楚广府文化的轮廓到底是什么。学习北方的庙会这种形式,来宣传广府文化,就是这么个想法。在与 G4 合作时,陈扬用了个词叫'趁墟',这是广州本地人逛本地节庆时的讲法,我们叫庙会,有考虑不同群体需求,本地人觉得新鲜,北方人可能觉得比较怀旧,在更长时间内也便于宣传推广。也体现广府文化的包容性。"

总之,广府庙会在广州市越秀区出现既有偶然因素,也有必然因素,这体现了文化与政治结合的结果。越秀区作为一个基层在开展文化活动时,不得不以上级的文件精神为指导,宣传中国传统文化节日,并保护地方传统历史文化,地方政府选择历史文化遗产作为认同的象征,执行国家意志。在此,政治因素起到记忆过滤器的作用(李凡等,2010)。

第五章　广府庙会的地方认同建构

第二节　广府庙会合法性争议

尽管总体而言广府庙会对不同群体地方认同的建构都有显著的积极影响，但是广府庙会成为越秀区打造"广府文化源地"形象的代言人，是被发明的传统，是官方意志的表征。对于这一新创的节庆，尽管初衷是体现广府文化的包容特质，但这其中却不可避免地出现了排斥。广府庙会的命名和文化内容展演都存在包容与排斥的紧张关系，在"被邀请"与"未被邀请"之间存在象征性的边界，因而无意中实施了排斥策略（Jeong et al.，2004）。节日并非即兴事件，而是由一群导演和组织者计划和严格控制的，他们安排节目、邀请艺术家表演、选择场地并作为掌控人。第二届广府庙会将其定位为"广府文化嘉年华"，明确了"广府统领，兼容并蓄；传统风采，现代气息；政府搭台，民间唱戏"三大特点。但是广府庙会如何获得其存在的合法性？谁拥有广府庙会的文化表征权力，谁的文化记忆被援引，谁的文化传统得以保留？首届广府庙会争议的根本原因何在呢？

一、广府庙会首先获得官方赋予的合法性

（一）政府主办与官员在场

节庆并非即兴事件，而是受到一群扮演守门人角色的导演和生产者的严格安排和控制的"严肃的乐趣"（Jeong et al.，2004）。地方政府拥有文化资源的优势占有和解读权力，掌握了生产传统"意义"的权力并操纵其全过程（阎江，2007）。

"广府庙会"的举办涉及多个部门，中共越秀区委、区政府主

办、区委宣传部、区政府办公室、区文广新局（旅游局）、区经贸局、区民宗局、区国土房管分局、区建设和水务局、区卫生局、区城市管理局、区公安分局、区城管综合执法分局、区食品药品监管局、区园林绿化局、区科技局、区委老干局、区文联、区工商联、广卫街、北京街、大塘街、洪桥街、珠光街、黄花岗街、白云街、区工商分局、越秀交警大队、越秀公园、区供电局、区应急办共同承办，并获得中国移动广州分公司的赞助支持。这使得广府庙会一开始即获得官方赋予的合法性。出席首届广府庙会开幕仪式的人员包括广东省文化厅厅长方健宏、副厅长杜佐祥、广州市人大常委会副主任周庆强、市政协副主席刘平、市政协社法委主任卢铁峰，广州市经贸委、公安局、民宗局、文广新局、旅游局、交警支队、佛教协会、道教协会等相关协助单位"领导"，越秀区委书记武延军、区政府代区长杨雁文、区政协主席刘小骏、纪委成员、相关职能部门、街道负责人、越秀区文化发展咨询委员会委员等。2011年2月23日下午五仙观举行的首届"广府庙会"闭幕式上，越秀区委副书记、区委宣传部部长、区人大常委会副主任、区政府副区长、区政协副主席等不同职位"领导"在场参与活动。尽管有学者认为领导出席是政治权力的表征，但是领导出席或许更加象征节庆的政治、文化身份与地位。

第二届广府庙会主办方增加了"广州市文化广电新闻出版局（旅游局）"。越秀区文化馆的一位工作人员表示："第一届与第二届的区别是，第一届是越秀区政府、文化局主办，越秀区文化馆在具体操刀，第二届是广州市文化局和越秀区文化局共同主办。广州市文化局是在过年前才决定加进来，广府庙会领导小组办公室才在宣传海报上加上'广州市文化局'。这对广府庙会的发展来说是好事，对首届庙会取得成绩也是个肯定，下一届再办的时候，有广州市文化局参与也会有更多资源可用,应该会办得更好。"第二届广府庙会开幕式上,广东省文化厅副厅长杨树、广州市委常委、市委宣传部部长甘新、越秀区各相关职能部门领导都参加了。在2月12日城隍爷出巡的大型民俗巡游活动时,广东省文化厅副厅长前来参加。

可见,政府主办和政府官员的在场使得广府庙会成为官方意志的表征。越秀区历来是政治经济文化中心,动用政治资源获取上级领导支持,运用其文化资源优势获得广州其他区、市县的支持甚至其他省份文化团体的支持,从而使得"广府庙会"获得官方的合法性。官方拥有媒体号召力,易于吸引地方媒体对事件的参与,做出有利于政府的宣传。然而,官方赋予合法性的节庆能否获得民间的合法性,则需要进一步探讨。

(二) 北京路广府文化商贸旅游区物质文化遗产所在地

越秀区在广州城市发展史中从未缺席,其在历史上的地位和区内保留的众多物质和非物质文化遗产使其以"广府文化源地"自居,以广府文化来营造地方形象,建构地方的文化身份。越秀区政府宣称自身广府文化源地的身份,做了系列的功课以及物质景观的复建和扩建。北京路在2001年广州青年文化宫附近和广州百货大厦前面挖出宋明清代的拱北楼基址、唐、南汉、宋、元、明、民国时期的路面(图5—4)。[①] 这一考古发现戏剧性地改变了单纯发展商业的单向度发展,传统文化渐入视野。历史遗迹的所在地使得越秀区成为当之无愧的文化源地,是最好的历史证明,也是在象征性地言说地方的历史(Lowenthal,1975)。北京路上传统与现代

---

① http://www.ycwb.com/gb/content/2002-09/11/content_419802.htm。

交相辉映,是越秀区乃至广州千年商都形象的缩影。物质景观和地标是地方认同的物质表达(Panelli et al.,2008),老舍作品《龙须沟》群雕既是北京市崇文区金鱼池小区的物理地标,也是该社区地方性的文化表征符号,有利于促进社区的内在文化凝聚力和文化认同(王爱平等,2006)。越秀区承载着浓厚的广府历史文化,被誉为"广府文化源地",广府庙会则能更好地凸显越秀区在广府文化区中的政治、经济、文化地位。尽管历史文化遗产资源很可能被用以吸引观众、创造新的休闲娱乐方式、教化民众、保留民俗文化、庆祝多元族群文化等,历史建筑本身的本质却不曾改变(Janiskee,1996)。

图 5—4 北京路上千年古楼遗址

广府庙会主推的六大景点中,北京路被新老广州人认为是最具广府味道的。就像冬泳网网友"南海自游人"所言:"北京路步行

第五章　广府庙会的地方认同建构

街很有文化内涵！广州建城两千多年,在此留下了丰富多彩的年轮!"①网友"小日子"说:"北京路其实没啥好逛的,但是就是喜欢。那种感觉。广味的,传统的,又很低调的潮。"②城隍庙、大佛寺、五仙观等都赋予广府庙会这一新创节庆历史和现实的合法性。广府庙会整合越秀区北京路广府文化商贸旅游区内的文化遗产,客观上宣传了越秀区"广府文化源地、千年商都核心、公共服务中心"的形象定位。另一方面则是出于刺激旅游休闲发展的愿望,对其进行捆绑推广,在考虑广州世居居民文化记忆与身份的同时,兼顾新广州人身份的延续性,从而出现南北兼容的一种特点。广州人没有自称为广州佬,邻近县份或别处地方的人,也不自称为广州佬,却自称为广府佬,有时亦自称为省城佬③。可见,广州作为广府文化中心的地位,是受到一致认可的。越秀区作为广州建城以来的城市中心地,具有整合资源举办广府文化代表性节庆的物质文化资源,物质文化资源的不可移动性、历史的不可复制性等特点使得这个地方独一无二。

(三) 对广府庙会的贴近感知显著影响地方认同

首先,尽管政府举办广府庙会备受争议,但是经现场调查发现,多数民众对于政府举办广府庙会的目的表示肯定,认为政府举办广府庙会的目的主要是宣传保护本地文化(表5—1)。"举办广府庙会是为了宣传保护广府文化"这一题项的平均分最高,为4.439。

---

① http://bbs.china-ws.org/thread-444734-1-1.html。
② http://jiuriyuwen.blogbus.com/logs/106443950.html。
③ http://59.41.8.134:8080/was40/detail?record=12&channelid=37815。

表 5—1 广府庙会目的认知的平均值和标准差

概念	衡量指标	平均值	标准差
目的认知	P1 举办广府庙会是为了宣传保护广府文化	4.439	0.779
	P2 举办广府庙会是为了强化千年商都形象	4.099	0.985
	P3 举办广府庙会是为了促进历史街区的新发展	4.071	0.969
	P4 举办广府庙会是为了增强市民凝聚力	3.991	0.978

例如,访谈对象 T1 说:"政府的出发点还是好的,这是肯定的。文化活动没有什么利益可谈,关键是作用怎样。"访谈对象 T6 也说:"有什么事情是能够一下子就让人非常满意的呢?政府的出发点还是好的。还是要兼容并蓄。"

对于广府庙会持支持态度的主要话语为:广州需要一个庙会,庙会与神诞都很重要。大洋网友"cokim"转发"神奇的首届广府庙会七万人冒雨追捧"[①]中说道:"无论你是居住多年的老广,无论你是异乡客居广州的游子,抑或你只是路过的游客,你又岂能错过这场充满浓浓的庙会节庆氛围的盛会呢?"豆瓣网上有网友发起"撑广州,当然要逛广府庙会!"的活动[②],共计 406 人参加,事后网友上传照片 99 张。新快网网友:"上百年没有举办的广府庙会回归,这是民俗文化被重视的体现。事实上,广州一直有庙会,老广州很多地方有'一庙一会',在特定的日子就会举行大型群众活动进行庆祝。但到近现代,'庙会'的概念逐渐从广州人心中淡去,原因是很多老传统没有守住,很多老庙宇也不存在了。现在再办庙会,是传统民俗文化的再度繁荣。希望这个庙会成为一个非物质

---

① http://bbs.gz4u.net/thread-1323468-1-1.html。
② http://www.douban.com/event/13423913/。

第五章　广府庙会的地方认同建构

文化遗产的展示平台,年年办下去。"①

在现场访谈过程中,也有不少被调查者肯定的表示"广州需要一个庙会,广府庙会好啊,不好就不来了"。

> "好呀,有一个属于自己广州人的庙会。广州需要一个庙会,广府庙会和神诞都是好重要的。因为广府庙会是宣传广州文化的重要活动的。但希望它能办得更加具有广州特色。例如,增加点粤剧、相声之类表演。"
>
> ——访谈对象 T7

> "广府庙会,这叫法没有问题啊!关键是内容,像今年非遗区这里就很好,有很多传统手工艺,其实我自己(作为广州人)都不是很了解,看一下觉得很新鲜,美食区也有很多广府美食,广味还是比较浓的。其实我个人观点是,不必纠结于名称。其实,广州历史上到底有没有庙会,谁也没有去查历史典籍,谁知道呢?我倒是觉得,庙会用词其实没必要深究,可能是出于对本地文化的关注才会有争议吧。关键内容要广味,当然,美食区还可以再改进,例如,每个参展酒家可以主推一款最有广府特色的菜式,介绍起源之类的,这样会更好。"
>
> ——访谈对象 T22,广州广播电台记者

在这部分人眼里,广府庙会是复兴本地文化的有力举措,他们的观点具有开放、包容的特点,但一个未言明的前提是要宣传保护本地文化,即要体现地方的独特特色和地方性文化元素。日渐式微的粤剧走出剧场,走进广府庙会,是对戏曲原始演出形态和演出

---

① http://tieba.baidu.com/p/1397547261。

场所的回归(黄静珊,2011),也是粤剧向更多大众展现魅力的机会,将对粤剧的传承和保护发挥一定作用。

事实上,也有其他地方的人表示,自己的城市也办庙会就好了。例如,网友"枫桥月色"在南方网"南方论坛"的"广东发展论坛"中跟"广府庙会的普宁因素"一帖时,这样写道:"恭喜恭喜,前天刚回中大,昨天就看到了,广府庙会很热闹,潮州湘桥那边其实也可以搞一下～叫潮府庙会或潮汕庙会也行!"[①]

其次,对广府庙会有贴近感知的群体地方认同测量结果。被调查者对举办广府庙会目的认知的 Cronbach α 值为 0.799,地方性认知的 Cronbach α 值为 0.726,地方认同的 Cronbach α 值为 0.925,均大于 0.7,表明数据的信度或可靠性较高(表 5—2)。关于数据的效度或有效性,考虑内容有效性和结构有效性。内容效度主要是针对广府庙会的特点,举办目的认知概念主要结合主办方举办广府庙会的目的来设计题项,地方性认知则将广府文化的务实、创新、开放、包容的特质与广府庙会的特点结合起来设计题项,地方认同概念参照以往研究的理论与结论,并考虑广府庙会的特点,请文化地理学知名专家给予修改意见,并经预测试以使题项内容表达准确,因此本研究所用问卷应当具有可信的内容效度。结构效度采用 KMO 检验和巴特利特球体检验,亦可确定变量是否适合做因子分析。本研究中,如表 5—2 所示,举办目的认知、地方性认知和地方认同的 KMO 值分别为 0.762、0.715、0.917,大于 0.700;巴特利特球体检验 P 值均为 0.000(小于 0.05),这说明该量表所收集的数据可进行因子分析。

[①] http://bbs.gd.gov.cn/thread-6591820-1-1.html。

第五章 广府庙会的地方认同建构

表 5—2 概念的信度和效度检验结果

指标 概念	标准化的 Cronbachα 值	KMO 值	卡方值	自由度	Sig. 值
目的认知	0.799	0.762	260.291	6.000	0.000
地方性认知	0.726	0.715	172.372	6.000	0.000
地方认同	0.925	0.917	1377.322	45.000	0.000

采用主成分法和 Varimax 正交旋转分析法,采用 SPSS17.0 对地方认同进行了主成分因子分析。根据地方认同形成过程经历情感、认知、意向三个心理过程的理论,在提取因子时采用强制获取三个因子模型,因子分析所得因子载荷及各因子解释的方差及累计值如表 5—3 所示。PI1~3 为认知认同,PI4~7 为情感因子,PI8~10 为意向因子,这三个因子分别解释了总方差的 22.963%、27.957%、25.652%,累计解释总方差的 76.572%。其中,情感因子解释的方差最大,这一方面支持了理论探索,即认知、情感、意向等心理过程对地方认同的形成有显著影响。另一方面表明,情感在地方认同形成过程中的作用最为显著,可能的解释为,广府庙会尽管开始举办时受到争议,但是作为宣传广府文化的平台,人们对此从情感上表示肯定。

表 5—3 广府庙会地方认同因子分析

地方认同测量变量	情感 认同	意向 认同	认知 认同	解释的 方差(%)	累计解释 的方差(%)
PI6 逛广府庙会我感到自己是广州的一分子	0.871	0.246	0.230		

续表

地方认同测量变量	情感认同	意向认同	认知认同	解释的方差(%)	累计解释的方差(%)
PI5 逛广府庙会我感觉自己融入了广州	0.816	0.302	0.299		
PI4 逛广府庙会增进我对广州的归属感	0.649	0.521	0.232		
PI7 逛广府庙会增强我对广州的认同感	0.640	0.333	0.461	27.957	27.957
PI10 我愿意向他人推荐广府庙会	0.215	0.852	0.240		
PI9 我喜欢逛广府庙会	0.337	0.809	0.151		
PI8 逛广府庙会我为广府文化骄傲	0.423	0.608	0.354	25.652	53.609
PI2 广府庙会具有独特的广府文化身份	0.188	0.252	0.841		
PI1 广府庙会是结合本地民俗创新发展的节庆	0.333	0.095	0.780		
PI3 广府庙会是广州节庆的重要组成部分	0.237	0.457	0.605	22.963	76.572

二、广府庙会合法性的争议源于文化记忆的选择

(一)民众对广府庙会名称合法性的争议

广府庙会作为民俗节庆活动得到官方赋予的合法性,并寄希望其能成为地方的文化符号,但是这一符号到底能否进入百姓的日常生活,则要看不同群体市民的行为表现。正如彼得·杰克逊所言,文化是统治与附属不断商榷甚至抵抗的领域,意义不仅是被强加的,更是充满争议的(Jackson,1989)。并非所有群体都会自

第五章 广府庙会的地方认同建构

动理解或接受节庆实践再生产出来的地方意义,认同或者不认同、来或者不来、被邀请或者不被邀请的不同群体都在争夺文化表征权力和书写地方意义的权力,经常以抵制的话语和行动来进行(Jeong et al.,2004;Quinn,2003)。由此判定其对政府主导的地方文化身份是否"合法",并作为积极的行动者影响文化身份再生产的过程。

首届广府庙会的名称首当其冲地受到不少民众的质疑。质疑的重点在于广府庙会的地方性。正如上文所述,一种观点对广府庙会这一名称持包容态度,体现了进步的地方感。也有折衷派认为名称无所谓,关键要宣传本地文化。

例如,网友"花花公子CGX"在百度贴吧发帖:"下个礼拜又有广府庙会咯,大把嘢吃,而且仲可以中大奖添!!!"[①]"熊猫德鲁伊"回复道:"有个问题想问好耐了,印象中庙会尼家野好似北方比较兴,广府地区以前有庙会咩? 又或者叫'庙会'尼个词?""花花公子CGX"回道:"旧年系100年嚟第一届广府庙会吖嘛,100年前应该有挂。"网友"小日子"表示:"从来庙会就是北方的专利,今年广州也凑热闹搞了一个,那,就去逛逛呗……娱乐至上的年代,人总是需要各种节目(日)来过日子。"[②]访谈对象T29表示:"广府庙会没问题啊,宣传传统文化,更加了解广州,挺好。"T35则说他是越秀区居民,自称有40多年艺术生涯,他表示:"庙会很好啊,虽然是新的,但是有比没有好。但千万不要把它弄到钱眼里去,千万不要做伪民俗,今天我是来观察的,跟你一样。"

---

① http://tieba.baidu.com/p/1397547261。
② http://jiuriyuwen.blogbus.com/logs/106443950.html。

据《南方日报》报道①,广府文化知名研究专家陈泽泓认为,广府庙会之所以"火爆",有其内在原因:广府庙会形式上迎合了大众心态,能够找到"庙会"这种民众喜爱的形式,带动传统文化的复兴与享受;其次广府地区人性格开放包容,只要喜闻乐见、大家喜欢、时代能够接受,他们就能够接受。尽管广府庙会有一些韩国明星表演、Cosplay 等并非真正意义上的广府文化,但广州人不太在意,也能够接受并且喜欢,所以大家对它表现出来的更多是"喜爱"和"融入"。广府庙会给予民众参与的机会,充分强调"参与"与"互动",不是庙会娱乐大众,而是大众娱乐庙会,从而带给人最好的文化体验。折中派的观点尽管不能代表全体广州民众的观点,但却一定程度上体现了广府文化务实、包容、开放、创新的特质。

1. 反对派认为"庙会是北方的,广州没有庙会,拒绝文化入侵"

不同于上述两派话语的是极端的"反对派",他们的主要观点是"庙会是北方的,广州没有庙会,广州办庙会是文化入侵"。在地方文化受到外来文化冲击时,部分本地群体倾向于采取激进的话语甚至行动来抵抗"外来文化"的入侵,捍卫所谓"原汁原味"的地方性意义和文化身份,从而将地方简化成封闭的、僵化的、单一的地方(Massey,1994a)。

"金羊社区's Archiver"粤来茶楼论坛里一位名叫"大胆刁民"的网友于 2011 年 2 月 14 日发表"請教一下:'廣府廟會'妥唔妥?"的帖子。

"我地南方人,尤其系廣州地區(廣義上)嘅民眾,口

---

① http://epaper.nfdaily.cn/html/2012-02/15/content_7056735.htm。

第五章　广府庙会的地方认同建构

語同書面語上邊都冇'廟會'嘅叫法,舊時有'趁圩',好多鄉鎮每個月都有'圩期',清明祭祖,端午睇龍船,中秋有賞月放煙花,上元有登高,春節前有'行花街',元宵又有賞花燈放煙花嘅活動等等,大多數都系承繼中原文化,大家都 made in china,好多傳統活動當然都系一樣啦,之不過就春節期間舉行嘅民間活動嚟講,無論自發定系官府組織,廣州人都冇'廟會'嘅講,生安白造一個'廣府廟會',似乎有將北方口語/習俗用語強加於廣州人頭上嘅感覺,普通話叫'別扭',雖則話北方某啲同胞一向希望'大一統',連習俗、用語,甚至思維方式都要'統'埋一碟,所以不斷以各種潛移默化嘅方式'試探'南方人嘅心理底線,但系我地根本上都冇呢種講法,你硬系要杜撰出嚟廣而告之,堂而皇之印刷喺公眾場所嘅宣傳欄上邊,似乎有啲牛頭唔搭馬嘴。

我地廣府已經有'花街',有'圩期',亦都同北方一樣有'燈會',而無'廟會',唔通你要廣州人喺呢個'廟會'上邊睇'踩高蹺,扭秧歌,捏面人,吃冰糖葫蘆'咩? 若果(既然)叫'廣府廟會',點解你北方嘅廟會唔叫作'北京花街','河北年宵'呢?

今年可以杜撰一個'廣府廟會'出嚟,下一年會唔會又寫成'廣府社戲'?"

——网友"大胆刁民"①

金羊社区几位在首届广府庙会发表过看法的网友对广府庙会

---

① http://blog.ycwb.com/archiver/? tid-308750.html&page=1。

的叫法一直持有保留意见。① 其中,"大胆刁民"写道:"去年第一届所謂「廣府廟會」,就已覺其「無厘頭鳩」,特提出質疑之:《"廣府廟會"妥唔妥》。""kanle"回复道:"广府庙会冇广味。""NSS"说:"'庙会'不是粤文化所有,是外来的。"

天涯论坛上一则题为"『G4在线』广府庙会必定搞成大杂烩"②的帖子引发网友对广府庙会的热批,截至2012年2月26日该帖访问数有2439个回复。

"如今'广府'依个招牌好兴香,连政府都准备系元宵节搞个广府庙会,据主办方接受采访时表示,届时将有踩高跷、捏面人等现场表演。真系一百岁唔死都有新闻,原来踩高跷、捏面人竟然是属于广府文化。听着主办方标准流利的普通话,我甚至怀疑佢识唔识广府话。"

——网友"西关大佬"

"名不正则言不顺,'广府'从来就冇'庙会',现在'夹硬'将一个'庙会'安在广府人嘅头上,而且主办人连广府话都唔识讲,老夫我绝对唔会去捧场。"

——网友"白云山老人"

"本来就系一种文化侵蚀!"

——网友"qinglang2010"

"一年一度传统嘅花街都严重变味啦,何况噉样嘅东西?在家清静下,自己同自己和谐仲好喇。"

——网友"南粤老伯"

---

① http://bbs.ycwb.com/thread-771903-1-1.html。
② http://bbs.city.tianya.cn/tianyacity/Content/5004/1/11266.shtml。

第五章　广府庙会的地方认同建构

> "庙会哩家野本来就系北方嘅东东,我地广府只有趁墟。所以搞到不伦不类就好正常啦。"
>
> ——网友"yuminle"

在天涯社区『G4在线』中一位名为"钓鱼岛主甲"的网友2012年2月6日发表题为"变味的'广府庙会',我地吾需要"的帖子[①]:"农历正月十五,广州人都系叫作'新十五'。吾知咩野时候,市委宣传部'引入左''庙会'尼个既念? 首次'广州庙会''召开'于公元2011年的农历正月十五,而让我们看到的,几乎全部都系北方庙会的'翻版'。'广府庙会',顾名思义就系要传承'广府的文化'。或者,吾通我地真系文化低? 整个庙会,我根本就睇吾到咩野系'广府文化'!"

此帖截至2012年2月15日16:30分有129人浏览,8人回复。第一个跟帖者是"铡乱歌柄",以调侃的语句表达对广府庙会的不认同。

> "愧对列祖列宗,作为行将入木的广府人,居然不知广府有庙会,好似系帮啲外省佬办嘅庙会咁!"
>
> ——网友"vinkan"

> "而家中国好可悲,原有嘅独特嘅野偏偏被废同拆晒佢,然后伪造D古建筑古文物而家又伪造传统,广州嘅所谓庙会以前唔系叫庙会,南方嘅唔系叫庙会,而系另有别称,zf咁搞法简直係鉴(夹)硬套用北方嘅庙会放落广州当传统用,而唔系严谨查清楚历史传统究竟係有D咩搞嘅然后恢复传统,而家呢啲'规划设计'会係有文化嘅

[①] http://bbs.city.tianya.cn/tianyacity/Content/5004/1/17974.shtml。

人嘅所为咩？"

——网友"chillycc"

"广州人对哩啲不伦不类，四不像嘅活动，从来都係反感！反感！！更反感！！！无奈！无奈！！更无奈！！！"

——网友"南粤老伯"

一位匿名的大洋网友也表示："反对内地文化侵略广州，广州从来没有所谓的庙会，也不需要专门为内地人搞所谓的花展！"

在实际调查中也有表示不赞同的个案。访谈对象T8，1985年生，荔湾区居民，本科毕业于华南师范大学，当问到"有听说广府庙会吗？"她说："没有。不感兴趣。我作为广州人，觉得春节花市才是正统，所谓的庙会比较类似北方的说法。广府庙会感觉就是政府工程，作秀。非土生土长的（人），态度应该会好点，没有那种根深蒂固的先入为主。这类活动吸引新广州人融入上可能有一定意义，对老广州来说意义不大，当然也不排除会有凑热闹的，特别50~60岁的那批叔叔阿姨，他们其实去看新鲜东西的。"

访谈对象T23，南方都市报一位"80后"记者，广州世居居民，现居越秀区，他在接受访谈时，以媒体记者特有的审慎的态度应对"广府庙会怎么样"这个问题："广府庙会感觉不太正宗吧！广州历史上没有庙会，庙会是北方传来的，不属于广州。"

一位在广府庙会做青年志愿者的22岁海珠区小伙子（访谈对象T31），当笔者跟他打招呼说"你好"时，他礼貌地回了一句"你好"。然后笔者表明自己研究身份时，他突然开始讲粤语。表示自己是广州人，就要讲广州话。越秀区是广州文化最浓厚的地方，最有历史、经济实力最强。并且说，你要问广州哪里人有钱，那就数越秀区。但是广府庙会，"庙会"不是广州的，不正宗，是北方的。

第五章 广府庙会的地方认同建构

而且这届广府庙会也不够包容,只有广州的文化,没有广府其他地区的文化,香港、东南亚一些地区都保留有广府传统文化,所以说广府庙会广味不足。当被追问到,广府庙会是为了宣传广府文化,就这一点来说,你觉得值得肯定吗?答曰还是有一点意义的,但是庙会不是我们广州的东西。语言被作为捍卫地方认同的最主要的载体。尽管有抵抗情绪,但是大都采取象征性的方式(Jackson,1989)。地方在营销自身的过程中,试图建立独一无二的地方形象,让本地人和外地人都能够清楚地识别这个地方。不同群体的文化差异会影响其对地方属性的判断,进而影响地方认同(庄春萍等,2011)。就如一项关于粤语文化与普通话问题的研究发现,广州本地市民社会的少量话语体现了僵化的、一成不变的地方认同陷阱,广州话被认为是广州地方性的唯一象征,这将不利于促进社会的融合(钱俊希、钱丽芸和朱竑,2011)。

2. 广府文化研究专家对广府庙会的质疑

《羊城晚报》就市民莫先生对"广府庙会是否'伪民俗'?"的问题,专访了中山大学教授、民俗学家叶春生①,报道指出:"广东确实没有庙会,庙会是北方的,以耍、杂为主,唱歌跳舞做买卖。广东与北方庙会类似的形式有两种,一个是诞,如南海波罗诞;一个是会,如菊花会、狮子会。像广府庙会中踩高跷这样的民俗典型属于北方,不是广东本土的。"并称专家认为广府庙会称"庙会"不太合适,建议称"诞"。《中国社会科学报》刊载了一篇报道发表了广州市文史研究馆馆长、广府文化研究专家陈泽泓的观点。他指出广东地区类似庙会的活动一般在城市边缘地区特别是农村地区较

---

① http://www.ycwb.com/ePaper/ycwb/html/2012-02/10/content_1318410.htm。

多,如南海神庙的波罗诞在黄埔区①。实际上岭南地区有很多类似庙会的活动,但直接叫庙会的很少。从时间上讲,广州有近半个多世纪没有出现庙会了。1949年新中国成立之初到"文革"前,有一种形式叫"城乡文化交流会"②。广州市民间文艺家协会主席、国家一级作家、广州本土文学作家曾女士(访谈对象T13)这么说:"广府庙会不是广州民俗,广州本地是没有庙会的,民俗必须有民众基础,有历史渊源,而且有现实需求的,广府庙会是越秀区政府搞的,我们都是静观其变,现在只能说是打造了一个文化空间吧。"但是广府庙会到底是不是"伪民俗",这一点专家并未发表观点。争论归争论,广府庙会确实让地处边缘地区的南海神庙波罗诞感到危机,《信息时报》为波罗诞正名,称"波罗诞才是广府最早的庙会"③。尽管如此,面对广府庙会的竞争、想要获得更大地域、更广泛认同时,波罗诞亦不得不以"千年庙会"来修饰自己④。

事实上,地方身份的有意识建构和营销阐明了地方特定的权力关系和内部冲突(Panelli et al.,2008)。本地人在欣然接受某些全球化的创新文化时,不断抵御外来文化对自己特质文化的"侵蚀"。"广府庙会"名称引发的争议仅是表面现象,深层次的原因可能有:一是本地人对本土传统文化的保护与对外来文化侵蚀的抵抗,特别针对官方姿态压制下来的强势文化;二是对于"庙会"不能保留自身传统文化记忆的担忧,到底在保留谁的记忆、传承谁的传统。争论的主题落在地方性上。在文化多元化的地方举办节庆应

---

① http://sspress.cass.cn/news/19180.htm。
② http://sspress.cass.cn/news/19180.htm。
③ http://informationtimes.dayoo.com/html/2011-03/08/content_1285079.htm。
④ http://www.chinanews.com/sh/2011/03-16/2908445.shtml。

第五章　广府庙会的地方认同建构

注意包容的文化表达,但绝不鼓励一般泛化的无地方的节庆(McClinchey,2008)。广府庙会可被视为民俗文化的节庆化,它是横跨经济、文化等多个领域的综合现象,不等于"伪民俗"(毕旭玲,2011)。关键在于各方行动者如何利用地方性知识和在广府庙会情境下建构地方文化身份。

对存在的诸多争议,主办方负责新闻的工作人员专门搜集网友和民众的意见,并由广府庙会领导小组办公室于2011年5月21日在万木草堂举办了"广府庙会大家谈"活动,强调要"开门办庙会",邀请专家、学生、居民等前来谏言,为办好庙会提供建设性意见,明确了"办最广州、最民俗的广府庙会"的目标。[①] 在后续访谈中,多位负责人均表示,有争议是好事,说明大家都在关心,而且有争议才能促进交流,促使大家更多地挖掘身边的广府文化。

(二)首届广府庙会内容不够"广府味"引发争议

市民对广府庙会是满怀期待的,正如微博网友"聚焦全球"所言:"传统的都想看,因为我们对古代的中国有太多的不了解。"[②] 暂居广州的上海人白领Tiffany说:"来广州工作两年,每年春节初七就回来了,在上海元宵节逛庙会才是过节的重头戏,每年过不上,总感觉春节都过得不是很完美,所以我对这个在元宵开始的庙会很期待。"[③]一位年约30岁的女士(访谈对象T24)表示:"北方人习惯逛庙会吧,广府庙会还是要突出广府概念,很多广府文化元素,像鸡公榄、鸡仔饼、沙湾飘色等最好都纳入庙会,要够广州传统

[①] http://www.gz.gov.cn/publicfiles/business/htmlfiles/gzgov/s5806/201105/820772.html。

[②] http://nf.nfdaily.cn/epaper/nfds/content/20110217/ArticelA203002FM.htm。

[③] http://nf.nfdaily.cn/epaper/nfds/content/20110217/ArticelA203002FM.htm。

味道,否则人那么多,都费事去挤了。"网友"我系大威"表示:"系广州生活二十多年,上年先第一次听到'广府庙会',无奈经历过后却比较失望。希望'广府庙会'能再多点广州味,至少使到参与者感觉到身在广州。"①

然而,逛了之后很多人表示比较失望。概括其原因是庙会的"广府味"还不够浓。有关"广府味"不够的批评具体体现在语言、食品、文化展演等几个方面。

1. 作为广府文化核心的粤语未能在广府庙会上充分施展拳脚

省社科联的刘斯翰研究员在政府举办的"广府庙会大家谈"活动中表示,广府庙会要花大力气挖掘、传承广府文化,首先得"广",比如说广州话,广州人都没有广州话,那还叫什么广府文化?形式可以采用粤语歌曲、粤剧、粤语的相声等②。网友调侃城隍爷能否听懂粤语、能否听懂普通话,一说"城隍爷听懂粤语吗?",一说"城隍爷会听普通话吗?"在本人的实地调查和访谈中,不少市民表示广味不足,希望将粤语歌曲作为背景音乐增加庙会气氛。广府方言,即以广州话为代表的粤语方言,是广府文化最重要的表现形式。以"广府"定义的庙会,必须首先得"广",这是本地专家与民众一致的心声。

2. 食品方面受到的批评最多

广州素以"食在广州"著称,然而首届广府庙会86个美食摊位就有17个卖烤肉串,售卖广州小吃的不足10个。据《羊城晚报》

---

① http://bbs.city.tianya.cn/tianyacity/content/5004/1/17971.shtml。
② http://gzdaily.dayoo.com/html/2011-05/22/content_1360080.htm。

第五章　广府庙会的地方认同建构

报道①,一位自称是"老广州"的林伯说:"我想吃牛肉干蒸、粟米饺还有艇仔粥。"却发现连广式地道点心叉烧包都没有摊位售卖,这让他很失望:"广府庙会怎么连叉烧包都没得卖啊?"从武汉过来的谭先生说②,他就是冲着"广府"两个字来逛庙会的,却只吃上了几块臭豆腐:"广州的地道小吃十个手指加十个脚趾都数不完,怎么到了这里却全没有了呢?"天涯网友"安心混TY"发帖"第一届广府庙会元宵节开幕,大家去了吗?"中写道③:"什么庙会啊,根本就是烤肉一条街!……广告说得那么好听,我还期待着广州也终于有年味了,结果就是个这玩意!低俗!没新意!没广府气息!太让人失望了!"金羊社区的珠江论坛中有一帖④"为什么广府庙会有这些档口出现?",网友"zzzh"发帖道:"广府庙会有新疆烤肉、蒙古羊大串、香煎黄花雀……广东有许多特色美食没有见到,为何偏偏让这些档口堂而皇之出现?我不明白!"网友"kanle"则表示:"既然冠上广府,就应有岭南特色的食物、表演才能进场,否则就是广府大杂会(烩)。"NSS表示:"德庆龙母庙都有庙会,却不是这样的。"具体负责庙会美食街招商工作的广东省老字号协会相关工作人员表示,由于招商准备时间不足,导致庙会美食街缺乏广州本地小吃。

3. 文化展演与展示方面

一是现有的文化展演未能突显广府特色;二是文化活动相对

---

① http://gz.bendibao.com/news/2011222/content83719.shtml。
② http://gdgz.wenming.cn/mlgz/rwjg/rejg_photo/201103/t20110323_121542.html。
③ http://bbs.city.tianya.cn/tianyacity/Content/5090/1/7307.shtml。
④ http://bbs.ycwb.com/forum.php?mod=viewthread&tid=309426。

比较少,未能关注广府传统手工艺。微博网友"Guo"认为[①]:"我觉得广府庙会更像一个美食节,好多摊位都是卖吃的。听说开幕那天有表演,可惜我没去。在其他时候,我觉得文化味道少了些,这一点下一届最好改进一下。"谭中利说:"广府文化简单来说,简单点来说:商业、手工艺、饮食。要有广州人那份人情味道。广州商业历史文化要融入,像致美斋都(在老地方)重新开业了,现在天天都好多人在排队的。还可以增加一点传统的手工艺品,像广绣广雕鸡公榄之类的。"

广府庙会节目单共有14项活动安排,分别在城隍庙忠佑广场、大佛寺、五仙观、六榕寺等地进行(表5—4)。尽管有不少活动被贴上广府标签,如醒狮表演、武林大会、粤剧专场表演、城隍爷出巡大型民俗巡游活动、元宵灯会、木偶表演、广府华彩等都受到本地人的赞赏,但是不少活动受到民众质疑,包括京剧专场演出、川剧变脸、杂技、杂耍、魔术、硬气功等都被认为不是本地的,是外来文化,会"侵蚀"本地文化。媒体报道首届广府庙会在为期一周时间内举行了九场文艺演出、一场大型民俗文化巡游活动,在五仙观、六榕寺等场馆举行了灯会活动、非物质文化遗产展览等活动,吸引了数百家企业踊跃参与,形成了广府文化嘉年华,吸引了350多万国内外市民游客的热情参与。作者就"民众广泛认为广府庙会不够'广'味"这一问题访谈越秀区文化馆馆长,他表示:"首届广府庙会策划时间很短,2011年1月3日开会说要办庙会,我们文化馆负责落实,2月17到23号期间进行。当时很蒙。地点就定在中山四路、北京路一带,主要考虑那一带人流量非常大,人群传播

---

① http://life.ycwb.com/2011-02/22/content_3363406.htm。

第五章 广府庙会的地方认同建构

表 5—4 首届广府庙会活动安排

序号	时　　间	地　点	内　容	备　　注
1	2月17日 10:00	城隍庙 忠佑广场	启动仪式	1.暖场节目:醒狮、岭南英歌等。 2.领导致辞。 3.推介广府庙会项目特色 (①城隍庙、②府学西街、③北京路、④惠福东路美食街、⑤五仙观、⑥大佛寺)。 4.领导合力启动风车。 5.《鼓舞岭南》舞蹈表演。 6.变脸。 7.芳华十八民乐演出。 8.杂技集体表演。
2	2月18日 15:00～16:30	城隍庙 忠佑广场	木偶荟萃	民间木偶、人偶、五华提线木偶、高州单人木偶等优秀作品展演。
3	2月19日上午	忠佑广场、文德路、文明路、北京路、中山四路	民俗文化巡游	包括舞狮、城隍队、岭南英歌、广府华彩、腰鼓队、舞龙等。
4	2月20日 10:00～11:00	城隍庙 忠佑广场	京剧专场	《智取威虎山》、《江姐》、《红灯记》、《沙家浜》、《忆秦娥·娄山关》、《毛主席诗词:咏梅》、《大唐贵妃》等。
5	2月21日 10:00～11:00	同上	粤剧专场	
6	2月21日 15:00～16:30	同上	中华绝活	川剧变脸、杂技、魔术、硬气功、杂耍等。
7	2月22日 10:00～11:00	同上	管乐专场	

续表

序号	时间	地点	内容	备注
8	2月22日 15:00~16:30	同上	武林大会	醒狮表演：步步高、双狮贺新春等。武术表演：白眉拳、蔡李佛拳、咏春拳等拳术，对练、长短兵器（单头棍、大关刀等）等表演。
9	2月17~23日	五仙观	元宵灯会	展示广式红木宫灯、佛山彩灯、南海乐安花灯、潮州花灯等。
10	2月17~23日	忠佑广场、五仙观广场	广府文化展览	
11	2月17~23日	五仙观	广府民间工艺精品展	
12	2月23日 15:00	五仙观广场	闭幕仪式	1. 腰鼓队、扇子舞、太极拳表演、汉服表演。 2. 领导致闭幕词。 3.《五羊仙舞》表演（五羊仙舞结束时，五名五仙扮相的演员和领导、市民赠送谷穗赐福；主持人此时此刻向广大市民祝福）。 4. 参观五仙观、广府文化展。
13	2月17~23日	大佛寺	盛世禅韵	1. 传统文化专题讲座。 2. 文艺联欢会。 3. 新春雅集古琴交流会。 4. 佛教书画展。
14	2月17~23日	六榕寺	新春灯谜会	举办猜灯谜活动。

第五章 广府庙会的地方认同建构

的力度很大,宣传海报也是在一些路牌上做的。首届广府庙会由于大家都是第一次办,对于节目的选择并未特别强调广府文化,要凑够七天的演出,每天都有专场民俗文化表演、非物质文化遗产手工艺品制作展示、传统小商品展销等活动。那么短时间内根本来不及想那么多。当时我们是这样理解的,广府庙会不仅仅是越秀区的庙会,其文化表现形式也多种多样的,采用的是相对开放的观念。第二届广府庙会吸取首届的经验,开展广府文化达人秀活动,每场均由3位专家和21名大众评委来决定胜负,充分强调参与性,一定程度上决定广府文化项目的主题和质量保证。"

同时,很多被访问对象在被问到哪些广府文化应该被体现时,很多人并没有明确的答案,这与当前学术界尚未对广府文化概念及其范围下定义有关,也与广府文化本身的开放、包容、创新的特质有关。事实上,大家在评判广府文化或者广州的地方性文化时,并不能描绘出原汁原味的地方文化的全貌,而是支离破碎的片段记忆,或者干脆采用排除法,通过判别什么不属于广州来界定什么属于广州,事实上进一步造成广府文化的模糊性。广府到底应该被视为历史上政治意味的"广东首府",抑或是近代被称之为广府文化的文化形式,又或者指现当代全球文化汇聚形成的新的地方特色文化呢?这是地方性建构首先需要考虑的,也是广府庙会要想真正体现地方性文化必须首先解决的关键问题。但广府庙会作为挖掘、宣传和保护地方文化的触媒,对内是广州人重拾和壮大本土文化的好机会,对外则是宣传广州文化形象的平台。

(三)谁拥有文化表征权力?

文化时刻处于对话中,各地方都提供独有的地方性知识,但是这一过程却存在不平等,对话中强势一方常常处于推销自己文化理念、安排制度甚至生活方式的有利地位,促使弱势一方被动接受,从而强势一方的地方性知识演变为区域性甚至全球化知识,原本地方性的知识具有了某种超地方性(任剑涛,2003)。地方性知识是后现代主义的话语表达,用以对抗全球化对地方文化的侵蚀,特别强调文化持有者的内部视界(杨念群,2004)。地方性知识是一种具有本体地位的知识,也就是来自当地文化的自然而然的东西,是固有的东西(吴彤,2007)。文化人类学认为,地方性知识拥有者的权力与知识的扩散能力呈正相关的关系,而权力是由知识拥有者的政治地位高低与经济实力的大小决定的(次仁多吉和翟源静,2011)。

在地方性建构过程中,因为地方性知识与掌握知识的人密切相关(吴彤,2007),知识和权力便成为重要影响因素。理解地方性知识的关键在于如何理解"地方性知识"中的"当地"(吴彤,2007),当地到底是谁的当地？谁来宣称地方？这也是广府庙会地方性存在争议的原因。谁来定义什么是广府？关于广府文化的争议很多,事实上广府文化是一个尚未明确的概念。目前对广府文化的描述通常是这样一些文化表现形式,如听粤剧、广东音乐,喝早茶、煲老火靓汤、喝凉茶,广绣、广彩、根雕、牙雕、广式家具等手工艺,致美斋等老字号,特别是在非物质文化热的情况下,以物质和非物质文化遗产,或者以大家还能从老人家口中听到的耳熟能详的近代文化符号"西关小姐"、"东山少爷"来表现形式广府文化。

还有很多文学作品等展示老广州的记忆。例如,图书出版界出版了《羊城今昔》、《西关小姐》、《东山少爷》、《广州沉香笔记》、《老广州:履声帆影》、《老广州》、《广州关键词:1949～2009》、《广州

第五章 广府庙会的地方认同建构

这个地方:对一座城市的思考与情感》、《我们的广州——生于八十年代》等大量图书,广州本土歌星东山少爷唱响颇具怀旧色彩的《唱好广州》等歌曲、华南农业大学艺术学院学生毕业设计《感·恩宁》、北京电影学院导演系毕业作品拍摄纪录片《正在消失的羊城》等相关的影视作品不断涌现。南方报社旗下的《南方日报》早于2004年就曾推出大型系列报道"广东历史文化行",于2009年2月12日策划推出《岭南记忆——走进广东非物质文化遗产》大型系列报道,2010年4月15日,中共广东省委宣传部主办、在南方日报网站举办了"岭南文化十大名片"评选活动。南方都市报2010年也发起广州名片评选活动,历数广州文化经典,唤起人们的记忆和思考。

以上多种媒介信息皆引起人们的共鸣,激发文化认同,共同唤起广州的文化记忆。这些在很大程度上更是激起广东人,特别是广州世居居民的自豪感和热情的参与。90后的年青一代毫不落后,2008年成立"广州本土网",举办多种本土文化节,并强调本土文化"不是最后"。那么专家总结了广府文化特点:开放、包容、重商、创新等,然而这几个特点如何理解仍然见仁见智,仍然无法框定广府文化的全部内涵。广府文化到底包括哪些内容仍是悬而未决的问题。同时,很多本地人已经感到广府文化太包容以致迷失了自己。这在很大程度上导致了广府文化身份的模糊化。然而城市通常被视为"冲突的场所"或"争议的景观",拥有不同权力的多个群体协商的结果会导致城市空间组织形式的变化。同时多元文化现实使得人们就"本地"、"局内人"、"在地"等概念进行协商(Chang,2000)。

在社会与文化领域,存在政府、民众、媒体、学者等不同立场,文化的表述不但通过古籍文献展现出来,而且更通过政府对文化资源的认识和利用,民众对传统生活内容的重新阐释和表现,大众媒体对传统民俗知识的普及、宣传与气氛渲染,学者对民俗的追根溯源和言论引导等得以再造(宋颖,2007)。广府可谓是广府文化的历史符号,除了其具有的文化含义之外,广府代表地方在历史上首府的地位,具有深厚的历史积淀,而成为一地的文化符号。由于模仿效应,节庆出现同质化情况,城市正努力检视自身的历史和文化以创造出独一无二的本土主题。地方身份是被有选择性地建构的,这一过程包括文化、沟通和身份生产的关键要素。

1. 政府拥有文化表征权力,但应适当赋权给相关群体

政府选择举办场所、决定节目的去留、决定宣传什么内容等。首届广府庙会被批不够广府味,对此主办方的回答是筹备时间太短,一个多月时间,又是首届,担心人气不够,于是借用行政关系从省内外请了一些专业团队来表演,这可以说是体现了广府文化的包容性,但确实存在广府味不足的问题。越秀区政府副区长陈晓丹明确了"开门办庙会"的思路,不但积极收集媒体、网络等群众意见,而且于2011年5月21日举办了"广府庙会大家谈"活动,请社会各界为办好广府庙会出谋划策,会后即明确了要办"最广州、最民俗"的广府庙会的目标,而公众参与对城市历史文化遗产和社区文化的保护起重要作用(周尚意、唐顺英和戴俊骋,2011)。第二届广府庙会在宣传上强调"广府统领,兼容并蓄;传统风采,现代气息;政府搭台,民间唱戏"三大特色。具体由越秀区文化馆负责落实广府庙会的活动策划和文化展演。第二届广府庙会借鉴"我要上春晚"的思路,举办了"我要上庙会——广府达人秀"系列活动。第二届广府庙会将赋予民众以参与建构广府庙会以及广府文化的机会,并明确了不少争议或许比事实本身更重要。作为组织方来

第五章 广府庙会的地方认同建构

说,为了将第二届广府庙会办得更好,应该接纳专家和大众意见,更加强调民众的参与。第二届广府庙会吸取第一届广府庙会的经验和教训,主要是借鉴 2011 年 5 月 21 日由组委会办公室、万木草堂读书会主办的"广府庙会,幸福相约"广府庙会大家谈活动,讨论围绕"如何办好广府庙会"、"如何促进广府地区庙会的共融、发展"两个问题展开。主要存在以下意见,省社科联的刘斯翰研究员认为,广府庙会要花大力气挖掘、传承广府文化,首先得"广",比如说广州话,广州人都没有广州话,那还叫什么广府文化?形式可以采用粤语歌曲、粤剧、粤语相声等①。有的街坊认为庙会的"广府味"还不够浓,来自广州本土的特色小吃很少。再如,有街坊反映民俗文化巡游当中,端坐庙堂当中的"城隍爷"微缩版的造型过于矮小,令路两旁的观众连城隍爷的面容都很难看清。还有街坊提出,下届不妨把文德路也纳入庙会活动范围,并且在那增设榄雕、广彩、广绣等展示,又能与文德路的气氛相融合。在举办第二届广府庙会时,上述意见被充分考虑并采纳,更加突出广府文化主题,将第二届广府庙会定位为"广府文化嘉年华"。

政府同时利用网络、博客、微博等新媒体进行工作宣传,腾讯微博开通"广州 12315 热线平台"、新浪微博"广府庙会"等及时公布广府庙会的进展。大洋网专门开辟了"广府庙会"专区,记录首届和第二届广府庙会的精彩片段和活动情况,并对网友开放。

2. 广州居民借助媒体、网络等渠道获得影响广府庙会发展的话语权

多数居民对广府庙会持积极态度,话语表达采用建设性方式,

---

① http://gzdaily.dayoo.com/html/2011-05/22/content_1360080.htm。

体现出进步的地方感。网络上有不少网友评论广府庙会。天涯社区的"CMSUNG"在回复一个"第一届广府庙会元宵节开幕,大家去了吗?"的帖子中说道:"有这个创意是不错的,第一次杯具也是难免的。"①网友"余以为"则评论道:"让广府庙会承担起发现美的功能。"②又建议"广府庙会不妨加些纪念内容"③等。在访谈中不少人表示广府庙会有比没有好。例如,一位50多岁男士表示:"广府庙会没问题啊,宣传传统文化,更加了解广州,挺好。"

天涯社区『G4在线』2012年2月6日由"新闻日日睇G4"发起的【头条讨论】"混合元宵,这方唱罢那方登场"引发网友热议④。截至2012年2月15日16:35,访问人数265人,回复数29人,特别提道:"记得旧年,城隍庙重新开张,第一届广府庙会就设在那里。当时,广州城兴起一轮'南北庙会同与不同'的讨论热潮。广州并无元宵节搞庙会的风俗,老广州亦无庙会的叫法。但是,对广州庙会这'怪物'声讨还声讨,现场却一样咁'墟冚'。"并指出:"真传统、假传统,新风俗、旧风俗,鱼目混珠,龙蛇混杂,我们不愿见到'流嘢'充斥眼球,但同样不愿见到'坚嘢'没落封尘。有财就有势——阵势的势,输人唔输阵——都系阵势的阵,无论是出于商业目的、政绩目抑或真心维护传统的目的,有投入,传统的保留与复兴才有更多的希望与可能。"对广府庙会同样持有宽容态度。

随后跟帖的很多网友也有类似宽容态度。例如,网友"广州老鬼"的"庙会的称谓,本来就不是广府的,广味不足是意料之中的,

---

① http://bbs.city.tianya.cn/tianyacity/Content/5090/1/7307.shtml。
② http://blog.caijing.com.cn/expert_article-151516-32626.shtml。
③ http://news.stnn.cc/c6/2012/0203/1062752810.html。
④ http://bbs.city.tianya.cn/tianyacity/content/5004/1/17971.shtml。

第五章 广府庙会的地方认同建构

只是,事到如今,有比无好!""猪仔老窦":"就算是粤式庙会,人们也是冲着热闹和喜兴而来,享受着节日的祥和和乐趣。老百姓祈求的,也是希望如此太平盛世而已。""和风细雨101":"随着社会的发展,外来人口的往来,令广州这座老城增加了新的元素,老传统与新花枝相交融焕发了新的青春,形成了新的年味,这就是融会贯通,就是包容,彼此用不同的形式开心地祈福,新的一年,大家好就是真的好啊!""我是 lawyer 哥":"风俗习惯都是在生活中慢慢形成的,只要是让市民喜闻乐见的东西,就不应该有太多的地域歧视!""1949369":"真也好,假也好,新也好,旧也好,能娱乐大众、能勾起人们对'年'的一点回忆就好!""恒小呆":"文化嘅混合是发展嘅结果,新时代接触嘅野太多,新嘅旧嘅都有,为左适应时代,我地唔系'遗忘全部旧嘅野,都吸收新嘅',也不是'全部都系旧嘅,唔吸收新嘅'。时间嘅发展会让我们遗忘,都会使我地创新,混合节日将是发展得必然结果。""qylwby":"庙会虽然唔是广州地道的'嘉年华',但既然有城隍,办个庙会,娱乐一下市民,所谓南方北调,为广州注入新的文化元素,无麦唔好。""辉辉姨丈":"取他人所长,补自己所短,庙会虽广州不曾有,但正如圣诞一样,总能给人带来欢欣、愉悦和希望,地道与否已经唔重要。"

然而,网络话语从首届广府庙会举办以来,直到第二届广府庙会结束,仍然诸多质疑,而质疑者多数是广州世居居民。天涯社区的"『G4 在线』陈扬微博上关于广府庙会的话(转载)"中,"qinglang2010"表示:"广州系无庙会的!请不要将外省佬的嘢强加系广州人的生活中,更加不要试图'北化'广州人对粤文化的歪曲！不要'一计不成又施一计'！"①"西关过后无艇搭"同样在该帖中回复："如果话'庙会'就系将一些无牌食档集中一齐摆几日档，我睇，唔该，唔好再有下次！""谁也不能代表我"则说："有点不伦不类的，没有说书，没有杂技，叫什么庙会。"②

对天涯社区『G4在线』的头条讨论"混合元宵，这方唱罢那方登场"也有明确持反对态度的帖子③。"钓鱼岛主甲"："庙会，尼个只会响北方至有的称呼，咩时候'变'成左广州的节日？'元宵节'响广州，我地只系会讲'新十五'。'广府庙会'系咩东东？值得市委宣传部甘大力推广？"④"睇睇图片上的腰鼓队"："边一忽似广州的传统？简直'九吾答八'。""随_luo"，"好似广州喺一直都无庙会过啵，只不过又喺政府同商家之间嘅又一次搵银机会啫，根本就无当过佢喺一回事。""nana7331"对"钓鱼岛主甲"的"睇睇图片上的腰鼓队，边一忽似广州的传统？简直'九吾答八'。"表示赞同："广州人多是撑船嘅装扮，我点都联系五到打腰鼓咯。""白云山老人"："名不正则言不顺，广东从来就没有'庙会'，如果要搞，就搞得要有'粤味'，应该更名为'广州城隍庙年墟'，一年一墟，至于内容嘛，南北中西结合，相信我等广州人不会排斥的。"

金羊社区"珠江论坛"里发起了关于"广府庙会是否'伪民俗'？"⑤的讨论，截至2012年3月27日16：10，此帖被查看2080次，有9人回复，认为政府不了解本地文化，是北方文化，是给新广

---

① http://bbs.city.tianya.cn/tianyacity/Content/5004/1/11331.shtml。
② http://bbs.city.tianya.cn/tianyacity/Content/5090/1/7307.shtml。
③ http://bbs.city.tianya.cn/tianyacity/content/5004/1/17971.shtml。
④ http://bbs.city.tianya.cn/tianyacity/content/5004/1/17971.shtml。
⑤ http://bbs.ycwb.com/forum.php?mod=viewthread&tid=776963。

第五章 广府庙会的地方认同建构

州人看的等观点。

在支持和反对两派鲜明对比之下,亦有网友表达自己的困惑。网友"昱富清水套"这样表达:"'庙会'用广州话讲一下,始终觉得有点拗口,但吾知道边度吾妥。感觉就似屋企的旧祠堂(麻石,青砖,木结构的)太旧了,所以村里正计划将旧祠堂铲平,重新起过一间又靓又光鲜的祠堂。总觉得有点吾妥,但大家都觉得又好又有面,点算?"①

3. 媒体作为沟通桥梁发出多样化声音

媒体因其受众群体大,拥有文化表征权力,与政府共同塑造地方文化身份(Lentz,2001)。一方面媒体作为政府的"话筒";另一方面媒体表达自身的文化立场,在履行文化宣传职责的同时,也积极影响政府行为。媒体通过对地方整体、特殊和具体价值的肯定来建构地方性,从而催生"新地方感"(邵培仁,2010)。媒体对民俗与节庆仪式传播中借助各种符号表现的方式,重塑文化的"想象的共同体"(邵培仁等,2010)。广府庙会这一文化符号的打造离不开媒体的关注和参与。首届广府庙会吸引了《南方日报》、《羊城晚报》、《广州日报》、《南方都市报》、《新快报》、《信息时报》、《羊城地铁报》、人民网、大洋网、金羊网、中国网、新华网、中新网、凤凰网等众多媒体的大篇幅、持续性的报道。广州电视台新闻频道"新闻日日睇"G4栏目组制作了"正月趁墟"专栏,对广府庙会进行深度报道。中央电视台也报道了首届"广府庙会"的盛况。总体而言,尽管媒体的正面积极报道对提升庙会的知名度和影响力发挥了不可替代的作用,甚至有媒体将广府庙会与西湖花市对比,称"广府庙

---

① http://bbs.city.tianya.cn/tianyacity/content/5004/1/17971.shtml。

会热闹过西湖花市"①。但是仍有媒体或持批判的观点,或善意地进行专家考证和市民看法报道,如广州广播电视台的"广府庙会市民各有看法"、《新快报》的"广州小吃连叉烧包都有一个"、《信息时报》的"'波罗诞才是广府最早的庙会'?"②。

新快报的"首届广府庙会,你感觉如何?"③等,不但反映专家和市民的看法,而且引发更多市民的热情讨论,特别是老广州对本土文化受到北方文化侵蚀的担忧,这进一步引起政府的关注。越秀区政府于2011年5月21日举办"广府庙会大家谈"活动,广泛征求专家、市民等的意见,最终由越秀区文化广电新闻出版局宣布要"办最广州、最民俗的广府庙会"。

第二届广府庙会充分借鉴了第一届庙会的经验和教训,采纳了各界对于怎样办好庙会的意见。媒体的报道量更大。在广府庙会七天时间内,共计100余篇新闻报道,而且四次出现在《广州日报》头版、三次出现在《羊城晚报》头版、两次出现在《信息时报》头版,《南方日报》也用头版并且重要版面报道了城隍爷出巡的盛况。越秀区人民政府副区长陈晓丹在2012年2月21日举办的广府庙会内部总结会上也对此表示非常开心。这对一个区级单位举办的活动来说是相当难得的。广府庙会如果突显了地方特色,一方面或能强化地方性,一方面也有可能对地方性有削弱作用。破坏地方原真性、站在"他者"好恶立场上选择性地再现地方都会削弱地方性(唐顺英等,2011)。

媒体于庙会开办前一周即开始了对第二届广府庙会的预报,

---

① http://www.ycwb.com/ePaper/ycwb/html/2011-02-24/content_1046354.htm。
② http://informationtimes.dayoo.com/html/2011-03-08/content_1285079.htm。
③ http://life.ycwb.com/2011-02-22/content_3363406.htm。

第五章 广府庙会的地方认同建构

如凤凰网早在 2012 年 1 月 30 日、《广州日报》于 2012 年 2 月 2 日、中国新闻网于 2012 年 2 月 4 日皆开始报道。而且对第二届广府庙会的关注程度大大增加,并大都从正面报道,多次强调"广府味"正宗、更浓、传统、"狂欢"的气氛、文化"盛宴"、"大餐"、民众互动"更多"等(附录 B—6)。在上述报道中,媒体大量使用"广味十足","广州街坊"对于第二届广府庙会"广味"的评价已经比较高了。《新快报》采访的叶先生说:"觉得庙会终于'广府'味了,相比于去年骑楼下多是卖手信相比,今年的各种广府手工艺品更有意思,我买了只醒狮头,细细只几精致。"①

然而,广府庙会强调广府文化的包容性,在举办这样一个节庆,并且试图满足多种不同群体的文化需求时,遇到了众口难调的现实问题。对于广府庙会的争论并不会由于第二届的更加"广府味"而停止。不少媒体人给庙会提善意的建议。例如,陈扬在《南方都市报》发表一则杂谈"广府庙会味在广",特别建议:"把珠江三角洲、粤西、粤东、粤北等地的客家潮汕本地等传统食品工艺品都圈进来。"因为在他看来"广府是广,广东也是广,玩玩偷龙转凤的游戏,粤味广味本来就是一味,本地特色食品产品的数量保证了,广字主题才能突出,形成广府庙会的核心竞争力,亦只有如此,外来精品方可锦上添花"②。《信息时报》的"五羊茶馆"专栏评论员徐常(2012 年 2 月 13 日 04:42)在其博客中发表了"广府庙会,大有可为"的观点③,同时提出核心要素仍待完善,广味仍嫌不够,有些大杂烩的味道,场地也有些不足等需要改进的地方。《羊城晚

---

① http://life.ycwb.com/2012-02/08/content_3715242.htm。
② http://gz.ifeng.com/bobao/detail_2012_02/07/148732_0.shtml。
③ http://roll.sohu.com/20120213/n334500835.shtml。

报》尽管对第二届广府庙会作了多次正面报道,但是面对市民对"庙会"一词的质疑,专访了中山大学教授、民俗学家叶春生,于2012年2月10日刊登了一则题为"专家称庙会来自北方,广府庙会可称'诞'"的报道,并借叶教授的话对广府庙会提出建议,强调办好广府庙会首先要明确"广府"的概念,其次要明确主要文化要素,最后文化要与时俱进,鼓励传统与本地特色结合下的创新。《信息时报》发表一则题为"网友:广府庙会缺'广府味'"[1]的报道,反映市民对广府庙会的不同看法。其中提到,"@风吹花不知也"说:"真系不伦不类,广州边度有叫庙会的。""@大西明"则认为:"举办广彩广绣等等这些传统项目可以迎合时代发展要求,但从昨晚电视画面上看,真是不知所谓,时尚大都市,一路身穿黄袍马褂的英雄举着大旗,抬着城隍爷,间或还有道士出现,这个场面如果在郊野山区或许就适宜。""@Blue 小 6"说:"广府庙会最欣赏的还是面人、糖画、剪纸、广绣等广府文化,美食区没见得在美食节之上有太大突破呢。"而"@心心大人"则表示:"那个广府庙会,有主题,但文化实体少得可怜,一堆无广府文化特色东西在那里喧宾夺主。"《羊城晚报》的"你给庙会打多少分?"报道[2],同样是采集市民的不同观点,包括玫瑰之剑客的"90 分,活动很好,可惜场地小了一点"。"詹哥"表示:"我有幸参加了 2 月 9 日上午的城隍庙广场演出,广州海珠民族乐团演奏广东音乐。我认为,这届广府庙会总体上说是成功的,但对于广府文化的表现还是欠缺一点,渗入了一些其他地方特色的元素,如巡游中的秧歌舞,又如广场文艺表演的

---

[1] http://fashion.ifeng.com/news/detail_2012_02/08/12360293_0.shtml。

[2] http://www.ycwb.com/ePaper/ycwb/html/2012-02/14/content_1321066.htm。

第五章 广府庙会的地方认同建构

个别节目,未能体现广东特色。以满分 100 分来测评,可以打 80 分左右吧。"当然也提到少数人"不一样"的感觉,引用了网友"丹苗姐姐"的帖子:"除了作秀的热闹和街头吃喝,广府庙会的核心是什么?"网友"蓝亭 TING"说:"这样的文化节打着传统的招牌,但实际已经被商业气息所替代。"不管怎样,对于明年的庙会,大家还是充满期待。网友"sammy-ice"说:"明年还想看广府庙会!"网友"salinna"说:"明年还要看广府庙会!"相对客观地评价了广府庙会。

亦有媒体对广府庙会持比较坚决的批判态度。《新快报》2012 年 2 月 7 日发布一则题为"广府庙会,不伦不类"的报道①,认为广府庙会是"伪庙会",原因有三个方面。其一是,"恕我阅历浅薄,在广州生活了 30 多年,鲜有接触到冠以"庙会"为名的活动。反倒"出游"、"诞"等说法经常在长辈口中提到,老家顺德有"观音诞"、金沙洲沙贝村有"南昌公出游",都是民间的纪念、祈福活动,与当前的广府庙会活动极其类似,在广大市民当中享有高度的认同感和亲和力。广府庙会的名称,多少有点不伦不类,既缺乏本土生活气息,又与真正含义相去甚远"。其二是城隍爷的来去匆匆,指的是去年巡游的城隍爷被新加坡请走不会再回来,而新铸比去年大一倍的新城隍,也是应市民对去年城隍爷太小、看不清的批评。第三个是对现代和传统的批评,"广府达人秀、动漫文化展销、游园互动等活动内容,虽然普遍都打着传统文化的旗号,但却充满了时下流行元素"。

4. 广府庙会的组织、参与机构、民众等客观上支持广府庙会

---

① http://news.hexun.com/2012-02-07/137814949.html,2012-02-07。

广府庙会既不同于珠三角地区的神诞，也异于北方的庙会。神诞重信仰，北方的庙会则是注重奇观，有一定狂欢的性质。那么广府庙会由一个政府打造节庆品牌、追求文化政绩的产物转变成多个行动者共同建构广府文化的平台，并且不同的行动者构成网络，都在实现各自不同目的的同时书写地方文化意义。在总结第一届广府庙会经验和教训的同时，第二届广府庙会进行了专题规划，划分出广府庙会中心区、美食区、非遗区、动漫区、元宵灯会区、游园区、互动区七大活动区。各部分都有负责的政府部门，但是其中有很多行动者。例如，广府庙会中心区城隍庙、美食区的越秀区饮食商会相关会员单位、动漫区的科技与信息化局招商的本土动漫企业、元宵灯会和游园区的越秀公园和洪桥街道管理委员会、互动区的洪桥街、万木草堂、大佛寺、六榕寺等，都以各自的方式参与到广府庙会对广府文化的建构中。同时，2011年12月5日，由越秀区主办的首届"我要上庙会"广府达人秀活动，以上广府庙会获万元大奖来吸引不同群体参与，增强百姓的参与程度，共有参赛节目215项，24个项目成功晋级，实现了"我要上庙会"的愿望，经终极PK最终决出八强并诞生冠亚季军。

第三节　不同群体参与地方认同建构

在全球化的背景下，本地社会通过对原有地方文化意义的再生产，力图在一个流动性很强、不稳定性很大、开放包容、多样文化并存的地方，保存地方自身的文化身份与社会意义（钱俊希等，2011）。也就是说，全球化文化在世界范围内不断增强的同时，地方性文化认同亦同步增强。节庆被用来作为梳理地方形象、增强

第五章　广府庙会的地方认同建构

群体认同的有效策略。但是节庆作为城市景观之一,它试图框定特定时空下地方的意义和身份(Trudeau,2006),而不得不采取划定边界的策略,这与不同群体所拥有的权力大小及其较量有关。节庆同时是一个文化政治框架,是一个与国家协商框架下的地方文化身份生产的公共领域(Lentz,2001)。爱尔兰共和国戈尔韦艺术节案例表明,多个行动者操纵节庆的再生产过程,包括主办方、赞助商、公共当局、政府机构、媒体等都会影响节庆景观(Quinn,2005)。西班牙加泰罗尼亚自治州文化节庆在巩固加泰罗身份中发挥重要作用,然而不同的利益相关者对附着在身份等概念上的意义却持有不同观点(Crespi-Vallbona et al.,2007)。

广州作为一个多元文化会合、多元文化群体聚居的开放城市,其文化节庆面对更加复杂的境况。广府成为越秀区乃至广州市宣称地方身份的话语表征,是越秀区彰显自身的文化、生产地方身份认同的文化符号的重要方式,举办节庆是整合各种形象要素的最有效办法。广府庙会事实上是借助节庆来重新梳理属于越秀区甚至广州、广府地区的地方性文化要素,而且这一过程不但由政府、专家、媒体、民众综合作用,而且"非人"的物质景观与非物质景观,以碎片化的、奇观形式共同展示在广府庙会,成为地方性文化记忆的再现,共同重组广府地方性知识、塑造新的地方文化符号。地方的文化身份不再是"想象的共同体"(安德森,2005),而是不断被实践建构和再生产的结果。然而,如何框定哪些文化元素属于广府文化,哪些属于非本地的文化元素,直接影响广府庙会在广府文化身份建构和增进群体地方认同中的作用。而拥有大小不同文化表征权力的行动者在不同程度上以实践来宣称各自所认为的广府文化。本节内容关注不同行动者的实践如何建构广府文化的地方性,并且在这一过程中宣称自身所认为的广府文化身份。

一、政府与民间互动建构地方认同

越秀区政府作为城市区域经营者,其对空间的想象和定位构筑了特殊的地方话语,产生规训的力量,参与塑造越秀区的地方性,权力建构出"广府文化源地、千年商都核心、公共服务中心"的空间想象方式。而广府这一历史地名和概念也日渐为更多市民所熟知。面对首届广府庙会遭遇争议和批评的现实,例如,金羊社区"珠江论坛"中关于"广州的庙会为什么这么热"的讨论[①]中,网友"柏青"对首届广府庙会的评价是:"外表的热闹与内涵的缺失并存!"经过首届广府庙会面临的广泛质疑,第二届广府庙会主办方将第二届广府庙会思路定位为"开门办庙会",于 2011 年 5 月 21 日在万木草堂举办了"广府庙会,幸福相约"广府庙会大家谈活动,征集各方意见。主要意见包括:要花大力气挖掘、传承广府文化,强调粤语表达方式,如粤语歌曲、粤曲、粤剧、粤语相声或讲古等在广府庙会中的重要作用;组织专业的摄影大赛;将广州五羊文化和花城文化融入庙会活动;庙会美食区应强调广州本土特色小吃;民俗文化巡游"城隍爷"微缩版的造型过于矮小不易看清;增加榄雕、广彩、广绣等广府特色手工艺展示。有关充分挖掘本地文化的意见受到特别重视,本地人的话语占据上风。第二届广府庙会取消了首届广府庙会中的一些非广府文化活动,如川剧变脸、木偶荟萃、京剧专场演出、杂技、硬气功、杂耍等中华绝活等,继续保留大家评价较高的民俗活动巡游、广府华彩、醒狮舞龙、灯展等活动。

---

① http://bbs.ycwb.com/forum.php?mod=viewthread&tid=332651。

第五章 广府庙会的地方认同建构

互动使得地方得以识别自身的独特性,地方只有在与其他地方对照的过程中,才能发现自身的独特性(Massey,1995)。事实上,首届广府庙会尽管引发广泛的争议和讨论,但这对进一步厘清地方性文化的范围却有实质性的帮助。

一般而言,广府文化指以广州为核心、以珠江三角洲为通行范围的粤语文化,从属于岭南文化(或珠江文化),在岭南文化中个性最鲜明、影响最大(甘于恩等,2004)。广府方言,以广州话为代表的粤语方言,是广府文化最重要的载体。以粤语为基础的戏剧艺术粤剧,继昆曲之后,于2009年10月列入世界级非物质文化遗产名录(詹双晖,2010)。同样,广东音乐产生并流行于广府民系的粤语方言区,20世纪20年代开始正式使用这一名称。广府民系的产生就是早期中原移民与古越族杂处同化而成的。广东音乐具有古今文化、南北文化、中西文化汇流的特征,其产生过程本身就是一部外来音乐文化扎根于本土,并与当地习俗、民间艺术结合的过程,由几种音乐文化融合而成,它的发展历程就是一部在传统基础上不断创新的历史(陶诚,2003)。在珠江三角洲和港澳地区,民俗演戏成为宗族彰显其经济实力和文化传统的重要方式,也成为维系村民集体文化认同的历史符号(詹双晖,2010)。此外,富有市井风情的广州茶楼、传统节日气氛浓厚的迎春花市等广府民俗的延续皆可为证。可见,广府文化本身就是多元文化融汇的产物,充分体现了其务实、创新、包容、开放的特点,但是如果对"度"的把握不准确,那么很可能抹杀特定时期广府文化的独特文化。因此,亟需明确广府文化的定义、内涵和表现形式,广府文化绝不意味着文化大杂烩。那么广府庙会作为展示广府文化的平台,首先要够"广",

然后才是兼容并蓄。否则怎么能像《羊城晚报》报道所言①"庙会暖风吹醒老广州记忆"呢？

然而，民俗的关键在于民众的了解和参与，只有大众了解、参与，才能做到最好。例如，借助媒体的宣传、发动文化人士积极参与及研发、对向小学生普及民俗文化知识、举办各类民俗相关活动、与创意产业结合等多种途径来促进不同年龄层民众的参与。首届广府庙会的组织过程、主题和内容都受到来自各方的批评和建议，第二届广府庙会主题仍然是"广府庙会，幸福相约"，但是重新定位为"广府文化嘉年华"，并特别强调广府味和民众参与。以城隍庙忠佑广场、中山四路（文德路口至北京路口段）、府学西街、北京路、越秀公园等地为支点，并将越秀区内微型博物馆和各街道文化站、文化广场等纳入庙会范围，活动则分为中心区、美食区、非遗区、动漫区、元宵灯会区、游园区、互动区七大活动区。第二届广府庙会中心区位于中山四路城隍庙前忠佑广场，具体活动安排如表5—5所示。上午的活动经过广府庙会领导小组办公室决定，将南拳、广东音乐、粤剧、民俗巡游作为广府文化的典型代表来进行专场表演，并加入其他群体的参与，如民族风采表演和快乐宝贝活动。每天下午则皆安排"我要上庙会——广府达人秀"活动，并同时举办"第二届广府庙会摄影大赛"，努力营造一种全民参与广府庙会的气氛，将文化表现形式的权力一定程度上赋权给民众。一方面，政府选择粤剧、广东音乐、南拳等作为广府文化的重要表现形式。另一方面，民众根据自己对广府文化的理解和认识，以自己的独特方式来呈现广府文化元素，选择性地建构广府文化，成为广

---

① 李春暲、何裕华："庙会暖风吹醒老广州记忆"，《羊城晚报》，2011年4月5日。

第五章 广府庙会的地方认同建构

府庙会上重要的行动者。

表5—5 广府庙会中心区活动安排

日期	时间段	活动名称	时间段	活动名称
2012年2月6日	10:00~11:30	开幕式	15:30~17:00	"我要上庙会"广府达人秀(第一场PK)
2012年2月7日		武林大会		"我要上庙会"广府达人秀(第二场PK)
2012年2月8日		广府乐韵		"我要上庙会"广府达人秀(第三场PK)
2012年2月9日		广府华彩		"我要上庙会"广府达人秀(第四场PK)
2012年2月10日		民族风采		"我要上庙会"广府达人秀(决赛)
2012年2月11日	9:30~11:30	民俗巡游		闭幕式排练
2012年2月12日	10:00~11:30	快乐宝贝	15:00~16:30	闭幕式

"我要上庙会——广府达人秀"活动于2011年12月17日正式开始。据广州市越秀区文化馆负责人介绍,八场海选共有215个节目参加,其中60个节目参加了在2012年1月1日和2日北京路名盛广场进行的晋级赛,最终24个节目成功晋级,并经培训在2012年2月6~12日举办的第二届"广府庙会"进行终极ＰＫ赛,出现八强。由于担心海选人气不足,采用开放的心态,在选拔过程中广府文化专家龚伯洪担任主要评委,严格按照评选标准筛选节目:一是主题要体现广府文化,二是表演艺术要有一定专业水

准(图5—5)。对于评委不置可否的节目,则由现场招募的"街坊团"来决定去留。

图5—5 《广府文化源流》作者龚伯洪在点评

尽管民众的参与程度很高,但是仍有民众对选秀活动中"官方"拥有更大的文化表征权力表示质疑。甚至有位40来岁的女士(访谈对象T20)在津津有味地看表演的同时,却如此评价"我要上庙会"广府达人秀活动:"这些都是内定的,有几个是自己来的?表演的节目也是东南西北,不一定是符合主题。"但是这样的选秀活动仍然为不同群体提供了展示自己文化的舞台。不同身份的行动者为了谋求自身的利益而参与广府达人秀活动。组织方也考虑少数或弱势群体的行为表达,如残疾人陈翠冰的香皂玫瑰手工技艺展示、扬梦之风的两位聋哑年轻人的双人舞、街头艺人BRT Boy组合的歌曲原创弹唱等。

第五章　广府庙会的地方认同建构

罗密欧（访谈对象 T18），来自意大利，出生于 1977 年，5 年前随公司来到广州，之后留在广州在一间叫作 DANTE 的公司做皮具、葡萄酒等意大利进口产品销售生意。他在 2010 年外籍主持人大赛中获得全国冠军，担任中国国际广播电台特邀主持人，并活跃在广州电台英文频道等，担任主持人、演员、评委、歌手等多种职责。虽然没有逛第一届广府庙会，但是他逛过迎春花市，朋友推荐他来参加广府达人秀活动时，他很开心。因为他对广州的历史文化很感兴趣，曾经在主持"Discover Ganton"（发现广州）节目时，去深入体验过不少广州本地民俗文化，探访过不少甚至连本地人都没去过的物质遗产地。他自认为与政府的关系很好，广州政府在打造国际化形象时，他积极参与，特别是与中国外事办的工作人员非常熟悉。他参演的节目是歌曲《广州饮早茶》，虽然他不会说白话，但是他表示，广府达人秀，一定要有粤语演唱的曲目，同时为了体现广府文化的包容性，他将部分歌词翻译为英语和意大利语。并且非常"应景"地穿上饰有龙图的中国传统服装，买来广州茶点奉送评委（图 5—6），在"讨好"评委的同时，惹得观众开怀大笑，成功晋级。

图 5—6　罗密欧身着龙图汉襟服饰、以广式茶点"讨好"评委

广州汉服宣传队则表演其自己组编的"汉服汉礼展示"表演，志在宣传汉族传统服饰文化（图5—7）。其中一名自称"莫忧"的27岁四川籍男士（访谈对象T19），在广州居住四年多。他逛了首届广府庙会，认为很不错，了解到很多传统文化。但他同时表示希望庙会更加有时代感、内涵更丰富，粤剧、粤曲、讲古、栋笃笑都可以融入庙会，并且强调广州汉服宣传队参加广府达人秀的目的是宣传汉服文化，让更多力量加入这个组织，表演中融入广府历史文化，包括汉族服饰文化、南越王、达摩禅师、文天祥的"过零丁洋"、海上丝绸之路、镇海楼、苏轼的"惠州一绝"与荔枝等。

图5—7 名盛广场晋级赛场的广州汉服宣传队

一位40多岁、患有腿疾的女士陈翠冰，擅长用香皂和丝袜制作玫瑰花①。图5—8是她正在广府达人秀晋级赛上表演。访问时获知，她十年前为了改善家庭经济条件才开始尝试做香皂玫瑰花，结果发现香皂玫瑰花色彩艳丽、气味芬芳，用丝袜做成叶子衬托，更加大气好看。她的希望是推广这门手艺，让更多残疾人脱贫。

---

① http://mall.cnki.net/onlineview/MagaView.aspx? fn = XJJB2012Z1008 * 34-37 * 。

第五章　广府庙会的地方认同建构

图 5—8　陈翠冰正在表演香皂雕花

吴改名(访谈对象 T16),39 岁,河南人,16 岁就来广州,在广州生活近 20 年,靠卖草编为生。缘于 1990 年春交会上,他有幸认识一位广州编织老人,教会其岭南一代的草编技艺。然后,他走遍大半个中国,不断学习和传承民族文化达 20 多年之久。他编草蜢速度很快,只要两三分钟。他自称:"天上飞的、地上爬的、水里游的我都会编,还拿过民间工艺表演奖——九龙壁,有六米长呢。"平日为了生计在路边做"走鬼",经常遭遇被城管驱赶的情况,最大的心愿就是能有个档口,卖自己的手艺。很想在 2012 年广府庙会上表演,名字都取好了,叫"龙凤呈祥",说是"龙年,人家都喜欢"。尽管他未能成功晋级,但他仍在赛场开心地为工作人员编织他们想要的动物。因为庙会主办方将在庙会期间的非遗区为他提供一个摊位用以展示其手工技艺,他已经很开心了。参加广府达人秀也是改变他生活境况的一种有效途径。在非物质文化遗产区一个最为狭小的展位里,吴改名与其师傅正认真忙碌地做草编(图5—9),他们的展位前吸引了大量围观者和买家,因为草编物美价廉且便于携带,很多人都慷慨地买上一两个把玩。问起他生意如何时,他非常开心地说:"比平时好很多,还不用担心城管赶人!"参加广府达人秀活动是其作为边缘群体的能动反应(黄耿志和薛德升,2011),是其获得在城市生存权利的合法途径。

图5—9 吴改名和师傅在非遗区开心地编织

扬梦之风特殊人士艺术团的崔国欣、黄嘉淋是一对年轻靓丽的聋哑人。他们表演双人舞蹈,优美的舞姿让大家感叹,也为他们的精神感动,因而成功晋级(图5—10)。最后,在广府庙会终极PK现场进行表演,获得达人风采奖。

两个来自广西的十八九岁男孩,长期在BRT车站进行奏唱,

第五章 广府庙会的地方认同建构

因此为自己的组合取名为 BRT BOY 组合,也获得达人风采奖。

图 5—10 一对聋哑青年表演双人舞蹈

可见,参赛者中不乏一些相对常人而言的弱势群体,人们的同情心胜过对主题本身的关注。这一方面体现出广府文化的包容性,另一方面也使得广府文化的建构受到一些因素干扰:文化不可能是原汁原味的,而是民众共同建构的。

为吸引更多民众深度参与并记录广府庙会盛况,保留更多美好回忆。广府庙会主办方特别在广州越秀文艺网等多个渠道公布了"第二届广府庙会摄影大赛征稿启事",该摄影大赛由中共越秀区委、越秀区人民政府主办,越秀区委宣传部、越秀区文化广电新闻出版局(旅游局)、越秀区文学艺术界联合会承办。目的是"为全面宣传越秀区'广府庙会 幸福相约'的广府民俗文化特色活动品牌,展示'广府统领,兼容并蓄;传统风采,现代气息'的'广府庙会'

179

特色,以组织开展摄影大赛,透过镜头展现幸福越秀、和谐城区之风采,让更多的群众感受、体会广府文化的独特魅力。同时,通过本次大赛提升群众的艺术水平,提升城区文化品位。"[1]要求"以2012年广府庙会为背景,用镜头记录北京路广府文化商贸旅游区(包括城隍庙、忠佑广场、中山四路、府学西街、北京路、越秀公园等)的庙会场景。重点拍摄活动开展的精彩瞬间,包括形式多样的祈福文化、民俗文化、美食文化、商贸休闲文化等,以及反映群众幸福相约广府庙会的欢乐场景"[2]。摄影比赛设一等奖1名,二等奖2名,三等奖3名,优秀奖10名,入围奖50名。奖金:一等奖3000元,二等奖2000元,三等奖1000元,优秀奖500元,入围奖200元。影像是记忆的一个关键媒介,记忆的劳作是构建公平社会的基本要素(Hoelscher,2008),是地方意义得以保留的重要手段。

另外,广府庙会还特别设置社区互动区,希望营造出全民欢乐的气氛。但是主办方却不得不承认,由于精力有限,他们对互动区根本无暇顾及。文德路一隅的万木草堂互动区自2012年2月6日至12日进行,并提前在越秀区博物馆网站发布了有关活动安排(表5—6),并且"欢迎广大市民到广府庙会来走走!"洪桥地区新春游园会将于2012年2月6日至12日每天9:30～16:00在越秀公园的小天使广场举行2012年广府庙会。庙会设有猜谜语、打弹珠、滚铁环、踢毽子、打陀螺、打板儿、折纸飞机、卡啦ＯＫ自娱自乐、绘画等18个游园项目,元宵当天上午还设有街坊音乐会。六榕寺和大佛寺也都举办了灯谜会。

---

[1] http://www.yxwl.org/? viewnews-1109。

[2] http://www.yxwl.org/? viewnews-1109。

第五章 广府庙会的地方认同建构

表 5—6　广府庙会万木草堂互动区活动安排

序号	活动内容	时间	地点
1	灯谜竞猜	2月5~6日15:00~20:00	万木草堂、东方文德广场
2	广府灯谜传承基地落户仪式	2月7日下午	万木草堂
3	举行广府文化发展论坛	2月8日15:00	万木草堂
4	广府庙会音乐会	2月9日9:00	城隍庙广场
5	东方文德广场:新年送福米活动	2月9日下午	万木草堂
6	东方文德广场:马鼎盛时事讲座	2月11日15:00	万木草堂

资料来源:越秀区博物馆网站。

也有质疑广府庙会民间合法性的话语。大洋网网友"茉一莉"转发了《广州日报》关于首届广府庙会的报道,引发了众网友的评论。一位匿名网友跟帖道:"城隍庙是官庙,城隍爷是官神。城隍爷可以由官员牵引出巡,以后其他佛教、道教、天主教的神像是否亦允出巡呢? 如果允许,到时真是六国大封相啦。"对城隍庙作为官庙、官员牵引城隍爷出巡进行调侃,也暗含对广府庙会自上而下官方意志作用的不满之情。大洋网另一位网友匿名发帖道:"广州市闹元宵,从儿时到今68个春秋里从未见过庙会巡游,若搞真是新鲜的事儿来了。广州历来花灯会猜估谜语盛行,记得儿时花灯会设摆有高高长长腰的彩扎大狗,和颈套着绳子以备安全爬上树上捉了哥的彩扎男童,真的好搞笑让人猜,儿时不会猜只会问大人去。"但是对于政府主办广府庙会在保持本地地方性传统文化中的作用,大家意见不一而足。例如,广东省民协的一位工作人员(访谈对象T9)则说:"广府庙会,第一次听到有庙会的字样,而且是结合'广府'字样。感觉新鲜。但是此类活动太多了,没兴趣,也没去看。"当问他为什么没兴趣时,回答是这样的:"这类活动在传承民俗方面意义不大,我觉得(需要)验证这类活动能否长久,其中一个标志是没有政府参与的时候。'政府主导'往往成了'领导主导'。政府主导的节日庆典和某商场开业搞的差不多。民众参与才是真正的民俗。我觉得迎春花市很好,是民众的习俗,即使没有政府主导也一样会举行,因为行花街一直是广州的口头禅来的。"可见,官方开展的节庆活动,尽管备受争议,但是不同行动者仍然积极利用节庆书写地方意义,并进行小地方尺度的营销。

二、地方性文化元素参与建构地方认同

地方性是基于不同尺度地方的独特性,前文所述广府庙会存在的合法性之一,是由越秀区的独特区位和历史所决定的。越秀区保留的大量物质文化遗产为非物质文化遗产的展演和再现提供绝佳的物质环境,形成怀旧空间,产生历史的连续感。

越秀区第二届广府庙会特设"非遗区",即"广府非物质文化遗产之窗"。其文件特别说明,越秀区文化广电新闻出版局按照区委、区政府"文化引领、提升总部、创新驱动、共建共享"的发展战略,以促进广府非物质文化遗产的保护和发展,与广州市城投集团共同打造中山四路288号至330号骑楼成为"广府非物质文化遗产之窗"(图5—11,后简称"非遗区")。据越秀区文化馆具体负责"非遗区"的工作人员刘小姐(访谈对象T12)介绍说,在设置"非遗区"的时候主要基于几个考虑:一是非物质文化遗产项目的展示;二是考虑市民的儿时记忆,能够让大家有温馨的回忆,并不会纠结于到底是不是起源于广州的技艺,而是考虑市民的接受程度。在联系过程中,共向14个非物质文化遗产项目代表人发出了邀请,他们都欣然接受,包括广彩、广绣、牙雕、榄雕、玉雕、打铜技艺、珐

第五章 广府庙会的地方认同建构

图 5—11 广府非物质文化遗产之窗

琅、红木宫灯、广州戏服、面人、糖画、石湾公仔、木雕、剪影,另外还有草编、礼都文化、古琴、银器、陶器、押花画、剪纸7个民间手工艺项目。尽管有些项目被认为并非广州特色,但是很多人并不否认其在记忆中的重要性,事实上,由于过去频繁的地方文化交流,年轻一辈的"老广州"与其他群体皆保留有很多相似的文化记忆,不仅是个人记忆而且成为同龄人的集体记忆。这印证了地方本质上是对地方意义不断的再生产与再想象,尽管地方存在边界,但它本身绝非一个封闭的系统,并非"外部世界"的对立面(钱俊希等,2011)。《广州日报》记者曾卫康持续关注广府庙会,特别报道了越秀公园广府庙会游园区举办的"踢毽子"、"猜谜语"、"小型高尔夫"、"卡拉OK"等活动,发表了题为"广府庙会兴怀旧风"的报道①。一位湖南郴州籍的23岁女孩子（访谈对象T36），在广州做汽车修理工作，因正处待业中，一个人来逛庙会，她认为庙会很好玩，很多手工艺都挺有意思的，她特别提起糖画，跟"小时候吃过的味道一样"，并表示能找到以前的味道而感到很开心。博主"无声无息"①在其关于广府庙会的博文中特别提到"小时候超想收集的小泥人！每次经过都会停驻一小会看啊看"。事实上，"非遗区"展示的是面人，但是这并不是问题的关键，似乎怀旧的感觉才是更重要的。就此意义而言，广府庙会客观上已经成为市民怀旧的重要空间，是文化记忆的再生产。

非物质文化遗产区的手工艺者们参与广府庙会的态度如何呢？几乎所有手工艺者都认为，广府庙会邀请他们来展示非常好，可以起到宣传作用，让更多人了解自己的技艺和作品。广州市民间文艺家协会的陈先生曾认为广府庙会是政府打造的，不能算民俗，不想去看，但是却因为第二届广府庙会上几位相识已久的手工艺大师受邀前来进行手工技艺及作品展销而改变态度，称政府这么做还是不错的，大师们都觉得很开心，经济收益很好，自己的手工技艺有希望传承下去了。例如，珐琅手工艺人杨志峰先生（图5—12，访谈对象T40）表示："政府重视了，让人们认识传统手工艺，像我们做的珐琅，很好啊。我们做了很多努力，例如在花都小学做讲座，还打算过两年作品有100多件的时候办场个人展。现在政府都表示很支持，但是真正到位的支持就一般了。文化部门说支持，但是工商部门照样收税。我见到他们就说，你们支持，最好的办法就是把这个作为礼品来送给我们，既用行动支持，也起到

---

① http://gzdaily.dayoo.com/html/2012-02/10/content_1606934.htm。

第五章 广府庙会的地方认同建构

宣传作用。"又如一位20来岁的佛山石湾公仔的展销人员说:"来广府庙会很好啊,你看我们是第一个档,旁边就是文化局工作人员了。可以趁机宣传一下我们石湾公仔,让更多人知道,扩大影响力。"祖籍广东台山、出生于广州的广彩大师许恩福(访谈对象T41),拥有"广东省工艺美术大师"、"广东省陶瓷艺术大师"、"高级工艺美术师"、"高级工艺技师"、"广东省非物质文化遗产广彩瓷烧制技艺项目代表性传承人"、"广东省非物质文化遗产项目评审专家"等多个头衔,从事广彩绘制工艺50多年,特别提到广彩的历史是外销成行,现在主要是内销,尽管平日经营还不错,但来庙会可以进一步宣传推广。"西关打铜"是荔湾区西关文化的代表之一,在恩宁路拆迁改造事件中,打铜技艺受到社会不同群体的深切关注,政府对此也予以重视并作为地方性文化加以保护,受邀前来参加展销的天程公司的几位年轻靓丽的男女挖空心思,除了制作怀旧感的环保袋进行销售之外,就是播放电视宣传片并发放产品宣传单,对"铜器"则采取只展示不展销的方式,赚足了关注(图5—13)。广绣、牙雕等由于单价相对较高,甚至成千上万元,销量不是很大,但是却被认为是地方性手工技艺的代表。

图 5—12　广州珐琅手工艺人杨志峰及其珐琅作品

图 5—13　天程打铜

三、现代文化元素建构地方认同

地方文化面对全球化、现代性的环境与地方经济发展的现实诉求,经常出现"地方传统"与"现代发展"的冲突,地方文化不再保持原汁原味的本土特色,而是一种杂糅,民族历史和记忆经常被附上"官方说明"(唐雪琼等,2011)。学术界已经广泛关注了传统与现代的二元冲突关系,但是究竟是保持原汁原味的传统文化以展现其原真性,还是坚持创新以吸引年轻一代传承文化,这成为现代社会传统文化保护与传承的难题。首届广府庙会上出现"粤语讲古PK栋笃笑"的场面。粤语讲古是艺人用广州方言对小说或民间故事进行再创作和讲演的一种语言艺术形式,源于古代的说唱艺术,但不同于其他省份的说书艺术,它只说不唱,且由于粤语方言独特的表达方式而独具特色。粤语讲古艺人尊柳敬亭为祖师

第五章 广府庙会的地方认同建构

爷,它曾是广州人茶余饭后主要的娱乐消遣方式,但是在改革开放以来日渐没落。1996年,广州文化公园最大的古坛取消了讲古活动。2001年3月,市二宫古坛关闭,颜志图被礼送出门。就此,广州古坛全部关闭,粤语讲古艺术濒临失传。2004年5月,越秀区文化局启动了"越秀古坛",每月开坛一次。2005年11月,文化公园亦恢复了古坛。被誉为"最后的讲古佬"的颜志图于2005年起又在广州电视台主讲"羊城度度有段古"。2009年粤语讲古获批广东省第三批非物质文化遗产,2011年5月20日越秀区诗书街在伦文叙纪念广场举办诗书状元讲古坛开坛仪式。栋笃笑以美国流行文化"Stand-Up Comedy"为蓝本的香港版本,是由黄子华于1990年引入香港并命名的,"栋"粤语指"站着",栋笃笑可理解为"站着讲笑话"(林森,2011)。一个人、一张口,站在台上滔滔不绝地讲一两个小时,任何城中话题都可以化为笑料,且全都是自创,它与中国单口相声异曲同工,但栋笃笑以粤语表演,且更注重搞笑效果。2005年年初,广州主持人阮星航在中山纪念堂举行"栋笃撑之唔系讲笑"演出,成为一场"给广州人看的栋笃笑"(凌洁,2006)。尽管第二届广府庙会没有加入栋笃笑表演,但是很多被访者认为这也是广府文化的重要组成部分,相比粤语讲古而言,栋笃笑似乎拥有更多的观众。

因此,传统文化必须经历创新才能获得长久的生命力,而创新的文化元素也不断寻求地方性,建立与地方的密切联系。"广府庙会无疑是兔年新春的最后一个高潮,如此高调地举办庙会,甚至不惜封闭交通要道来搞文化巡游,单从唤醒民众对传统文化的认知的目标来看,算不上最好但绝对是最"原始"的一种方式。自认不是一个爱凑热闹的人,我更喜欢安静,但这种热闹作为广州人不能不凑,正如陈 SIR 话斋'趁墟'去也……连知都不知就谈传承是无意义的,第一届庙会满足了人们的好奇心,唤起了大众对民俗精髓的兴趣,足够功德圆满,但传统的传承不能一味谈继承而不谈创造,必须不断赋予其新的内涵甚至特定的物质元素,如元宵之于汤丸,端午之于粽子,中秋之于月饼。如果我们依然需要大张旗鼓地号召继承这样那样的文化传统,我们就真的已经失去它了。"因此,如城隍庙一位 80 后道士所言,要更深刻地表现广府文化,必须将传统的手工艺包装好,宣传、解释其文化意义,才能易于让人们了解、接受。对于"广府庙会应该是传统的,还是兼顾现代文明"这一问题,很多被访对象都表示,一定要有现代文化元素,否则不能吸引年轻一辈,而如果不能成功地吸引年轻人,那么传统将无以为继。

"传统活动走进新时代,注入新元素——动漫!"[①]第二届广府庙会动漫区由越秀区科技与信息化局主办、越秀区创意产业协会承办,位于北京路北段约 100 米长路段,共分为动画企业区、漫画企业区和动漫衍生区三个功能区域块,设 26 个展位,向 17 家动漫企业发出邀请,给予免收展位费的优惠。展区共发生费用 21.4 万元,包括舞台和展销区的布置、舞台演出费用、治安及消防、水电费、劳务与午餐费等,皆由越秀区创意产业协会负担,时间为 2012 年 2 月 11 至 12 日两天。该协会经常组织会员企业参加港澳等各地的动漫展销活动,在参展方面有较多经验。因此,这次参与广府庙会,并未做特别的策划,在完成越秀区政府要求的同时,尽可能宣传越秀区近几年来培育成长的文化创意企业。这次参展的企业

---

① http://bbs.china-ws.org/thread-444734-1-1.html。

第五章 广府庙会的地方认同建构

包括漫画图书占国内销售总量近70%的漫友文化传播机构、因创作喜羊羊而蜚声海内外的广东原创动力文化传播有限公司、创作猪猪侠并在全国140多家电视台播放七年的广东咏声文化传播有限公司、展示欧洲风格木头人的圣百图——胡桃夹子、在香港上市的环球数码等。

  动漫作为广府现代文化元素出现在广府庙会,吸引了很多年轻人,越秀区创意产业协会会长张先生表示,参展企业这两天的效益都很不错,企业很乐意参加此类活动。动漫区的表演活动包括街舞与COSPLAY同场PK、猪猪侠音乐舞台剧、喜羊羊与灰太狼音乐舞台剧、为原创动画人物颁发越秀区户口证、国内著名漫画家签名会等。最大的亮点就是2012年2月12日上午11:00由区委常委、区委宣传部陈晓丹给动漫人物喜羊羊、灰太狼、猪猪侠和菲菲颁发卡通版"越秀区户口证"。据广州市越秀区创意产业协会会长张先生(访谈对象T47)称,这一策划主要出于两个考虑:一是借鉴日本的做法,同时想到越秀区户口的稀缺性;二则主要是想给记者一个噱头。接下来还会为出生、成长在越秀区的动画、漫画人物统一配发"户口证"。动漫人物拥有地方身份,也为地方做宣传,彰显地方的身份。来自广东工业大学的COSPLAY社团与现代工程学院的街舞队上演了COSPLAY与街舞同场PK的精彩表演,吸引了很多年轻人驻足观看。欧洲风格的木头人展示也令人耳目一新。

  2012年喜羊羊第五部贺岁电影《喜羊羊与灰太狼之开心闯龙年》票房收入过亿元,猪猪侠首部大电影《猪猪侠之囧囧危机》也将于2012暑期公映。搞笑、冒险、亲子、环保、3D是《猪猪侠之囧囧危机》的核心关键词,这次庙会上对此作出预报。节庆赋予地方的身份处于争议之中。

四、商业文化建构地方认同

在后工业化、服务经济为主要特征的全球化经济社会,节庆也日益被商品化。然而,节庆仍然发生在特定地方,具有特定的地方性元素,本质上仍是地方的。而且节庆举办的目的也不仅是商品化,而是包括诸如巩固社会控制、抵抗社会控制或者彰显社区凝聚力等。在以发展为主题的全球化背景下,浙江省景宁畲族自治县"中国畲乡三月三"这一民俗节庆文化被结构性地"嵌入"到经济发展之中,成为被建构的对象(马威,2010)。对文化的讨论离不开经济这一重要元素,不能就文化问题单纯讨论文化(马威,2010)。各级地方在发现和搜集地方传统的文化运动中,不仅关注地方文化本身,同时致力于融合与发展社会资本、经济资本、文化资本、他者对自我文化的符号性认同等"传统"以外的东西(陈映婕和张虎生,2008)。就如在北京路广府商贸旅游区依托城隍庙、府学西街、北京路、惠福东路美食街、五仙观、大佛寺六大景点举办的"广府庙会",到底是商业还是文化呢?这一点遭遇讨论和质疑。而且由于首届举办的经验不足,未能充分体现广府味。

广州市北京路商业步行区管理服务中心、广东省老字号协会于2011年1月20日开始面对各行业协会、老字号企业、各有关单位及商户进行首届广府庙会活动展位招商,由于时间原因,招商单位未能保证广府与非广府企业的比例,导致了广味不足的结果。过度商业化和商品化将节庆从本地机体中移除从而成为"去地方的节庆"。越秀区文化馆馆长说道:"归根结底,经济基础决定上层建筑,现在经济竞争和发展让各地都在思考新的经济引擎,也就是服务业、文化产业、旅游业等。"事实上,越秀区政府重视文化在社

第五章　广府庙会的地方认同建构

会经济转型升级中的作用,强调积极推进文化科学发展,把文化发展落到实处;也善于开发利用丰富文化资源,以文化发展促进转型升级。但是这也体现出政府树立地方品牌的目的可能是为经济目标服务的,因此易于引发争议。然而,旅游增长游客的地方化知识,东道主社会借此增强对地方化知识的自我认同程度(郑威,2006),经济目标的实现与文化目标的实现不一定会产生冲突。

在首届广府庙会开幕式上,六位领导上台推介首届"广府庙会"的城隍庙、府学西街、北京路、惠福东路美食街、五仙观、大佛寺六大景点,六叶风车上分别印有六大景点的名称。这六大景点确实既有代表广府文化源地形象的历史文化景观五仙观、大佛寺和城隍庙,充满文化气息的府学西路,也有北京路这样的传统与现代结合的商贸旅游区,以及新打造的象征"食在广州"的惠福东路美食街,但经济与文化之间的纠缠难分难解导致文化像是嵌入到经济中,为经济服务。

对于广府庙会的整体感知,被访者将其与商品展销会进行比较,认为文化气氛不够浓厚。甚至有网友的言论比较激烈,如大洋网网友"HZJrny"发帖道:"广府庙会?重建文化?羊肉串一条街?垃圾满地都是。都只不过是商业挂钩既活动,实质上既野有几多。"[1]大洋网网友志仔:"果日开始我都经过,不过太多捞头啦,唔想钟埋去。"金羊社区"珠江论坛"中关于"广州的庙会为什么这么热"的讨论[2]中,网友"罗盘"发帖道:"庙会这东西,以前是生活所需要的,如今是为旅游而恢复的。都是哄人掏口袋的。应该任人

---

[1] http://bbs.gz4u.net/thread-1323468-1-1.html。
[2] http://bbs.ycwb.com/forum.php?mod=viewthread&tid=332651。

摆摊才是庙会本色，没有城管驱赶，把自家特色物品摆出来卖。天光墟的形式倒跟庙会有些相似，可惜那是为了躲避城管而无奈选择在天光之前出来摆摊。"这些话语一方面体现了文化与经济之间的紧张关系，另一方面也体现出少数民众对政府差错的低容忍度。但是不少人却从保护非物质文化遗产的角度来看，认为不管是否官方主导，至少民间艺人能够多个营生机会来增加收入，也体现出文化与经济的密不可分。

"咱广州号称'千年商都'，怎么到今天才想起办庙会来着？其一，当然是有了新的城隍庙、城隍爷这些庙会活动的物质载体，菩萨有了，当然要请些会念经的和尚来助兴；这叫文化搭台、商业唱戏。其二，若把庙会活动看成民间信仰的一种变体，广州从来不缺乏民间信仰。你看看大小商家食肆里供着的财神，家家户户门槛上供着的土地爷、灶神、列祖列宗各路神仙。刚来广州那阵与本地人接触，'捞佬'出身的我不禁惊呼：'啊，每个广州人心里都有一尊财神爷。'……在消费文化、'商品拜物'成为全民信仰的当下，我觉得在本地建立或者复兴庙会传统，也没什么不好。从最实际的角度说，那些耐得寂寞、真正在传承'非物质文化'的手工艺人、民间艺人，好歹每年多个营生机会来增加收入。广州庙会虽由官方主导，无论如何，它是民间信仰重获尊重、接纳的标志。"

——大洋网"Fiery"[①]

---

① http://hd.nem365.com/lyly/540.html。

第五章 广府庙会的地方认同建构

在一个以文化为主的庙会上,饮食文化的展销非但不是可有可无,而是必需的。一项关于北京庙会的调查发现,诸多因素中,美食是吸引民众重复光临的最主要因素(李伟、许忠伟和魏翔,2011)。广府庙会也不例外,品尝美食对很多人而言是个很大的诱惑。媒体大胆启用"吃货"这一表达,形容到处寻找美食者的心情。"游山玩水"在评论"观山乐水人"的帖子时,表示:"原来庙会内容这么丰富,有机会一定去逛。尤其是那些美食让人垂涎三尺。"①"啱去完广府庙会食街,多人到啊,不过 D 嘢都几好食!!"②网友"珠江晨曲"发表帖子"广府庙会美食街随拍"③,截至 2012 年 2 月 19 日,共计 1341 人查看,16 人回复。

尽管庙会的美食区可能与美食节相比并无非常特别之处,但它是庙会的关键组成部分。"珠江晨曲"说:"确实是的,还是美食节那些老套,换个名称就是了,不过人气还是挺旺的,可见有这个吃的,还是很受欢迎的。""逸逸飞"则说:"因为你的郁金香,走进去了。那鸿星饭店的莲藕好吃。因为好吃,第二日又去左一次。""广府庙会品美食"中提到:"庙会还展示了 21 个非遗项目及民间手工艺项目,其中包括广彩、广绣、牙雕、榄雕、玉雕、西关打铜、广州戏服等,最吸引我的是庙会的美食节……当然吃美食之前先去城隍庙逛逛转个运。去年我也来这品尝美食,但那里外省的小吃多,如新疆的烤牛肉串、江南的臭豆腐等,本地的不多,你有钱就可以租个档口摆卖,所以群众意见很大,今年就有所改进了,都是本地有

---

① http://blog.mzsky.cc/u/58286/blog_95359。
② http://tieba.baidu.com/p/1410070809?pid=17194606642&cid=0#17194606642。
③ http://blog.ycwb.com/thread-773847-1-1.html。

名气的酒店、饮食店摆档,推出当地的美食。10元两个油炸冰淇淋,我也买了。"①

第二届广府庙会广府美食区由越秀区委、区政府主办,越秀区工商业联合会(总商会)和越秀区饮食业商会承办,位于府学西街(图5—14),共设84个展位,其中44家参展企业(还有5家广百集团旗下公司占有5个展位,因广百在用电方面提供支持,故其展位免费),其中25家企业经营各式广府美食,特别强调"广府美食"。据笔者观察,主打广府美食的参展企业主要包括广州鸿星海鲜酒家有限公司、好彩又一鲜海鲜酒楼、万年酒楼、陈氏美食坊、五福荟酒家、大条鱼酒家、张记清补羊肉城、八珍煎饺、王府井酒家、耀华沙河粉店、东兴顺酒家、广州市炳胜饮食集团、香港避风塘猪肠卷、广州沙面兰桂坊粤泰菜馆、广州市越秀区有骨气食坊、越秀区味之奇美食馆以及中国著名品牌广州状元坊食品、阳江特产、盛峰商行等广府包装食品企业,外地美食参展企业则各有主题,包括主打川菜小吃的巴辣巴辣时尚菜馆、主打西式餐饮的蒙地卡罗·大城小厨与我和你西餐酒廊、主打东南亚美食的新加坡明朗私人有限公司、上海灌汤包和巴西烤肉、多地特色小吃的品味鲜、主打天津包子的天津狗不理包子等。

据越秀区工商联副主席黄小姐(访谈对象T46)介绍,这次招商活动主要由越秀区饮食业商会向会员酒家企业发出招商函,因为多次参加各地各层次美食节,容易协调配合,有什么问题好商量解决,关键是对参展企业的资质有准确把握,工商营业执照、食品生产许可证、食品卫生许可证三证齐全是准入门槛,对参展工作人

---

① http://www.taohua001.com/forum.php?mod=viewthread&tid=31615。

第五章　广府庙会的地方认同建构

图 5—14　广府庙会美食区

员要求持健康证上岗。最初有 100 多家企业有意向参展,另有工商联的会员和社会其他企业也都有参与,最终确定参展企业名单。招商中特别将新疆餐厅排除在外,原因是管理麻烦、易出纠纷、卫生不过关、烧烤油烟对周边居民影响大、音乐叫卖声太大影响附近的文德路小学正常教学、居民对食品接受程度较差等。越秀区文化广播新闻出版局局长(访谈对象 T21)提到,首届广府庙会因为烧烤档的新疆人找庙会主办方"闹事",说没赚到钱,结果是美食区为解决纠纷亏损 20 多万。第二届广府庙会每个展位费费从 8000～12000 元不等,对饮食商会和工商联的会员价格为 8000 元,不论展位位置优劣,而对外则根据展位情况收取 10000～12000 元每展位不等的展位费,商会花费近 15 万元购买了北京街的环卫和城管服务。不管是食品出品还是卫生情况都得到很高评价,但是工商联负责人仍建议下届庙会将铺位数目控制在 60 个左右,保持铺与铺之间的间隔距离,方便市民排队和就餐,届时也会建议商家将品种减少,做到少而精,调整广府背景音乐的效果,更好地把广府美食的招牌打出去。关键是找到经济利益与社会效益的平衡点。

不同于广府庙会的是,韩国江陵端午节,市场被节日掌控人认为是世俗丑陋的而不将其作为节日的重要元素,对市场的管理很松散,也不愿意在市场上销售的产品上印上"KDF"字样,导致江陵以外的其他地方的兜售者来该地以低价销售其节日产品,从而伤害了本地市场(Jeong et al.,2004)。这说明政府举办节庆活动即使不是为了经济利益,而是为了民众的欢乐,市场化道路对文化的传承来说都可能是明智的选择。除此之外,政府为确保文化节庆的可持续发展,纯粹靠拉赞助或者举办营利性项目可能并非长久之计,需要有新的出路。例如,第二届广府庙会寻求中国移动广州分公司合作(图 5—15),庙会活动现场与新闻报道等对移动服务做宣传和推广,移动则拿出 200 万元供庙会开支。致美斋取其岭南名酱在广府庙会闭幕式之前举行拍卖活动,该套名酱在门店亦有销售,包括天顶头抽、添丁醋头、鲍鱼汁、辣椒酱四瓶,均使用景德镇工艺大师设计的青花瓷瓶盛装,门店售价为 388 元一盒。参加拍卖的是唯一纪念版,生产日期是老铺复业日期 2011 年 9 月 28 日,并且礼品盒上附有多位名人的亲笔签名,起拍价 1 万元,最终被一家公司以 2.8 万元的价格成功竞得,此笔款项将用于越秀区慈善事业。另外,越秀公园作为广府庙会游园区,在灯展期间收门票,民众对此感到不满,利用免费公园做收费活动,政府仍需努力找到平衡点。

第五章　广府庙会的地方认同建构

图5—15　第二届广府庙会报刊亭中间的宣传海报

五、宗教场所参与地方认同建构

遗产的生产和消费关涉权力关系,而遗产不能脱离于历史发生或遗产被识别的景观或物质环境。遗产和身份之间的关系密不可分,当下兴起的社区博物馆建设和教授遗产课程的趋势,原因之一便是社会不断地回顾自身过去以便理解地方的现在和未来。首届广府庙会借用五大场所开展,分别是城隍庙忠佑广场、中山四路(文德路口至北京路口段)、府学西街、北京路、惠福美食街、大佛寺、五仙观等,希望在汇聚了丰富文化遗产、人流量大的北京路广府文化商贸旅游区营造庙会节庆氛围。这里场所特别指定在北京路商贸旅游区一带的几个景点,象征这一区域所代表的广州传统历史文化。其中,城隍庙、五仙观、大佛寺在六大支点中占据半壁江山,城隍庙前的忠佑广场作为广府庙会的主会场,是开幕式的举办地,这使得城隍庙前所未有地香火鼎盛,而五仙观作为闭幕式的举办地,也举办了一系列的活动。

就庙会主办方来说,他们认为城隍庙前的忠佑广场属于越秀区,他们理当拥有使用权。但是就城隍庙来说,则认为在这里举办此类"世俗"活动有违清修之地的要求,二者之间在庙会上争夺权力。一位50多岁的城隍庙工作人员(访谈对象 T3)也这么说:"城隍爷出游是应该的,但是在庙前吹打热闹不太合适,这里是清净之地。"一位城隍庙的道士、不愿告知其姓名的80后小伙子(访谈对象 T2)这样说,"广府庙会在宣传越秀区形象上还是可以的,但是内容上还要改善。广府地区的手工业、制造业、运输业这些方面都没有深化。广府庙会,文化有一点,信仰就没有。"但是对于城隍庙作主会场,信仰道教的他则说:"至于选择哪个地方作为主办场地,是政府安排的,我说了不算,城隍庙也决定不了。"但是广府庙会负责人(访谈对象 T15)说起首届广府庙会前的一个小插曲:"将城隍庙作为首届广府庙会主会场,这要与民族宗教事务管理局、道教协会商谈。最开始他们很不乐意,直到庙会开幕式前一天都用不上电,试不了音响设备。大概他们认为城隍庙是清净之地,但是庙会办了几天后,他们开始热情起来了,因为那几天人流量非常大,估计收了不少香火钱。"从第二届广府庙会中城隍庙的参与积极性来看,城隍庙确实有改变观点的客观事实。城隍庙认为,既然叫"庙会",城隍庙必然有重要意义,前来逛庙会的人们绝大多数都会进城隍庙逛一下祈福。例如,很多人排队买香火进庙烧香;城隍庙大殿内神案两侧设有围栏并以十二生肖为柱头,进庙的人们很快就

第五章　广府庙会的地方认同建构

形成一种秩序,就是自觉排起人龙,沿着雕刻有十二生肖的护栏缓缓前行,"子鼠丑牛、寅虎卯兔、辰龙巳蛇、午马未羊、申猴酉鸡、戌狗亥猪"神案旁边第一个属相即是鼠,人们都按顺序抚摸每一个属相,寓意年年平安、顺利、健康等(图 5—16)。

图 5—16　自发形成的信仰秩序,求的是顺顺利利、年年大吉

首届广府庙会闭幕式在广州祖庙"五仙观"进行。五仙观位于越秀区惠福西路坡山上,是一座祭祀五谷仙的谷神庙,源于古代广州的"五羊衔谷穗于楚亭"的神话传说。其始建何时已难以考证,但其极具研究广州历史、地理、科学、建筑、艺术等价值。越秀区人民政府根据五仙观的特点,修建越秀区博物馆和五仙观公园,使之成为旅游景点,亦是宣传广府文化的重要基地(越秀荟萃编委会,1999)。除了城隍庙和五仙观这两座道观之外,始建于南汉(917~971年)现址位于越秀区惠福东路惠新中街内的大佛寺(原称新藏寺),是南汉二十八寺之一,后经历代沉浮至今尚存,越秀区政府作为重要的遗产回复项目对其进行扩建,也作为广府庙会的六大支点之一。五仙观、城隍庙、广州原点等地被赋予行动者的权力。特别在首届广府庙会闭幕式上,广东歌剧院的演员们再现了"五羊仙

舞",演员们在舞台上重现了五仙手持嘉禾从仙山琼阁飘落人间的情形。据称北宋时传入朝鲜,后在我国失传,不久前舞蹈史专家在韩国找到了有关五羊仙舞文献资料,据此重新编排而成。"五仙赐谷"活动中,出席的五位领导为来自越秀区登峰街及矿泉街的 10 位居民代表派发了幸福大米。扮成五仙的演员为现场的观众派发稻穗,体现了"五仙赐福"的寓意。尽管"五仙"分穗的娱乐成分更多,但是仍然能够满足人们交好运的祈福心理,可谓立新不破旧。广州广泛流传的五羊传说,广州人在广州诸多别称中最为认同"羊城"这一说法,正如已有研究指出,故事有助于建立、保持与改变身份(Jenkins,1996;Jenkins,2000)。因为人们用来确认自己身份的起源常常具备虚构的性质,就像宣称自己是炎黄子孙的人,从来不必担心炎帝或黄帝是否真正存在的问题(王明珂,2006)。五羊传说被重新包装成为地方性文化,而且较低级别政府部门会借助较大尺度地方的历史文化资源来宣传自身的形象,越秀区在宣称自身文化身份时不能脱离广州和广府文化区这些大的文化背景。

  城隍庙前的忠佑广场仍然作为第二届广府庙会的主会场,对此,城隍庙车道长(访谈对象 T49)表示,广府庙会在忠佑广场举办活动,特别是领导在场观看开幕式和闭幕式时,城隍庙就得关门,还是有些(不良)影响的,但有一个大家同乐的地方,也是不错的。而且对城隍庙来说也是件好事,可以提高知名度。城隍庙压胜钱概念的设计者、天行健工作室的刘先生(访谈对象 T50)则认为,庙会在广东地区是有的,新中国成立前都有,广东人说的诞指的是庙里神的诞日,在神诞日举办的庆祝活动就叫庙会,庙会这一叫法没问题。但是他认为广府和庙会结合在一起有点不妥当,因为广府

第五章 广府庙会的地方认同建构

不是庙,而庙会必然要以庙为"灵魂"。但他也坦诚,事到如今,叫什么名称都不是那么重要了。

至于宗教与广府民俗文化共处,车道长的看法是,民俗文化与宗教本来就是一家人,宗教信仰也是一种民俗,说城隍庙变身民俗大舞台没什么不妥的。城隍庙在广府庙会中除了提供市民祈福的场所之外,就是组织城隍爷出巡活动。城隍爷出巡无疑是广府庙会的重头戏,媒体多次用"万人空巷"来形容。首届广府庙会举办时民众反映城隍爷太小,看不清楚面容。恰巧首次巡游的城隍像于 2011 年 7 月被"请"到新加坡圣佛山城隍庙供奉,城隍从第一届广府庙会结束就开始筹备第二届广府庙会巡游活动,吸引了香港青松观、上海城隍庙等组织前来观摩学习。2012 年巡游的规格更高,新铸成的金漆城隍像在身形上比去年大了 1/4,座高也增加了 2 倍,有 60 厘米高,采取"脱光漆"这一最古老的铸神像方式将重量减轻,这尊泥像内胆塞有麻布,在两层麻布的外面,包有一层丝绸,丝绸之外就是批灰,也就是把旧的屋顶瓦片研磨成粉,再加入生漆,然后打磨,待泥全干后,再镀上金粉。为遵循旧礼,2012 年城隍爷銮舆前面增加了一个雕有梅花和喜鹊的香炉,使用被誉为"万木之王"的柚木建造,约重 60 公斤,4 个车轮用角铁做成,约重 120 公斤,护行者遇平路时推行,遇台阶时则需花大力气抬行,由 16 人抬。城隍爷出巡前在庙里要进行烧香等仪式,銮舆前的香炉循旧礼也要烧香,但是越秀区政府仅允许其在庙内烧香,不允许在城隍庙外烧香。对此,城隍庙方面表示,尽量遵循旧礼,但是可参考的历史文献很少,他们也是从香港庙会学习经验,希望延续传统。车道长表示,传统都是在某些时间人造出来的,既要延续传统,也要与时俱进。

第二届巡游路线从城隍庙忠佑广场出发,经文德路转文明路再进入北京路,最后经中山四路回到城隍庙。在交通封锁前1个多小时里,巡游路线两侧早已人头攒动了(图5—17)。第二届广府庙会巡游活动共计10个方队,分别是南海黄飞鸿中联的龙腾盛世(两条长龙)、醒狮闹春(八头狮子)、城隍出巡、广府华彩(粤剧人物造型等)、麒麟迎新(八条麒麟)、飘色彩虹、锣鼓鸣春、人龙起舞、民族风情、和谐越秀等。城隍出巡的传统仪式分为安座、护驾起行等。2月11日9时30分16位护驾者将新装城隍爷安上銮舆,由"风调雨顺"、"国泰民安"等传统仪仗开路,两位身高1.9米白皮肤、蓝眼睛的美国友人高举2米多的旗幡护驾(图5—18)。

图5—17　2012年2月11日文德路口人头攒动

第五章　广府庙会的地方认同建构

图5—18　白皮肤、蓝眼睛的"老外"在城隍爷巡游队伍中举幡号

越秀区文化馆馆长表示："与城隍庙的协调存在一些问题。我们对他们的要求是要肃穆,这一点他们做得很好,但是人太多了,请城隍之类的仪式也都是在庙里,我们很难控制他们的人数,最初安排城隍队70人,后来他们报上来120人,然后又改说要150人,最后实际巡游的那天估计至少有180人。"该馆宣传部部长王小姐(访谈对象T14)则谈起她在协调巡游队伍速度时遇到的困难："由于巡游共有8个方队,而时间只有2个小时,城隍队的人数又特别多,巡游过程中协调他们的速度非常困难,组织方面就想让速度快些,队伍紧凑些,但是城隍队道长想把气势搞大,由香港青松观的道长做道教礼仪,巡游时不断要求城隍队护驾员要拉开距离,保持距离,导致后面队伍的表演受到影响。"城隍庙车道长则说："政府

给我们人数限制,说是 120 人,后来实际上我们有 200 人吧。信众听说有巡游活动都想参加。另外,汉服展示队由于有一位他们称作'同袍'的汉服爱好者是政府的工作人员,就把前来助兴没有(在我们这里)备案的十来个人加进来了,导致人数增加比较多。"

城隍庙在全国首次推出三套压胜钱。压胜钱又称"厌胜钱",并非流通货币,最初起源于西汉,至清末民初都有铸造,本意是压邪攘灾和喜庆祈福。后在民间广泛用于开炉、镇库、馈赠、赏赐、祝福、辟灾、占卜、玩赏、戏作、配饰、生肖等。当问及刘先生(访谈对象 T50)如何构思压胜钱这个概念的,他表示:"做压胜钱的想法在三年前就有了,那时纯阳观温道长曾问起能否做压胜钱来做法事,后来一直没有弄成。直到我们编了一套书,叫《问道岭南》,但是没有经费。就想能不能想点办法解决一下。碰巧荔湾区文物管理所所长黄勇买到三枚清代的压胜钱,于是,我们就在第二届广府庙会举办前大概半个月时间,开始设计压胜钱并联系生产厂家,时间很紧迫。我们就想要宣传一下,于是找《广州日报》的朋友帮忙写了一篇稿子,上面配的小孩那张照片是我拍的,摆拍的。"据他所言,共设计了通宝系列、吉祥系列和英文版共三套不同款式的压胜钱(图 5—19),请李卓启、周正商、吴寿良、黎咏等书法名人来配字,通宝系列包括洪武通宝、雍正通宝、中华通宝等纪念城隍庙重要历史年份的,吉祥系列主要是龙凤呈祥、早生贵子、长命百岁、状元及第、指日高升、财源广进、龟鹤延年、家宅平安等喜庆祈福的,英文版取义护邑佑民的英文版压胜钱。总计生产出 6000 套,38 元一枚,每天到货很快就销售一光。当被问起有没有跟政府沟通压胜钱这个概念时,他则说:"没有沟通,不过我没有跟政府沟通,不知道其他途径有没有。当时问过车道长怎么做,他说你觉得怎么做

第五章　广府庙会的地方认同建构

好就怎么做。我就想,如果告诉政府,就会变成政府行为,不如我们自己做。这样即使第一次做砸了,明年我们还可以继续改进。如果跟政府合作,第一次做砸了,以后就不要再做了。"当追问道,那么明年是否还会继续做压胜钱,他肯定地表示:"当然啦!"

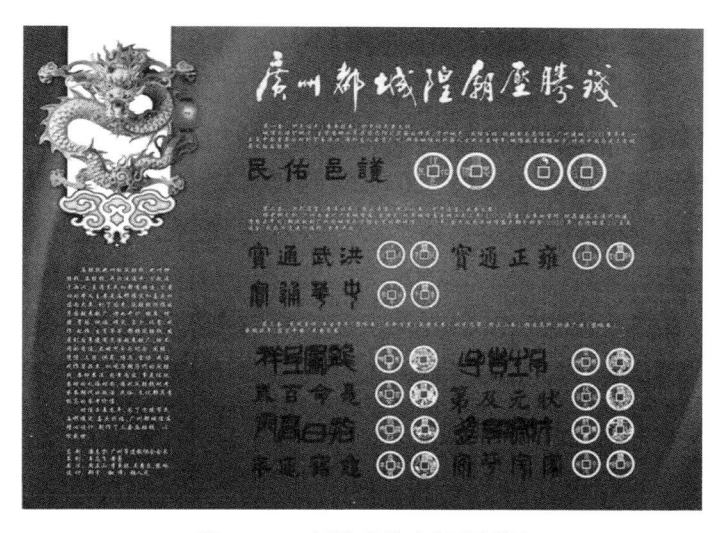

图 5—19　城隍庙推出"压胜钱"
资料来源:天行健工作室刘晓刚提供。

城隍庙在努力争取自己在广府庙会中的文化表征权力。在城隍庙的大门东侧临时增设了"庙会邮局",专卖盖有广府庙会邮戳的道教文化宣传明信片,也受到人们的热捧。关于这一创意,车道长表示,广州市道教协会一直都与邮局合作发行道教文化明信片,这次借广府庙会进一步宣传广州道教文化,包括纯阳观、三元宫、五仙观、城隍庙等道教场所,由此希望道教获得更多人的认同,也让城隍庙得以维持下去。因为城隍庙是新建的,作为道长他压力很大,城隍庙不像大佛寺、三元宫、纯阳观等都有固定的法会,信众广,因此需要加大宣传,争取更多信众的支持,才能长期发展下去。

城隍庙作为广府庙会重要的行动者,无形中增强了其与政府讨价还价的权力。尽管政府坚持"坚决反对封建迷信"的信条,并且一定程度上约束宗教原真性展演,但宗教团体借助官方力量传播宗教文化(Wah,2004)。越秀区北京路商贸文化旅游区内不仅有城隍庙还有五仙观、大佛寺、六榕寺等,由于城隍庙做主会场,而且大型民俗巡游活动也是城隍爷出巡为重头戏,作为佛教圣地的大佛寺和六榕寺就觉得有想法,觉得那是在宣扬道教文化,自己的文化被冷落了。不同的宗教信仰群体之间也存在文化空间争夺的问题。然而,一位40多岁的城隍庙参观者(访谈对象 T4)表示,城隍庙当然适合作为广府庙会主会场啦!广州有句话叫"城隍庙都保不住了,市长就不要做了。这是广州城的象征。有个小广场、比五仙观大、交通方便,很好啊。"还有不同意见是针对城隍庙作为庙会中心的质疑。例如,有人说,五仙观是广州祖庙,更能体现广府文化底蕴。也有人建议在人民公园原点作为主会场,因为它是广州的中心。关于广府庙会主会场选择的问题,隐含着神圣与世俗的较量,以及不同宗教群体信仰的冲突。对不同地方代表性的争论,赋予了不同场所大小不一的权力。

第四节　广府庙会参与者的地方认同

一、问卷调查与样本概况

采用问卷调查数据,利用 SPSS19.0 和 LISREL8.72 软件进

第五章 广府庙会的地方认同建构

行数据搜集与统计分析。广府庙会问卷设计主要参考以往研究的概念和项目,并结合深度访谈和媒体文本分析的结果,设计了广府庙会的举办目的(4个题项)、地方性认知(4个题项)、地方认同(10个题项)、个人资料三部分内容,题项设计采用李克特五点尺度。样本量的确定根据样本量应为题项5倍以上的原则,同时考虑本研究涉及的三代以上世居居民与其他居民群体可能存在认知和认同差异,故样本量最小为180份。具体调查于2012年2月6日至2月12日广府庙会期间的越秀区中山四路城隍庙前忠佑广场进行随机抽样调查。研究者邀请并指导被调查者填写问卷,由于大家带着轻松愉快的心情来逛庙会,所以比较容易接触调查对象,且便于同时进行简单的访谈,最终回收有效问卷共计212份。尽管经过指导,仍有5份无效问卷,问卷有效回收率为97.70%。

样本基本情况如表5—7所示:男性占55.20%,女性占44.80%;年龄主要分布在18~30岁的群体,占50.50%;31~45岁的群体位居第二,占18.90%。这与问卷调查有关,18岁以下的孩子如果跟随父母,一般不愿意接受调查,由父母代劳,而46岁及以上年龄稍大的群体则较多借"眼花"、"看不清"等推辞。尽管有人仍然称庙会为"老人庙会",但是确实可见不少年轻人出现。访谈发现,前来逛庙会的年轻人大都较为关注传统文化的保护和传承问题,而且广府美食区和动漫区有较大的吸引力。教育水平在大专以上的占比为53.40%,高中、技校或中专占29.70%,初中及以下为17.00%(其中18岁以下正处小初中阶段的孩子约占2/3)。也就是,逛庙会的群体教育水平相对较高。就户籍而言,56.60%为广州户籍人口,37.70%的人在广州居住时间超过20年,22.60%的人居住时间在11~20年间,15.60%在5~10年,

24.10%在5年以内。就被调查者宣称的身份来看,世居三代以上居民占31.10%,父辈移居广州者占15.10%,己辈定居广州者占16.50%,暂居广州者为37.30%,这可能与户籍制度有关。职业分布则相对分散,这与市民就业方式多样有关。总体而言,样本符合逛广府庙会群体的基本特征。

表 5—7 广府庙会问卷调查样本基本情况

项目	类别	频数(百分比)	项目	类别	频数(百分比)
性别	男	117(55.20%)	职业	机关/职业单位职员	28(13.20%)
	女	95(44.80%)		企业职工	60(28.30%)
年龄	18岁及以下	21(9.90%)		企业主	4(1.90%)
	18~30岁	107(50.50%)		学生	61(28.80%)
	31~45岁	40(18.90%)		农民	5(2.40%)
	46~60岁	23(10.80%)		离退休人员	29(13.70%)
	61岁及以上	21(9.90%)		其他	25(11.80%)
教育水平	初中及以下	36(17.00%)	居住时间	5年以下	51(24.10%)
	高中、技校或中专	63(29.70%)		5~10年	33(15.60%)
	大专	47(22.20%)		11~20年	48(22.60%)
	大学本科	58(27.40%)		21年及以上	80(37.70%)
	硕士及以上	8(3.80%)	身份	世居居民(三代及以上)	66(31.10%)
广州户籍	是	120(56.60%)		父辈移居者	32(15.10%)
				己辈定居者	35(16.50%)
	否	92(43.40%)		暂居广州者	79(37.30%)

二、结构方程模型分析

(一)描述性统计分析结果

描述性统计分析表明,被调查对象对第二届广府庙会举办目的、地方性认知、地方认同三个方面的总体评价都比较高,多数题项得分在 4 分及以上;"逛广府庙会增进我对广州的归属感"一项得分最低,为 3.807;"举办广府庙会是为了宣传保护广府文化"得分最高,为 4.439(表 5—8)。这充分说明被调查对象对广府庙会持积极肯定态度,特别对于广府庙会作为宣传保护广府文化的平台表示肯定甚至赞赏。值得说明的是,调查对象为逛过广府庙会的群体,筛选效应可能会提高评价结果,但是由于本文的目的在于探讨新创民俗节庆对地方认同的影响,因此选择逛过广府庙会的群体做被调查对象是恰当的。

表 5—8　广府庙会目的、地方性和地方认同概念的平均值和标准差

概念	衡量指标	平均值	标准差
目的认知	P1 举办广府庙会是为了宣传保护广府文化	4.439	0.779
	P2 举办广府庙会是为了强化千年商都形象	4.099	0.985
	P3 举办广府庙会是为了促进历史街区的新发展	4.071	0.969
	P4 举办广府庙会是为了增强市民凝聚力	3.991	0.978

续表

概念	衡量指标	平均值	标准差
地方性认知	L1 广府庙会称"庙会",体现了广府文化的包容性	3.986	0.966
	L2 广府庙会传统与现代并存,体现了广府文化的开放性	4.179	0.835
	L3 广府庙会商贸活动丰富,体现了广府文化重商的特点	3.811	1.003
	L4 广府庙会"广"味十足	3.873	1.066
地方认同	PI1 广府庙会是结合本地民俗创新发展的节庆	4.094	0.887
	PI2 广府庙会具有独特的广府文化身份	4.118	0.908
	PI3 广府庙会是广州节庆的重要组成部分	4.099	0.889
	PI4 逛广府庙会增进我对广州的归属感	3.943	1.043
	PI5 逛广府庙会我感觉自己融入了广州	3.807	1.091
	PI6 逛广府庙会我感到自己是广州的一分子	3.849	1.091
	PI7 逛广府庙会增强我对广州的认同感	4.014	0.971
	PI8 逛广府庙会我为广府文化骄傲	4.052	0.920
	PI9 我喜欢逛广府庙会	3.925	0.976
	PI10 我愿意向他人推荐广府庙会	4.146	0.955

第五章　广府庙会的地方认同建构

(二) 信度与效度检验结果

信度采用内部一致性系数,被调查者对举办广府庙会目的认知的 Cronbach α 值为 0.799,地方性认知的 Cronbach α 值为 0.726,地方认同的 Cronbach α 值为 0.925,均大于 0.7,表明数据的信度或可靠性较高(表 5—9)。关于数据的效度或有效性,考虑内容有效性和结构有效性。内容效度主要是针对广府庙会的特点,举办目的认知概念主要结合主办方举办广府庙会的目的来设计题项,地方性认知则将广府文化的务实、创新、开放、包容的特质与广府庙会的特点结合起来设计题项,地方认同概念参照以往研究的理论与结论,并考虑广府庙会的特点,请文化地理学知名专家给予修改意见,并经预测试以使题项内容表达准确,因此本研究所用问卷应当具有可信的内容效度。结构效度采用 KMO 检验和巴特利特球体检验,亦可确定变量是否适合做因子分析。本研究中,如表 5—9 所示,举办目的认知、地方性认知和地方认同的 KMO 值分别为 0.762、0.715、0.917,大于 0.700;巴特利特球体检验 P 值均为 0.000(小于 0.05),这说明该量表所收集的数据可进行因子分析。

表 5—9　概念的信度和效度检验结果

概念\指标	标准化的 Cronbach α 值	KMO 值	卡方值	自由度	Sig. 值
目的认知	0.799	0.762	260.291	6.000	0.000
地方性认知	0.726	0.715	172.372	6.000	0.000
地方认同	0.925	0.917	1377.322	45.000	0.000

(三) 地方认同因子分析

采用主成分法和 Varimax 正交旋转分析法,采用 SPSS17.0 对地方认同进行了主成分因子分析。根据地方认同形成过程经历情感、认知、意向三个心理过程的理论,在提取因子时采用强制获取三个因子模型,因子分析所得因子载荷及各因子解释的方差及累计值如表 5—10 所示。PI1~3 为认知认同,PI4~7 为情感因子,PI8~10 为意向因子,这三个因子分别解释了总方差的 22.963%、27.957%、25.652%,累计解释总方差的 76.572%。其中,情感因子解释的方差最大,这一方面支持了理论探索,即认知、情感、意向等心理过程对地方认同的形成有显著影响。另一方面表明,情感在地方认同形成过程中的作用最为显著,可能的解释为,广府庙会尽管开始举办时受到争议,但是作为宣传广府文化的平台,人们对此从情感上表示肯定。

表 5—10 广府庙会地方认同因子分析

地方认同测量变量	情感认同	意向认同	认知认同	解释的方差(%)	累计解释的方差(%)
PI6 逛广府庙会我感到自己是广州的一分子	0.871	0.246	0.230		
PI5 逛广府庙会我感觉自己融入了广州	0.816	0.302	0.299		
PI4 逛广府庙会增进我对广州的归属感	0.649	0.521	0.232		
PI7 逛广府庙会增强我对广州的认同感	0.640	0.333	0.461	27.957	27.957
PI10 我愿意向他人推荐广府庙会	0.215	0.852	0.240		
PI9 我喜欢逛广府庙会	0.337	0.809	0.151		
PI8 逛广府庙会我为广府文化骄傲	0.423	0.608	0.354	25.652	53.609
PI2 广府庙会具有独特的广府文化身份	0.188	0.252	0.841		
PI1 广府庙会是结合本地民俗新创的节庆	0.333	0.095	0.780		
PI3 广府庙会是广州节庆的重要组成部分	0.237	0.457	0.605	22.963	76.572

(四)结构方程模型分析结果

根据以往研究和定性调查发现,给出如图 5—20 所示的概念模型。

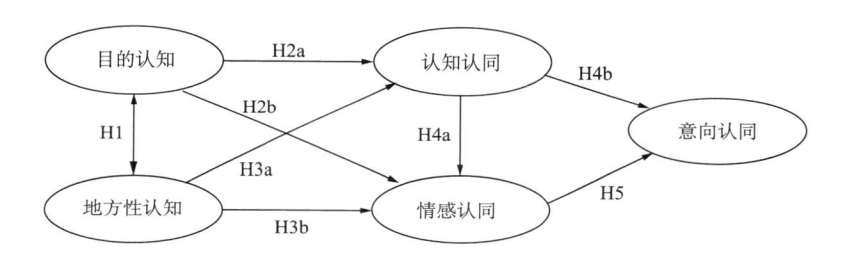

图 5—20 广府庙会地方性与地方认同概念模型

具体假设如下:

H1:目的认知与地方性认知之间存在相关关系。

H2a:目的认知直接影响认知地方认同。

H2b:目的认知直接影响情感地方认同。

H3a:地方性认知直接影响认知地方认同。

H3b:地方性认知直接影响情感地方认同。

H4a:认知地方认同直接影响情感地方认同。

H4b:认知地方认同直接影响意向地方认同。

H5:情感地方认同直接影响意向地方认同。

需要指出的是,概念模型并未假设目的认知和地方性认知对意向地方认同的直接影响,是因为影响个体是否选择逛广府庙会的因素很多。访谈中发现,很多人均表示担心人多拥挤、人身财产不安全、没时间等多种原因。

接着进行地方认同的二阶因子分析,目的是检验认知、情感、意向这三个因子是否确实是地方认同这一概念的三个维度。利用 LISREL8.72 进行地方认同的二阶因子分析,如表 5—11 所示,认知地方认同、情感地方认同、意向地方认同均与地方认同显著相关(T 值在 9.59,12.37,11.26,均大于 1.96),该模型 P 值较低 (0.00),调整后的拟合优度 0.83 略低(一般要求大于 0.90),可认为二阶因子模型与数据的拟合程度较好,认知地方认同、情感地方认同与意向地方认同是地方认同的三个子因子(图 5—21)。

表 5—11 地方认同二阶因子分析结果

二阶因子	一阶因子	标准化相关系数	T 值
地方认同	认知地方认同	0.86	9.59
	情感地方认同	0.93	12.37
	意向认知认同	0.89	11.26
衡量拟合程度的指标		指标值	衡量标准
自由度(Df)		32	
卡方值(χ^2)		114.23	
χ^2/Df		3.57	≤5.00
P 值		0.00	≥0.10
规范的拟合优度(NFI)		0.96	≥0.90
不规范的拟合优度(NNFI)		0.97	≥0.90
比较拟合优度(CFI)		0.98	≥0.90
增量拟合优度(IFI)		0.98	≥0.90
相对拟合优度(RFI)		0.95	≥0.90
拟合优度(GFI)		0.90	≥0.90
调整后的拟合优度(AGFI)		0.83	≥0.90
均方差残根(RMR)		0.05	≤0.05
近似均方差残根(RMSEA)		0.05	≤0.08

第五章　广府庙会的地方认同建构

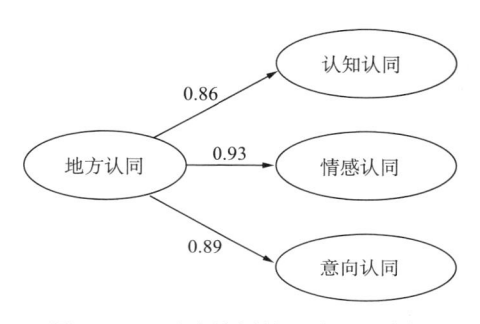

图 5—21　地方认同的二阶因子分析

(五) 概念模型检验

使用 LISREL 8.72 软件的极大似然估计程序,对图 5—20 的概念模型进行检验。模型与数据的拟合程度见表 5—12,除 P 值(0.00)小于 0.10、AGFI(0.85)略低于 0.90 外,其他指标 NFI (0.97)、NNFI(0.98)、CFI(0.98)、IFI(0.98)、RFI(0.96)、GFI (0.90),均大于或等于 0.90,RMR(0.045)小于 0.05,RMSEA (0.077)小于 0.08,可以认为概论模型与数据的拟合程度很好。图 5—22 描绘了显著的变量间的关系,箭头旁边列出样本待估系数的标准化估计值和显著程度(T 值),其中 ρ 表示变量间相关系数,γ 表示自变量对因变量的标准化估计,β 表示因变量对因变量的标准化估计,尽管 H3b 的 T 值(1.86)略低于 1.96。但是表 5—13 列示的自变量对因变量的总影响中,除目的认知对情感认同与意向认同的总影响不显著,地方性对认知认同的总影响不显著外,其他总影响均显著。因此,假设 H1、H2a、H3b、H4a、H4b、H5 得到支持,假设 H2b、H3a 未获假设支持。

表 5—12　概念模型拟合程度指标

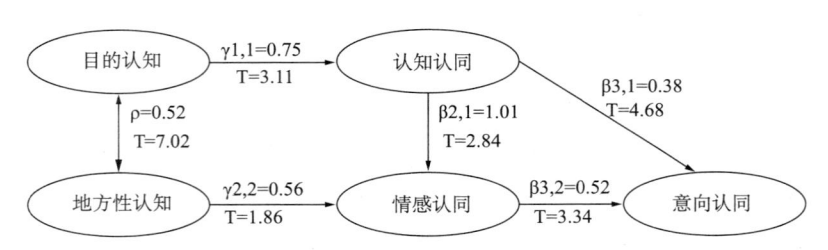

衡量拟合程度的指标	估计值	衡量标准
自由度（Df）	82	
卡方值（χ^2）	184.22	
χ^2/Df	2.25	≤5.00
P 值	0.00	≥0.10
规范的拟合优度（NFI）	0.97	≥0.90
不规范的拟合优度（NNFI）	0.98	≥0.90
比较拟合优度（CFI）	0.98	≥0.90
增量拟合优度（IFI）	0.98	≥0.90
相对拟合优度（RFI）	0.96	≥0.90
拟合优度（GFI）	0.90	≥0.90
调整后的拟合优度（AGFI）	0.85	≥0.90
均方差残根（RMR）	0.045	≤0.05
近似均方差残根（RMSEA）	0.077	≤0.08

图 5—22　民俗节庆地方认同结构模型

目的认知 —$\gamma_{1,1}=0.75$, T=3.11→ 认知认同 —$\beta_{3,1}=0.38$, T=4.68→ 意向认同

目的认知 ↕ $\rho=0.52$, T=7.02 地方性认知

认知认同 —$\beta_{2,1}=1.01$, T=2.84→ 情感认同

地方性认知 —$\gamma_{2,2}=0.56$, T=1.86→ 情感认同 —$\beta_{3,2}=0.52$, T=3.34→ 意向认同

（注：数字为变量间关系的标准化解与 T 值）

表 5—13　结构模型中变量间的总影响

	目的认知	地方性认知	认知认同	情感认同
认知认同	0.75 (3.11)	0.16 (0.77)		

第五章 广府庙会的地方认同建构

续表

	目的认知	地方性认知	认知认同	情感认同
情感认同	0.02 (0.07)	0.74 (2.58)	1.01 (2.84)	
意向认同	0.29 (1.47)	0.45 (2.26)	0.90 (4.47)	0.52 (4.68)

注:括号外的数字表示总影响的标准化系数,括号内的数字表示该标准化系数的T值。

结构方程模型分析显示了得到支持的变量间关系,8个原假设中5个获得检验支持,3个未获支持。H1得到支持,即被调查者对举办广府庙会目的的认知与对广府庙会地方性的认知之间存在显著的相关关系。访谈发现支持这一关系,部分话语表达"广府庙会是政府的政绩工程、广州没有庙会、庙会是北方的"就是将对举办节庆的目的与对节庆地方性的判断结合在一起。另外一部分话语则认为政府举办节庆赚不到钱,主要是为宣传传统文化,广府庙会还算比较广味,没有政府支持节庆也很难办下去等。对比迎春花市案例,市民认为迎春花市是广州人的传统习俗,具有地方性意义。不管是政府举办还是民间自发售卖年花的行为,都被认为是与当地文化有关,即使有政府政绩工程嫌疑,也是在尊重地方历史文化的基础上,市民对此表示理解。这支持以往研究结论,当举办节庆的目的不是为了经济利益等,而是为了保护本地传统文化时,节庆才可能获得民间的支持,对地方性的建构产生正向作用。

H2a得到检验支持,H2b未得到支持。即对举办广府庙会的目的认知对认知地方认同产生显著的直接影响。举办广府庙会的目的涉及宣传保护广府文化、强化千年商都形象与促进历史街区的新发展三个方面。如果被调查者对这几个目的表示赞同,那么他们将会认为这能够强化广府庙会作为具有广府文化身份的地方重要节庆的地位。反之,则会认为广府庙会在地方意义中微乎其微。总之,对目的的认知会在认知层面影响地方认同。但是举办目的认知对情感地方认同没有显著影响,主要原因在于情感的培养需要较长时间,而广府庙会尚举办两届;但是尽管目的认知对情感认同和意向认同没有直接影响,但是却存在显著的间接影响。

H3b 得到支持,而 H3a 未获检验支持。即地方性认知对情感认同有显著的正向影响,但是对认知认同没有显著影响。因为地方性是地方的独特性,刻写在人们的记忆中,甚至具有重要的里程碑意义,特别当一个新事物出现时,地方的群体会首先从情感上表示接受与否,而非理性判断。

H4a 和 H4b 均获得检验支持。即认知地方认同对情感地方认同、意向地方认同均有显著的直接影响。这说明对认知层面的地方认同不但直接影响意向地方认同,而且通过情感地方认同间接影响意向地方认同。

H5 获得检验支持。即情感地方认同直接影响意向地方认同,逛庙会时情感上对地方产生成员感、融入感、归属感、认同感等有助于则增强对节庆地方的意向认同。例如,豆瓣网上发起"撑广州,就要逛广府庙会"的活动,很多人表示逛广府庙会更好地了解广州文化,并表示愿意向他人推荐广府庙会、自己也还会来逛。

三、广府庙会参与者积极建构地方认同

广府庙会是北方尚且保存完好的文化符号庙会与广府地方性文化记忆杂糅的产物。结构方程模型分析表明,群体对政府举办

第五章 广府庙会的地方认同建构

目的的认知与其对地方性的评价有显著的相关性。这说明拥有文化表征权力的政府,如果利用庙会展演地方文化则会增进本地居民的认同,否则适得其反。同时,尽管诞生不久的广府庙会作为地方性文化符号的意义尚且微弱,但政府、媒体、民众、宗教及其他社会团体等不同行动者参与建构广府庙会的地方性,政府在此过程中不断倾听民意,广府庙会较好地承担起宣传广府文化、塑造地方品牌形象的重担,具有文化宣传的现实意义。从而不仅获得官方赋予的合法性,而且逐渐获得民间认可的合法性。实证研究结果表明了这一点,对于广府庙会这一新创节庆有贴近感知的群体参与群体而言,逛广府庙会确实在认知、情感和意向三个层面均显著增强其地方认同。对于以往的研究探索也有正面的回应。

第五节 小 结

一、地方性是广府庙会引发争议的关键

政府借助北方尚且保存完好的文化符号庙会来宣传广府文化,而庙会被认为是北方的地方性,政府利用政治权力和文化资源赋予它官方的合法性,但市民对广府庙会却持不同意见。表面上,引发争议的原因在于广府庙会选择了北方的庙会一词且未能充分体现广府文化特色。深层原因却是对于文化表征权力的争议,包括谁拥有文化表征权力,谁的文化记忆与传统被宣传和保护。尽管地方性引发了广泛的讨论甚至争议,但不同于在粤语传承问题讨论中少部分话语陷入僵化、一成不变的地方认同陷阱(钱俊希等,2011),在广府庙会的讨论中,地方认同的多样性得以承认,地

方被认为是开放的、包容的,这与广府文化的特质一脉相承。广府庙会能否长期发展并真正成为地方性文化符号,与政府对待文化的态度和方式有关。已有研究指出,拥有可持续发展文化保育思想的霸权话语有助于保持甚至增强遗产地的地方认同(Shannon et al.,2012)。

二、广府庙会建构广府地方认同

政府自上而下打造的广府庙会借用庙会这一现阶段主要盛行于北方的民俗文化符号,基于城隍庙这一宗教场所,却不在城隍诞日期间举办庙会,淡化宗教色彩而强化地方文化宣传功能,由此广府庙会可被视为文化杂糅的产物。尽管其尚未成为地方标志性文化符号,却由于它以广府这一历史地名命名,在广府物质文化遗产聚集地举办,文化展演采用地方语言并援引地方文化记忆从而有助于保持地方身份的连续性,建构起独特的广府文化身份。事实上,新创造的节庆也有可能成为地方文化身份的象征(Brennan-Horley et al.,2007)。但是城市更新规划中的任何实践都应该"自底向上",除了地方的集体记忆,还应考虑当地居民对地方的集体想象(Borer,2010)。而政府在建构地方文化身份中的作用不容小觑,所有的纪念都希望得到官方的支持,但有可能需要等待几十年、几代甚至几世纪的时间(Foote et al.,2007)。

三、广府庙会地方认同建构涉及多元文化冲突与融合

政府、媒体、民众、宗教及其他社会团体等不同行动者参与建构广府庙会的地方性,由此以来,广府庙会不仅获得官方赋予的合法性,而且逐渐获得民间认可的合法性,对有贴近感知的群体调查

第五章 广府庙会的地方认同建构

发现,逛广府庙会确实增进了其对广州的地方认同。由于采纳民意、宣传地方性文化而可能获得民众的认同,因此自上而下建构的文化身份并不一定与民间自下而上形成的传统相悖。但是这一过程并非一帆风顺,而是面临官方与民间、传统与现代、文化与经济、神圣与世俗等多种关系之间的冲突与融合的可能和实践。在这一过程中,政府拥有较大的文化表征权力,但是经济力量积极参与、现代与传统、神圣与世俗的各种力量不断协商,形成融合共生的关系。也只有在融合共生的背景下,传统才能得以传承,新的传统才能落地生根。不过,对参与者的问卷调查表明,参与节庆活动增进参与者在认知、情感与意向三个层面的地方认同。

第六章 广州龙舟节的地方认同建构

端午节龙舟文化源远流长,是一项融合了宗教与娱乐而自成一体的传统竞技活动。"中国端午节"已于2009年9月入选世界非物质文化遗产名录。端午节有两大特色:吃粽子和赛龙船。关于龙舟竞渡的源流有几种说法,主要包括纪念屈原和伍子胥说、恶日说、夏至说和龙图腾祭祀说(黄珍,2007)。然而,不同地域端午节俗内容要素皆有差异,南北端午节审美更是存在较大差异,形成南北两支端午节(马明奎,2010)。

龙舟竞渡是端午节民俗事项中提及最多的活动,这一风俗保存比较完好的有两个地域,一是屈原投江处汨罗江一带,一是珠江三角洲水乡。尽管同属中国南方地区,端午节扒龙船的意义和特色皆有差异,也即龙舟竞渡也存在明显的区域差异(黄珍,2007)。龙舟竞渡的活动内容和形式富有地方特色,具有激励后人并增强凝聚力的文化价值。端午节,岭南地区称为五月节、龙舟节,与国内其他地方相同,节日的主题也是祀神与禳灾。不过,龙舟节具有鲜明的岭南特色,龙舟本身就是最大的祭祀对象,终极目的是为了完成一种"龙舟祭"的宗教礼仪,使龙舟"神"化,实现丰年禳灾的愿望(储冬爱,2011)。

据《佛山历史文化辞典》记载,"珠江三角洲河涌纵横,人们都喜欢扒龙舟、赛龙舟,而且喜欢听龙舟歌"。东江下游新塘一带,端

第六章　广州龙舟节的地方认同建构

午时节划龙舟惯称"龙船景"。广州端午时节,从农历五月初一至五月十八日都有"龙船景",龙船景最集中的是五月初一至初五,几乎每村都有景,例如初一是新洲景,初二是官山景,初三是车陂景,初四是新造景等。1994年,广州市人民政府正式把端午节定为龙舟节。从1995年起,广州市政府创办了每年在珠江流经闹市区河段举办的广州国际龙舟邀请赛,使之成为广州市民欢度民间节庆的一个新热点。来自广州市和全国各地,乃至美国、澳大利亚、新加坡、加拿大等国家的几十条龙舟,在珠江上荡舟参赛,时间长达几个小时之久。广州国际龙舟邀请赛,这是一年一度广州最大的龙舟赛事,每年都吸引大量市民观看。对村落的村民而言,端午节不扒龙船那简直就不叫过节。然而,对于广州城市人口而言,多数人认为端午节吃粽子才是不可或缺的。可见,扒龙船属于村落传统文化,建构村落文化认同。

然而,广州市国际龙舟邀请赛却将扒龙船这一传统活动与现代体育赛事结合,并打造成城市观赏景观。前者是乡村文化的代表,是族姓之间交往的方式;后者则是体育赛事,为了宣传龙舟文化而发起的。二者之间的关系固然有新旧之分,如何"立新不破旧"成为一个值得关注的话题。全球化进程中,文化的整合也在加速,端午节也处于国际语境下(叶春生,2005)。本章即考察全球化与城市化进程中广州龙舟节期间村落扒龙船活动与广州国际龙舟邀请赛在塑造地方认同中的作用。

第一节　城市化进程中的广州龙舟节

全球化现代化过程中地方文化资源蕴涵着文化政治意义(刘

晓春,2008)。在城市化进程中,村落民俗与城市民俗是互动关系,并非单向的。受城市文化冲击,村落民俗不断改变,同时,村落民俗中有一些地方性的文化成分,也在城乡交流过程中不动声色地向城市群体渗透,从而使得村落民俗文化获得了更为广泛的城市文化认同(储冬爱,2009a)。保护民俗其实就是保护民俗所依托的文化群体的生活与活动空间(高小康,2011)。在广州端午节、龙舟节这一节日中体现尤为显著。特别是1994年广州市将端午节定为龙舟节,开始举办每年一届的广州国际龙舟邀请赛,在更大程度上将这一村落民俗发展为城市体育节事活动,传统与现代交相呼应,很好地保护了村落传统民俗,并使之融入城市文化。

一、村落传统习俗"扒龙船"

昔日广州广为流传的民谣反映了端午节扒龙船的仪式和盛况:"初一龙船起,初二龙船忍,初三初四游各地,初五龙船比,初七初八黄竹岐,初九初十龙船打崩鼻。""氹氹转,菊花园,炒米饼,糯米糯米团。五月初五系龙舟节呀,阿妈叫我去睇龙船,我唔去睇,我要睇鸡仔,鸡仔大,我拎去卖……"龙船饭也是珠三角地区端午节扒龙船的重要一环,龙船饭也被视为神圣意义,吃过龙船饭寓意着"一年都会风调雨顺、五谷丰登"。在城市化进程中,端午节扒龙船作为一项村落民俗,成为"城中村"村民融入城市文化后一种群体身份表征。按照费孝通的说法,城中村村民有文化自觉,对自身文化有自知之明,并对文化的发展历程与未来有充分的认识(费孝通,2000)。这在珠村扒龙船中有显著的体现。龙舟的大鼓和船桨上鲜明地书写着宗族姓氏,成为身份表征最直接的符号(储冬爱,2009a)。对广州番禺端午节龙舟赛的调研也发现,龙船赛背后有

第六章　广州龙舟节的地方认同建构

着浓厚的宗族色彩,每条龙船都属于某一祠堂,由此形成基于原始宗教信仰的民间文化信仰。尽管活动表面由政府组织,但内地里却是非官方、非组织的,并伴随着精神信仰的行为和行动(张龙等,2014)。以 2015 年端午节龙舟节为例,广州端午节龙舟活动于 6 月 14 日由天河区车陂景启动,于 6 月 29 日在黄埔区南岗景结束,历时 16 天,广州市 9 个区 120 多个景点均有扒龙船活动,其中竞赛景点 7 个[①]。市内主要龙船景见表 6—1。

表 6—1　2015 年广州端午龙舟节龙船景时间和地点

日期	地点
6 月 14 日(最早的龙舟赛)	天河区车陂涌
6 月 15 日	天河区棠下涌
6 月 16 日(阴历五月初一)	天河珠村
	白云区石井河
6 月 17 日(阴历五月初二)	小洲村
6 月 18 日(阴历五月初三)	南村市头
	天河区车陂涌
6 月 19 日(阴历五月初四)	海珠区龙潭村
6 月 20 日(阴历五月初五)	白云区石井河
	猎德涌
	荔湾泮塘村
	杨箕村
	金沙洲
	天河石牌村
	番禺市桥河

---

① http://www.visitgz.com/contents/41/22906.html.

续表

日期	地点
6月21日	海珠区土华村
6月27日	广州国际龙舟邀请赛
6月29日(最后的龙舟赛)	黄埔区南岗社区

资料来源：广州本地宝网站，网址为 http://gz.bendibao.com/tour/2015521/ly188271_4.shtml。

"游龙探亲"是珠江三角洲地区龙船活动的一大特色。一般情况下，每年农历五月初一至初五是"招景"与"应景"或"趁景"的主要时间段，各村龙船你来我往，并且每到一处都要进行赛龙活动，赛龙是表演性质的，也体现一定的礼仪，由此形成各地不同的"龙船景"。通过"游龙探亲"，村落自身的凝聚力和认同感得以强化，同时，不但维系了具有实质性的亲缘关系，而且构建起村落之间的友谊，形成虚拟的"血缘关系"(储冬爱，2011)。例如，白云区鸦岗村于2015年阴历五月初五为庆祝与蚌湖村结谊300年而大摆龙船饭①。据报道，两村结谊源自300年前参加南海龙船景后在珠江石门水域的不期而遇，鸦岗两条龙船不顾狂风暴雨一路护送蚌湖龙船到村口北帝庙，留下"双龙出海四龙归"的佳话，由此结下深厚友谊。后于1915年7月鸦岗村遭遇洪荒，蚌湖村民则帮鸦岗村渡过难关，友谊进一步巩固。常言道："远亲不如近邻"，由此两村之间不但有通婚等带来的实质性亲缘关系，更构建起虚拟的"血缘关系"。这一例子与以往研究均表明，村落扒龙船尽管要获得政府允许，但该活动的目的和组织过程均体现了村民的文化信仰，具有

① http://news.oeeee.com/html/201506/21/269104.html。

第六章 广州龙舟节的地方认同建构

文化自觉的意味。

作者于 2011 年农历五月初五到猎德村"趁景"并作参与式调查。猎德村是广州市天河区街属下的行政村,位于珠江新城南部,南临珠江。约 100 年前,猎德村是典型的水乡农业景观,村落周围环绕着数千亩果林和水稻。但随着城市发展的需要,猎德村于 2007 年 10 月 15 日前完成拆迁,2011 年完成回迁后举办了一次隆重的龙舟景,图 6—1、图 6—2 和图 6—3 均显示了当时的盛况。传统龙比国际标准龙的容量更大(正式比赛一般为 23 人,有些龙船甚至可容纳百余人),充分体现了"同舟共济"的文化精神,有助于增强团体凝聚力和认同感。龙船装饰和船上锣鼓形制及其振奋人心的节奏、炮仗震耳欲聋的声响和混合在空气中的焰火味,都是

图 6—1 猎德景招景和兄弟村应景

图 6—2 猎德景游龙探亲过程

图 6—3 猎德祠堂龙船饭现场

第六章 广州龙舟节的地方认同建构

激发城市人群兴奋点的要素,大大增加了节日欢庆的气氛。据称,猎德龙舟的一大特色是花色龙舟。不同于一般村落传统的黑龙或红龙,猎德村的花龙船身雕刻五彩缤纷的岭南特色图案,如荔枝、龙眼等。广东省博物馆还收藏着一条于20世纪80年代采用铁梢木制作的猎德花龙,长达40.43米、重达4吨。可见,猎德花色龙船具有较大的艺术价值。猎德村共有9条龙舟,其中3条花龙、3条五色龙、3条红龙,不同龙舟跟随不同的神灵。《南方都市报》记者采访发现:"东约的五色龙是跟华光庙,中约的红底花龙跟龙母庙,西浦的红龙跟天后庙。"① 2015年增加两条膗木龙舟,至此猎德龙舟数量达到11条,在一定程度上体现了猎德村的经济实力。

另一个具有典型意义的村落是珠村。珠村位于广州市东郊,建于南宋绍兴元年,是以潘、钟、陈三姓为主体聚族而居的传统村落,因着力恢复乞巧节,从而被广州民俗文化研究会誉为"中国乞巧第一村",并成功列入"国家级非物质文化遗产"②。端午节也是珠村人庆祝的一大节庆。然而,不同于猎德村已经过拆迁改造与回迁历程,珠村则更保留传统村落的景观风貌。珠村人不遗余力地传承中国传统节日,并极具村落地方特色。珠村人招待"探亲"龙船时会区别对待,若邀请帖上写着"薄酌",表示款待"龙船饭";若写着"茶水",则意味着吃龙船饼。通过设宴款待真正的同姓宗亲,完成族团内部的自我认同,从而与虚拟的亲属区分开来(储冬爱,2011)。2011年端午节珠村恢复了100多年前的传统,龙舟手

---

① http://epaper.oeeee.com/epaper/G/html/2015-06/15/content_3432723.htm。
② http://www.xwgd.gov.cn/xwgd/News.shtml?p5=114443。

身着"背搭",头戴"竹刹帽",迎接友邻村民龙舟的到来。"竹刹帽"做工非常精细复杂,是根据村中仅存的两顶"竹刹帽",请竹乡广宁的竹篾编织能手纯手工编织的,一顶"竹刹帽"价值逾300元。图6—4为珠村潘剑明在东莞中堂镇举办的龙舟文化节研讨会上,向与会专家记者们介绍"竹刹帽"。可见,村落对于扒龙船的重视体现在对传统的挖掘与恢复上。

图6—4 东莞龙舟文化节研讨会上潘剑明介绍"竹刹帽"

第六章 广州龙舟节的地方认同建构

尽管村落扒龙船塑造了村落群体身份,增进其内部认同感,对于城市群体而言,却存在认同上的差异。例如,猎德村村民告诉我,"划龙船"的"划"字感觉不如"扒"那么有力,而来自香港的一个摄影团的团友却这样说:"划龙舟或赛龙舟更好,因为竞赛嘛,比较激烈,有意思些。"对于龙船是"划"还是"扒",属于语言表达上的政治。行花街还是逛迎春花市,这个大家并不介意,然而,对扒龙船,还是很多人表示,"扒"更能体现广府龙船的特色。可见,前者强调扒龙船这一动作,并表征其文化身份,而后者重在观赏。从侧面体现出文化身份的差异。而对于城市居民而言,则更多的是了解,甚至谈不上"认同"。例如,唐小姐(D3)说:"龙舟节参与得比较少,这类型的活动感觉是体验一个城市民俗的好机会,可以借此更多地了解这个城市的文化,觉得挺好玩的,有机会的话还会去主动参加;不过这类型的活动,参加过一两次就好了,不像以前小孩子的时候那么有兴趣那么百看不厌。"而刘小姐(D2)则表示,小时候父母应该带自己去看过扒龙船,不过自己都没什么印象了,过端午节更重要的是吃粽子。

二、现代体育赛事——"广州国际龙舟邀请赛"

根据广东文化网资料并经作者补充整理可得出广州国际龙舟邀请赛概况[①]。1994年,广州市人民政府重新举办中断已久的龙舟赛,标志着广州龙舟竞渡活动揭开了新的历史篇章。

1995年6月14日,广州国际龙舟邀请赛打破传统,首邀10多支国(境)外队伍参赛,参赛运动员达到2000人以上。

---

① http://www.gdwh.com.cn/2013lzs/2011/0614/article_19.html。

1996年6月23日,为庆祝广州建城2210年,广州国际龙舟邀请赛成为城庆系列活动的重要内容,运动员人数达4000多人。

1997年6月14日,广州龙舟国际邀请赛名曰"回归杯",庆祝香港回归。

1998年6月6日,以庆祝改革开放二十周年为主题,参赛队伍达61支,庆祝广州改革开放取得的巨大成就。

1999年6月19日,庆祝澳门回归,国内外参赛队伍达65支。

2000年6月18日,广州龙舟国际邀请赛首次以2000年全国龙舟邀请赛名义举办,迎新千年并庆中国龙年。

2001年是九运年,广州国际龙舟邀请赛作为九运会的前奏性体育赛事,荟萃龙舟精华,展现出广州精神与风貌。

2002年6月8日,美国、菲律宾、马来西亚、中国台湾、中国香港、中国澳门的队伍参赛,5000多人云集羊城海印桥至人民桥的珠江水面,争夺标准龙、传统龙、彩龙三项杯赛。

2003年广州是"非典"重灾区,6月14日比赛日,逢天文大潮和暴雨,领导、嘉宾无一退场,两岸群众冒雨助威,龙舟赛未因此停赛,表达广州人民抗击非典必胜的信念。

2004年7月1日,广州获得2011年第16届亚运会主办权,广州国际龙舟邀请赛举办规模空前加大,参赛的国内外队伍达到101支,运动员总数约8000人。

2005年,国家体育总局首次举办全国龙舟月活动,广州国际龙舟邀请赛被列为全国八大龙舟赛事之一。

2006年是广州建城2220年,广州亚组委申请"龙舟赛"进入2011年亚运会比赛项目,推动龙舟赛的组织工作。

2007年7月23日,广州国际龙舟邀请赛的宗旨是"弘扬民族

第六章 广州龙舟节的地方认同建构

文化、支持2011年亚运、建设和谐广州",大力打造明星企业彩龙竞艳队伍;4月16日,经亚奥理事会批准,龙舟正式成为2011年亚运会比赛项目。

2008年,南方冰灾、汶川地震、北京奥运等大事件,把广州国际龙舟邀请赛推向更高的境界与要求,真实再现了广州人精神。

2009年6月6日,以"迎接亚运会,创造新生活"主题的广州龙舟国际邀请赛,首次在珠江二沙岛水域展现。

2010年6月26日,2011年广州国际龙舟邀请赛在珠江二沙岛水域第二次举行,由越秀地产支持,共有102支队伍参赛,英国、澳大利亚、加拿大、荷兰、马来西亚、中国香港、中国澳门等国家及地区派出近20支优秀队伍参赛,是第16届亚运会龙舟比赛项目的一次大预演;11月12~27日,第16届亚运会在广州隆重举行,龙舟首次成为亚运比赛项目,中国女队包揽三金。

2011年6月12日,幸福广州,龙腾盛会——羿丰置业2011年广州国际龙舟邀请赛在珠江举行,来自澳大利亚、加拿大、英国、中国台湾、中国香港、中国澳门等国家和地区以及广州市各区、县级市与佛山市共111支参赛队伍在此竞技交流。本次赛事除争夺标准龙、传统龙、彩龙三项杯赛外,由广州市委副书记、市长万庆良同志牵头,特别组织"市领导联队"、"区领导联队"等六支国际标准龙舟队伍组成表演赛。

2012年6月30日,广州国际龙舟邀请赛在珠江海印桥至广州大桥之间的河段举行。活动中,广州、佛山、肇庆、清远四市领导组成联队,参加国际标准龙表演赛。参赛队伍除各区(县级市)及佛山市、肇庆市、清远市的龙舟队伍外,还专门邀请了港澳台地区及国外龙舟队伍,总共 106 支队伍参赛和表演①。

2013 年 6 月 22 日,广州国际龙舟邀请赛在广州大桥至海印桥之间的珠江河段举行。来自广州、佛山、肇庆、清远、中国港澳台以及俄罗斯、英国、澳大利亚、加拿大、马来西亚等国家和地区的共 102 支龙舟队,包括传统龙 12 支、标准龙 51 支、彩龙 29 支、游龙 10 支,共约 5000 名运动员相聚珠江,展开激烈竞技②。

2014 年 6 月 7 日,广州圆杯 2014 年广州国际龙舟邀请赛在珠江开锣。参赛队伍 103 支,仅来自广州地区的参赛队伍已经达到 70 多支,龙舟运动员 3000 多人。比赛设传统龙、标准龙、彩龙、游龙四个项目。其中,传统龙参赛龙舟 12 条、标准龙 57 条、彩龙 28 条、游龙 6 条③。

2015 年 6 月 27 日,2015 年广州国际龙舟邀请赛在中山大学北门广场至广州大桥之间的珠江河段展开,比赛由国家体育总局社会体育指导中心、中国龙舟协会、广州市人民政府主办,主题是"龙腾珠江展风采、梦圆广州传友谊",设有传统龙 600 米直道赛,男女标准龙公开组 600 米直道赛,男子标准龙国际组 600 米直道赛及大学生标准龙 600 米直道赛。参赛龙舟队包括来自澳大利亚、马来西亚、伊朗、美国、加拿大等不同国家的城市和中国香港、中国澳门及广州、佛山等城市,共计 115 支龙舟队。其中,传统龙参赛龙舟 12 条、标准龙 69 条、彩龙 29 条、游龙 5 条,参赛选手逾

---

① http://www.gdwh.com.cn/2012lzs/2012/0628/article_106.html。
② http://baike.baidu.com/link?url=v5pTnlk04s52UaWA59iWT9km2p1LEN78QPTYh34FXxXKhnagThq5vCPjdwiIfN4lVzfwbCFGQm81RVzua3pOba。
③ http://www.chinanews.com/df/2014/06-07/6255309.shtml。

第六章 广州龙舟节的地方认同建构

4300名[①]。

截至2015年,广州国际龙舟邀请赛已成功举办22届,已经逐渐成为国内规模最大、影响最广的国际龙舟邀请赛之一,也是广州市民喜闻乐见的年度节庆活动之一。

> "很喜欢看龙舟竞渡,很想到场为各位加油助威,不过当天要上班,在此预祝各位比赛顺利,旗开得胜,奏凯而归。很是佩服这些队员。个人认为龙舟活动不但非常考验个人的体能、恒心和意志力,更讲求团队的合作精神。作为业余选手能连续三个月每周坚持练习真的很不容易,尤其是对那些爱美的女生来说,相信能坚持下来的队员都不只是为了赢得比赛和获取奖项,更重要的是整个过程中建立起来的团队意识、队友间的默契和友谊,以及对个人由里到外的整体提升。"
>
> ——网友"疾风猪猪"[②],磨坊网

第二节 广州龙舟节的地方认同建构

传统节庆文化保护中常常体现出神圣与世俗、公共与私人、冲突与凝聚等简化二元分类的"文化框架",这在韩国江陵端午节中体现明显(Jeong et al., 2004)。广州端午龙舟节参与主体众多,融合了传统与现代文化元素,即使神圣与世俗也能兼得。政府主办,但村落依然是扒龙船活动的主角,反而有政府赋予的合法性,村落

---

① http://www.chinanews.com/df/2015/06-27/7369992.shtml。
② http://www.doyouhike.net/forum/aqua/2292232,0,0,0.html。

能够更加尽兴地展演自己的节庆文化,增进内部认同感,并获得更广大市民的认同;象征现代的广州国际龙舟邀请赛不但未削弱传统扒龙船活动的神圣性,反而使得原本仅属于村落宗族传统节庆文化的扒龙船活动为更多人认同;扒龙船活动进行商业开发,让市民有机会"扒"龙船,从体验的角度增进个体体验;女性在扒龙船活动中行为受到一定限制,但"凤艇"的出现,使得扒龙船不再是男性特权,而在一定程度上彰显了男女平等的理念。可见,在广州端午龙舟节中并未像韩国江陵端午节中体现出二元分类的文化框架,而体现出广州城市文化中开放包容的特点。

一、广州龙舟节获得官方与民间双重合法性

在端午龙舟节活动中,政府和民间都积极参与,广州市政府相关机构主要在以下几方面发挥作用。第一,指导并协调各个村扒龙船工作;第二,组织广州国际龙舟邀请赛;第三,负责龙舟节期间安全问题;第四,与媒体联系及时发布信息等。尽管广州传统村落扒龙船的历史都非常悠久,但在1967~1977年几乎所有龙船被拆毁,经历了停"扒"阶段,1977年广州市海珠区小洲村村民五月初三才决定恢复龙船节,重揭扒龙船序幕(曾应枫,2013)。1979年广州市正式复"扒",此时政府重新赋予了民间扒龙船以合法性。从1985年起,广州市按照国际标准组织了四届龙舟赛,1994年广州市人民政府正式把"广州端午节"定为"广州龙舟节"。此后,由政府牵头,龙舟竞渡逐渐由民间地方习俗演变成具有官方色彩的专业竞技活动,并具有了国际影响力(曾应枫,2013)。国际龙舟邀请赛则是对扒龙船传统文化的进一步宣扬,将现代体育运动与传统龙舟表演融为一体。借此,一方面将龙舟节设定为全广州人的

第六章 广州龙舟节的地方认同建构

盛事,将扒龙船这一传统文化记忆书写为城市市民的共同记忆;另一方面,广州国际龙舟邀请赛尽管是新创节事,但由于其传承了广州扒龙船这一文化传统,因而很快被广泛接受,成为年度盛事。可见,并非所有新创节庆都会受到抵抗,关键在于初创意图是否符合地方性文化传统。广州龙舟节整合了广州国际龙舟邀请赛和村落"扒龙船"传统习俗,成功地获得民间合法性。可见,官方合法性和民间合法性对于节庆活动而言同样重要。官方合法性确保了民间合法性,民间合法性使得官方活动获得民间认同。官方与民间形成一种"和谐"的局面,图6—5和图6—6为猎德村民于2011年回迁后首次举办扒龙船庆端午活动的盛况,标语中既有"传承岭南文化,增进乡村友谊"这一传统诉求,也有"龙腾四海,力争上游,和谐猎德,魅力广州"的时代诉求。其中"和谐"是中国各级政府努力的目标,也成为村落公共宣传的恰当措辞。而在广州国际龙舟邀请

图6—5 2011年农历五月初五猎德村民回迁后首次扒龙船盛况

赛现场,广州市市长也曾积极参与比赛,使得广州国际龙舟邀请赛的官方立场更加坚定。总之,在广州龙舟节宣传地方文化的过程中,官方与民间是一种良性互动模式。

图6—6 猎德祠堂外广场挂"和谐"标语

二、商业行为对龙舟节地方认同建构的影响不显著

节庆的商业化对于地方形象与认同的影响存在迥异的结果。商业化、大众化的加拿大安大略省伊劳拉遗产地赛马赌场没有改变伊劳拉遗产地的形象和认同(Shannon et al.,2012),但由于高端商业资本的介入,萨尔茨堡艺术节倾向于满足"精英"消费者的需求而改变了其"草根性"的地方认同(Waterman,1998a)。也有学者批判以经济发展为目标的节庆成为被建构的对象。例如,浙江省景宁畲族自治县"中国畲乡三月三"民俗节庆文化被结构性地

第六章 广州龙舟节的地方认同建构

"嵌入"到经济发展之中,成为被建构的对象(马威,2010)。而这可能导致节庆丧失其自身文化意义,甚至失去民间认同基础。比较案例而言,广州龙舟节的举办目的并非为了商业经济利益,而是较为纯粹地从保护地方文化的视角来举办的。因此,较大程度上强化了广府龙舟文化这一地方性民俗活动。同时,无论是广州国际龙舟邀请赛还是各条村实际主导的扒龙船活动,都受到市民的支持和认同。即使从未到现场看过龙舟赛或扒龙船的市民,也对此活动持认同态度,并且认同城市文化的多元特征。

不可否认的是,各个村举办活动可能会有相关的商业机构提供赞助(图6—7),前来应景的多个村社龙舟手的T恤服装后背也印上了各行各业的商品广告。商业机构想借此表达对文化的支持,也间接起到了一定的宣传作用,并不能因此冲淡文化的地方性意义。正如珠村潘剑明认为,这说明了龙舟活动的群众基础越来越大,广告商开始关注了,不过广告多了会让龙舟文化变味儿,商业味削弱了传统及民间的味道。因此,在他的推动下,2011年端午龙舟节开始,珠村恢复了穿着清代特色龙船服扒龙船[①],清代广州地区最为有特色的龙船服"背搭"和龙船帽"竹刹帽"的重现。可以认为,珠村在有意识地保护和恢复传统文化方面做出更大努力,这与珠村"乞巧节"非物质文化遗产之间形成良性互动,倾向于更加原汁原味的传统文化内容及形式。但对于更多其他村落而言,服饰并非最重要,关键在于龙船还要"扒",亲戚还要"探",友好村还要保持友谊。因而,考虑到不同村的经济实力差异,即使穿上商业机构赞助的服饰也无伤大雅。

[①] http://news.dayoo.com/guangzhou/201105/23/73437_16866610.htm。

图 6—7　车陂村晴川苏公祠外广州农商行的广告标语

节庆活动的商业行为还涉及商家在节日期间举办类似活动，或者促进商品销售，或者增加游客数量和企业旅游收入。但在端午龙舟节被广泛认同为传统民俗的背景下，商业活动可以认为增加了节庆活动的多样化选择，给没有机会参与传统扒龙船活动也无缘参加广州国际龙舟邀请赛的市民群体提供了一个体验的机会。尽管是人造的，仪式感和神圣性会相对较淡，然而，类似体验也有益于促使游客将端午节与广府扒龙船习俗联系起来，从而扩大了文化的影响力，而不是削弱或淡化。例如，广州市荔湾区举办的龙舟文化节，允许乘客搭乘龙船，以期使其体验到地道的龙船味。这并非传统龙船，而是机械电动龙舟，只要一接上电源，龙舟上的28名龙舟手就会划动起来，暨伯说："真正的泮塘龙舟是要

第六章 广州龙舟节的地方认同建构

70人来扒的,由于长度问题,我缩短到由28人来扒,但整艘船都是仿照泮塘的老龙舟所造。"① 又如,旅游景区也积极参与到龙舟节活动中。根据大洋网的报道②,聚龙湾是一个旅游景区,在这里过端午节,游客可参与龙舟比赛,有专门的教练教授划龙舟的技巧,游客可以自发参与并组织比赛,也可以进行团体比赛,或企业团队比赛。森波拉主题公园则举行具有远古风情的"Bola-bola 水寨端午节",围绕"湿地和水寨"举行,适当增添了艾蒿、菖蒲、粽叶等10余种民间元素来凸显端午的节日气氛,还发起端午竞划"恐龙船"活动。迳口发起龙舟漂流,佛山三水迳口举办端午越南风情文化节,游客可以参与龙舟漂流竞赛、品尝迳口热带雨林水果等。

三、男女性别差异并未引发认同争议

正如曾应枫(2013)所说,端午节扒龙船是一个男人节,是男人的集体游戏,显示了男子汉的阳刚之气,彰显氏族兴旺、人丁强健和族群团结,是一个村这个"大家"的节日。据珠吉街文化站站长杨静所言③,乞巧是珠村女性的一个展示平台,而龙舟、醒狮则是男士们的节日。这意味着一年当中既有男性的节日也有女性的节日,节日也是男女有别的。媒体报道也体现了对端午龙舟节男性气概的描述,"阳光、汗水、力量",都是男性的象征,如图6—8所示。同时,从传统而言,扒龙船有一系列有关女性的民间禁忌:起龙只能由男人来做,家里有白事或妻子怀孕的男性也要自觉回避,决不能上船;在采青之前,禾青半个月就能长得很粗壮,但期间绝

---

① http://news.dayoo.com/guangzhou/201106/03/73437_17098307.htm。
② http://life.dayoo.com/travel/201105/20/87077_16806763.htm。
③ http://www.gdwh.com.cn/whyc/2011/0616/article_2635.html。

对不能让女人碰到;妇女不能上龙船,且认为妇女坐过的龙船肯定会落败;扒龙船期间,女子洗头后不能散发上街。

图6—8 赤膊扒龙船的男性村民

然而,随着时代的变迁,男女平等的诉求越来越强烈,女性扒龙船已不再稀奇。但事实上,各个村对于女性扒龙船仍保留有底线,就是女子绝对不能触碰传统龙船。很多村子都不约而同地选择为女性配备专门的龙船。事实上,早在1965年,广州就组成第一支女子龙舟队,成为当时的一大新闻。2011年猎德村组织了一支女子龙船队(图6—9、图6—10)。在访谈中,猎德村的一位李姓阿叔告诉作者,女的扒船现在都没问题了。不过一位李姓村长助理跟我讲,女的可以扒,不过是单独组女子队,女子不跟男性同船

第六章 广州龙舟节的地方认同建构

扒的,有些男村民不喜欢,倒是女子队有时需要请男性帮忙站艄、敲鼓之类的。

图 6—9 2011年端午节猎德村女子龙船队在扒船

另外,按照旧俗,女性是不能进入祠堂吃龙船饭的,但是现在从猎德祠堂龙船饭盛景可见(图 6—11),女性已经被允许吃龙船饭,性别歧视基本上不存在了,社会在进步,传统神圣空间祠堂的包容性也更强了,祠堂的功能也发生了些许变化。思想开明的猎德村昨天却出动了43员"女将",与男性们共坐一舟竞逐狂欢,成为最大的亮点。

而且龙船饭也打破传统习俗,也有一部分席位是给政府部门用餐的(图 6—12)。作者也曾与几位专家应邀到车陂村吃过龙船饭。

图 6—10　女子龙船队队员合影留念

图 6—11　男女老少齐聚猎德村祠堂吃龙船饭

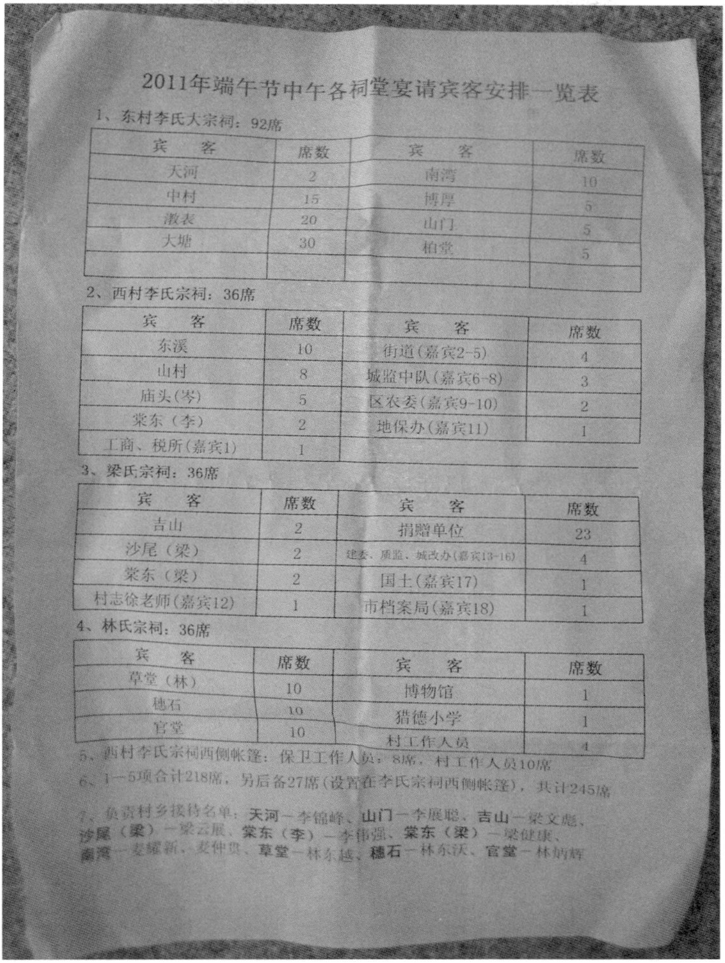

第六章　广州龙舟节的地方认同建构

2011年端午节中午各祠堂宴请宾客安排一览表

1、东村李氏大宗祠：92席

宾　客	席数	宾　客	席数
天河	2	南湾	10
中村	15	博厚	5
獭表	20	山门	5
大塘	30	柏堂	5

2、西村李氏宗祠：36席

宾　客	席数	宾　客	席数
东溪	10	街道(嘉宾2-5)	4
山村	8	城监中队(嘉宾6-8)	3
庙头(岑)	5	区农委(嘉宾9-10)	2
棠东(李)	2	地保办(嘉宾11)	1
工商、税所(嘉宾1)	1		

3、梁氏宗祠：36席

宾　客	席数	宾　客	席数
吉山	2	捐赠单位	23
沙尾(梁)		建委、质监、城改办(嘉宾13-16)	4
棠东(梁)	2	国土(嘉宾17)	
村志徐老师(嘉宾12)	1	市档案局(嘉宾18)	

4、林氏宗祠：36席

宾　客	席数	宾　客	席数
草堂(林)	10	博物馆	1
穗石	10	猎德小学	1
官堂	10	村工作人员	4

5、西村李氏宗祠西侧帐篷：保卫工作人员，8席，村工作人员10席

6、1—5项合计218席，另备27席(设置在李氏宗祠西侧帐篷)，共计245席

7、各房村乡接待名单：天河—李锦峰、山门—李展聪、吉山—梁文彪、沙尾(梁)—梁云展、棠东(李)—李伟强、棠东(梁)—梁健康、南湾—麦耀新、麦仲贵、草堂—林东越、穗石—林东沃、官堂—林炳辉

图6—12　猎德村各大族姓宴请名单

图 6—13 猎德村女子龙船队年纪最大的队员梁阿姨

访谈中,猎德村一位 65 岁的梁姓阿姨虽然已经 65 岁了,但是精神抖擞,参加了 2011 年的女子龙船队(图 6—13)。她这样说:"我 16 岁就开始扒龙船了。但是男的龙船不给女的扒的,(他们会)觉得不吉利。我们村书记支持,觉得要创新一下,我们就扒啦!"因此就有了新闻报道"今年扒龙船最靓属女将 猎德首次出动女子龙舟"[①]。然而,她也表示,她们所扒的龙船是"专门"的,意味

---

① http://news.xkb.com.cn/guangzhou/2011/0607/140538.html。

第六章　广州龙舟节的地方认同建构

着男性可以登上女子龙船,但女性则仍然不能登上传统龙船。

再以泮塘村为例。2012年开始,村里有了首支女子龙舟队,四五十名队员,都是泮塘村以及白云区大埔村等一些兄弟村的乡亲,年龄在20多岁至40多岁之间。不过,在破旧俗的同时,泮塘龙舟仍保留着一条底线:女性不能触碰传统龙舟。

可见,即使在开放的现代社会,女子扒龙船依然受传统仪规下的某些禁忌约束,在龙船作为传统仪式空间时女性仍然不能涉足。但是,由于女子扒龙船的目的主要是娱乐和锻炼身体,允许女性扒龙船在一定程度上体现了男女平等的进步思想。很多女性对此表示出大度的包容与理解。因此,可以认为,在尊重传统民俗的情境下,性别并未引发想象中显著的认同冲突。

第三节　小　　结

一、广州龙舟节凸显广府地区端午节地方性特色

呼应已有研究结论,政府顺应民意,或者说采取可持续发展思想来进行文化保育,将非但不会削弱地方文化的特殊性,而且有助于强化地方文化特色,鼓励多样化的群体来共同挖掘地方文化的深层涵义,从而有助于增强地方形象,增进不同群体对地方的认同(Shannon et al.,2012)。在广州龙舟节案例中,尽管龙舟节是政府命名并开创了广州国际龙舟邀请赛,但由于端午节不仅在广州市民群体而且在全国范围内拥有广泛深刻的文化认同,政府举办节庆并非"虚构",而是有深刻的文化依据,因此,一方面进一步扩大了端午节的影响力,另一方面强化了广府地区端午节的地方性

文化特色。

二、广州龙舟节强化了地方文化认同

广州龙舟节庆期间,传统扒龙船活动与广州国际龙舟邀请赛相得益彰,传统与现代有机结合,强化了端午节扒龙船这一传统文化的民间认同,同时增进了其他地方甚至其他国家对广州龙舟活动的认识,从而实现了对内凝聚力和对外文化交流的双重作用。由此可见,地方性是节庆活动能否获得广泛认同的基础,同时,节庆影响地方认同的建构。节庆为不同群体共同感受同一种文化的机会,不同群体对地方形成共同的回忆,易于引发共鸣,从而增强内部凝聚力。节庆为地方外部群体提供感受地方的情境,对外宣传地方形象,增强对外交流。总之,广州国际龙舟邀请赛与传统村落扒龙船活动合力强化了广府地区端午节龙舟文化认同。

三、广州龙舟节地方认同建构较为和谐

尽管"和谐"是中国人民政府提出的构建社会的一个目标,也可以说是一个口号,但它原本就是人类社会生存、繁荣的相处之道。不同于广府庙会引发的广府争议,广州龙舟节包容了传统与现代,现代竞技活动与传统文化活动和谐共生,共同繁荣,实现了节庆构建和谐社会的目标。这同样印证了以往结论,当地方政策与地方群体想象一致时,将有助于增强地方认同,而当改变地方的力量与居民的地方感发生断裂时,地方认同将面临挑战(Carter et al.,2007)。在这一案例中,也可以认为,共同的文化记忆有助于增强地方文化认同,对于构建和谐社会具有积极作用。

参 考 文 献

1. Agnew, J. , Mitchell, K. and Toal, G. 2003. *A Companion to Political Geography*. Malden, Oxford, and Victotia: Blackwell Publishing.
2. Arefi, M. 1999. Non-place and placelessness as narratives of loss: Rethinking the notion of place. *Journal of Urban Design*, Vol. 4, No. 2, pp. 179-193.
3. Assmann, J. and Czaplicka, J. 1995. Collective memory and cultural identity. *New German Critique*, Vol. 110, No. 65, pp. 125-133.
4. Atkinson, D. , Jackson, P. , Sibley, D. and Washbourne, N. 2005. *Cultural Geography: A Critical Dictionary of Key Concepts*. London and New York: I. B. TAURIS.
5. Auge, M. 1995. *Non-places: Introduction to an Anthropology of Supermodernity*. London: VERSO.
6. Azaryahu, M. 2003. Replacing memory: The reorientation of Buchenwald. *Cultural Geographies*, Vol. 10, No. 1, pp. 1-20.
7. Bell, D. 2003. Mythscapes: Memory, mythology, and national identity. *The British Journal of Sociology*, Vol. 54, No. 1, pp. 63-81.
8. Bernardo, F. and Palma, J. M. 2005. Place change and identity processes. *Medio Ambientey Comportamiento Humano*, Vol. 6, No. 1, pp. 71-87.
9. Blokland, T. 2009. Celebrating local histories and defining neighbourhood communities: Place-making in a gentrified neighbourhood. *Urban Studies*, Vol. 46, No. 8, pp. 1593-1610.
10. Borer, M. I. 2010. From collective memory to collective imagination: Time, place, and urban redevelopment. *Symbolic Interaction*, Vol. 33,

No. 1, pp. 96-114.
11. Breakwell, G. M. 1986. *Coping with Threatened Identity*. London: Methuen & Co. Ltd.
12. Brennan-Horley, C., Connell, J. and Gibson, C. 2007. The Parkes Elvis Revival festival: Economic development and contested place identities in rural Australia. *Geographical Research*, Vol. 45, No. 1, pp. 71-84.
13. Brikeland, I. 2008. Cultural sustainability: Industrialism, placelessness and the re-animation of place. *Ethics, Place and Environment*, Vol. 11, No. 3, pp. 283-297.
14. Brown, G., Chappel, S. and Jane, A. 2009. Tasting Australia: A celebration of cultural identity or an international event?. In J Ali-Knight, M Robertson, A Fyall and A Ladkin(eds), *International Perspectives of Festivals and Events: Paradigms of Analysis*. London: Elsevier/Academic Press, pp. 139-148.
15. Carter, J., Dyer, P. and Sharma, B. 2007. Dis-placed voices: Sense of place and place-identity on the Sunshine Coast. *Social & Cultural Geography*, Vol. 8, No. 5, pp. 755-773.
16. Chang, T. C. 2000. Singapore's little India: A tourist attraction as a contested landscape. *Urban Studies*, Vol. 37, No. 2, pp. 343-366.
17. Chang, T. C. 2005. Place, memory and identity: Imagining "New Asia". *Asia Pacific Viewpoint*, Vol. 46, No. 3, pp. 247-253.
18. Chang, T. C. and Huang, S. 2005. Recreating place, replacing memory: Creative destruction at the Singapore River. *Asia Pacific Viewpoint*, Vol. 46, No. 3, pp. 267-280.
19. Cooke, S. 2000. Negotiating memory and identity: The Hyde Park Holocaust Memorial, London. *Journal of Historical Geography*, Vol. 26, No. 3, pp. 449-465.
20. Cosgrove, D. and Daniels, S. 1988. *The Iconography of Landscape: Essays on the Symbolic Representation, Design and Use of Past Environments*. Cambridge: Cambridge University Press.
21. Crang, M. and Travlou, P. S. 2001. The city and topologies of memory. *Environment & Planning D: Society & Space*, Vol. 19, No. 2, pp.

参 考 文 献

161-177.
22. Crespi-Vallbona, M. and Richards, G. 2007. The meaning of cultural festivals: Stakeholder perspectives in Catalunya. *International Journal of Cultural Policy*, Vol. 13, No. 1, pp. 103-122.
23. Cresswell, T. 2002. Theorizing place. *Thamyris/Intersecting Place, Sex and Race*, Vol. 9, No. 1, pp. 11-31.
24. Curcio, L. A. 2004. *The Great Festivals of Colonial Mexico City: Performing Power and Identity*. New Mexico: University of New Mexico Press.
25. De Bres, K. and Davis, J. 2001. Celebrating group and place identity: A case study of a new regional festival. *Tourism Geographies*, Vol. 3, No. 3, pp. 326-337.
26. DeLyser, D. 1999. Authenticity on the ground: Engaging the past in a California Ghost Town. *Annals of the Association of American Geographers*, Vol. 89, No. 4, pp. 602-632.
27. Derrett, R. 2003. Making sense of how festivals demonstrate a community's sense of place. *Event Management*, Vol. 6, No. 8, pp. 49-58.
28. Dixon, J. and Durrheim, K. 2004. Dislocating identity: Desegregation and the transformation of place. *Journal of Environmental Psychology*, Vol. 24, No. 4, pp. 455-473.
29. Ekman, A. 1999. The Revival of Cultural Celebrations in Regional Sweden. Aspects of Tradition and Transition. *Sociologia Ruralis*, Vol. 39, No. 3, pp. 280-293.
30. Elias-Varotsis, S. 2006. Festivals and events—(Re)interpreting cultural identity. *Tourism Review*, Vol. 61, No. 2, pp. 24-29.
31. Escobar, A. 2001. Culture sits in places: Reflections on globalism and subaltern strategies of localization. *Political Geography*, Vol. 20, No. 2, pp. 139-174.
32. Ferguson, P. 1998. A cultural field in the making: Gastronomy in nineteenth century France. *American Journal of Sociology*, Vol. 104, No. 3, pp. 597-641.

33. Foley, M. and Mcpherson, G. 2007. Glasgow's Winter Festival: Can cultural leadership serve the common good? *Managing Leisure*, Vol. 12, No. 2, pp. 143-156.
34. Foote, K. E. and Azaryahu, M. 2007. Toward a geography of memory: Geographical dimensions of public memory and commemoration. *Journal of Political and Military Sociology*, Vol. 35, No. 1, pp. 125-144.
35. Getz, D. 2010. The nature and scope of festival studies. *International Journal of Event Management Research*, Vol. 5, No. 1, pp. 1-47.
36. Getz, D. and Andersson, T. D. 2009. Sustainable festivals: On becoming an institution. *Event Management*, Vol. 12, No. 1, pp. 1-17.
37. Gibbons, S. and Ruddell, E. J. 1995. The effect of goal orientation and place dependence on select goal interferences among winter backcountry users. *Leisure Sciences: An Interdisciplinary Journal*, Vol. 17, No. 3, pp. 171-183.
38. Gibson, C. and Davidson, D. 2004. Tamworth, Australia's country music capital: Place marketing, rurality, and resident reactions. *Journal of Rural Studies*, Vol. 20, No. 4, pp. 387-404.
39. Hall, S. 1993. Culture, community, nation. *Cultural Studies*, Vol. 7, No. 3, pp. 349-363.
40. Hannam, K. and Halewood, C. 2006. European viking themed festivals: An expression of identity. *Journal of Heritage Tourism*, Vol. 1, No. 1, pp. 17-31.
41. Harner, J. 2001. Place identity and copper mining in Senora, Mexico. *Annals of the Association of American Geographers*, Vol. 91, No. 4, pp. 660-680.
42. Hernandez, B., Hidalgo, M. C., Salazar-Laplace, M. E. and Hess, S. 2007. Place attachment and place identity in natives and non-natives. *Journal of Environmental Psychology*, Vol. 27, No. 4, pp. 310-319.
43. Hobsbawm, E. and Ranger, T. 1983. The Invention of Tradition. *Cambridge: Cambridge University Press*.
44. Hoelscher, S. 2008. Angels of memory: Photography and haunting in Guatemala City. *GeoJournal*, Vol. 73, No. 3, pp. 195-217.

参考文献

45. Hoelscher, S. and Alderman, D. H. 2004. Memory and place: Geographies of a critical relationship. *Social & Cultural Geography*, Vol. 5, No. 3, pp. 347-355.
46. Huang, J. Z. , Li, M. and Cai, L. A. 2010. A model of community-based festival image. *International Journal of Hospitality Management*, Vol. 29, No. 2, pp. 254-260.
47. Jackson, P. 1988. Street life: The politics of carnival. *Environment and Planning D: Society and Space*, Vol. 6, No. 2, pp. 213-227.
48. Jackson, P. 1989. *Maps of Meaning*. London: Unwin Hyman Ltd.
49. Jacobs, A. and Appleyard, D. 1987. Toward an urban design manifesto. *Journal of the American Planning Association*, Vol. 53, No. 1, pp. 112-120.
50. Janiskee, R. J. 1996. Historic houses and special events. *Annals of Tourism Research*, Vol. 23, No. 2, pp. 398-414.
51. Jenkins, R. 1996. *Social Identity*. London: Routledge.
52. Jenkins, R. 2000. Categorization: Identity, social process and epistemology. *Current Sociology*, Vol. 48, No. 3, pp. 7-25.
53. Jeong, S. and Almeida Santos, C. 2004. Cultural politics and contested place identity. *Annals of Tourism Research*, Vol. 31, No. 3, pp. 640-656.
54. John, N. C. 2004. *Public Memory*. Malden, Oxford, Carlton: Blackwell Publishing Ltd.
55. Jorgensen, B. 2001. Sense of place as an attitude: Lakeshore owners attitudes toward their properties. *Journal of Environmental Psychology*, Vol. 21, No. 3, pp. 233-248.
56. Karlsen, S. and Nordstrom, C. S. 2009. Festivals in the Barents region presuppositions for building and maintaining stakeholder relationships. *Scandinavian Journal of Hospitality and Tourism*, Vol. 9, No. 2-3, pp. 130-145.
57. Kearns, R. and Berg, L. 2002. Proclaiming place: Towards a geography of place name pronunciation. *Social & Cultural Geography*, Vol. 3, No. 3, pp. 283-302.

58. Keith, M. and Pile, S. 1993. *Place and the politics of identity*. London: Routledge.
59. Kong, L. 1999. Globalisation and Singaporean transmigration: Re-imagining and negotiating national identity. *Political Geography*, Vol. 18, No. 5, pp. 563-589.
60. Korpela, K. M. 1989. Place-identity as a product of environmental self-regulation. *Journal of Environmental Psychology*, Vol. 9, pp. 241-256.
61. Krupat, E. 1983. A place for place identity. *Journal of Environmental Psychology*, Vol. 3, No. 4, pp. 343-344.
62. Lalli, M. 1992. Urban-related identity: Theory, measurement, and empirical findings. *Journal of Environmental Psychology*, Vol. 12, No. 4, pp. 285-303.
63. Lam, S. S. K. 2010. "Global corporate cultural capital" as a drag on glocalization: Disneyland's promotion of the Halloween Festival. *Media, Culture & Society*, Vol. 32, No. 4, pp. 631-648.
64. Larsen, S. C. 2004. Place identity in a resource-dependent area of northern British Columbia. *Annals of the Association of American Geographers*, Vol. 94, No. 4, pp. 944-960.
65. Lee, Y. and Yeoh, B. S. 2004. Introduction: Globalisation and the politics of forgetting. *Urban Studies*, Vol. 41, No. 12, pp. 2295-2301.
66. Lentz, C. 2001. Local culture in the national arena: The politics of cultural festivals in Ghana. *African Studies Review*, Vol. 44, No. 3, pp. 47-72.
67. Lewicka, M. 2008. Place attachment, place identity, and place memory: Restoring the forgotten city past. *Journal of Environmental Psychology*, Vol. 28, No. 3, pp. 209-231.
68. Lewicka, M. 2011. Place attachment: How far have we come in the last 40 years? *Journal of Environmental Psychology*, Vol. 31, No. 3, pp. 207-230.
69. Lewis, C. 1996. Woman, body, space: Rio Carnival and the politics of performance. *Gender, Place & Culture*, Vol. 3, No. 1, pp. 23-42.
70. Lowenthal, D. 1975. Past time, present place: Landscape and memory.

Geographical Review, Vol. 65, No. 1, pp. 1-36.
71. Malam L. 2008. Geographic imaginations: Exploring divergent notions of identity, power, and place meaning on Pha-ngan Island, Southern Thailand. *Asia Pacific Viewpoint*, Vol. 49, No. 3, pp. 331 – 343.
72. Marshall, D. 2004. Making sense of remembrance. *Social & Cultural Geography*, Vol. 5, No. 1, pp. 37-54.
73. Martin, G. P. 2005. Narratives great and dmall: Neighbourhood change, place and identity in Notting Hill. *International Journal of Urban and Regional Research*, Vol. 29, No. 1, pp. 67-88.
74. Massey, D. 1994a. A global sense of place. In D. Massey(eds), *Space, Place and Gender*. Minneapolis: University of Minnesota Press, pp. 146-156.
75. Massey, D. 1994b. *Space, Place, and Gender*. Minneapolis: University of Minnesota Press.
76. Massey, D. 1995. Places and their pasts. *History Workshop Journal*, Vol. 39, No. 1, pp. 182-192.
77. Mayes, R. 2008. A place in the sun: The politics of place, identity and branding. *Place Branding and Public Diplomacy*, Vol. 4, No. 2, pp. 124-135.
78. McClinchey, K. A. 2008. Urban ethnic festivals, neighborhoods, and the multiple realities of marketing place. *Journal of Travel & Tourism Marketing*, Vol. 25, No. 3, pp. 251-264.
79. McKinlay, A. and McVittie, C. 2007. Locals, incomers and intra-national migration: Place-identities and a Scottish island. *British Journal of Social Psychology*, Vol. 46, No. 1, pp. 171-190.
80. Mitchell, D. 2000. *Cultural Geography: A Critical Introduction*. Oxford, Malden: Blackwell Publishers Ltd.
81. Mitchell, D. 2001. The lure of the local: Landscape studies at the end of a troubled century. *Progress in Human Geography*, Vol. 25, No. 2, pp. 269-281.
82. Murdoch, J. 1997. Towards a geography of heterogeneous associations. *Progress in Human Geography*, Vol. 21, No. 3, pp. 321-337.

83. 〔爱尔兰〕R. 基钦、〔英〕N. J. 泰特著,蔡建辉译:《人文地理学研究方法》,商务印书馆,2007年。
84. Oakes, T. and Schein, L. 2006. *Translocal China: Linkages, Identities, and the Reimagining of Space*. London, New York: Routledge.
85. Olwig, K. F. 1999. Caribbean place identity: From family land to region and beyond. *Identities*, Vol. 5, No. 4, pp. 435-467.
86. Osborne, B. S. 2001. Landscapes, memory, monuments, and commemoration: Putting identity in its place. *Canadian Ethnic Studies*, Vol. 33, No. 3, pp. 39-77.
87. Panelli, R., Allen, D., Ellison, B., Kelly, A., John, A. and Tipa, G. 2008. Beyond Bluff oysters? Place identity and ethnicity in a peripheral coastal setting. *Journal of Rural Studies*, Vol. 24, No. 1, pp. 41-55.
88. Proshansky, H. M. 1978. The City and Self-Identity. *Environment & Behavior*, Vol. 10, No. 2, pp. 147-169.
89. Proshansky, H. M., Fabian, A. K. and Kaminoff, R. 1983. Place-identity: Physical world socialization of the self. *Journal of Environmental Psychology*, Vol. 3, No. 1, pp. 57-83.
90. Qian, J., Qian, L. and Zhu, H. 2012. Representing the imagined city: Place and the politics of difference during Guangzhou's 2010 language conflict. *Geoforum*, Vol. 43, No. 5, pp. 905-915.
91. Quinn, B. 2003. Symbols, practices and myth-making: Cultural perspectives on the Wexford-Festival Opera. *Tourism Geographies*, Vol. 5, No. 3, pp. 329-349.
92. Quinn, B. 2005. Changing festival places: Insights from Galway. *Social & Cultural Geography*, Vol. 6, No. 2, pp. 237-252.
93. Relph, E. 1976. *Place and Placelessness*. London: Pion.
94. Relph, E. 2000. Classics in human geography revisited. *Progress in Human Geography*, Vol. 24, No. 4, pp. 613-619.
95. Richards, G. 2008. Culture and authenticity in a traditional event: The views of producers, residents, and visitors in Barcelona. *Event Management*, Vol. 11, No. 1, pp. 33-44.

参 考 文 献

96. Rollero, C. and De Piccoli, N. 2010. Place attachment, identification and environment perception: An empirical study. *Journal of Environmental Psychology*, Vol. 30, No. 2, pp. 198-205.
97. Rowles, G. D. 1983. Place and personal identity in old age: Observations from Appalachia. *Journal of Environmental Psychology*, Vol. 3, No. 4, pp. 299-313.
98. Said, E. 1994. *Culture and Imperialism*. New York: Knopf.
99. Schnell, I. 2007. Sheinkin as a place in the globalizing city of Tel Aviv. *GeoJournal*, Vol. 69, No. 4, pp. 257-269.
100. Schnell, I. and Mishal, S. 2008. Place as a source of identity in colonizing societies: Israeli settlements in Gaza. *Geographical Review*, Vol. 98, No. 2, pp. 242-259.
101. Schnell, S. M. 2003. Creating narratives of place and identity in "Little Sweden, USA". *Geographical Review*, Vol. 93, No. 1, pp. 1-29.
102. Segrott, J. 2001. Language, geography and identity: The case of the Welsh in London. *Social & Cultural Geography*, Vol. 2, No. 3, pp. 281-296.
103. Shamsuddin, S. and Ujang, N. 2008. Making places: The role of attachment in creating the sense of place for traditional streets in Malaysia. *Habitat International*, Vol. 32, No. 3, pp. 399-409.
104. Shannon, M. and Mitchell, C. J. A. 2012. Deconstructing place identity? Impacts of a "Racino" on Elora, Ontario, Canada. *Journal of Rural Studies*, Vol. 28, No. 1, pp. 38-48.
105. Silverman, C. 1983. The politics of folklore in Bulgaria. *Anthropological Quarterly*, Vol. 56, No. 2, pp. 55-61.
106. Sinn, E. and Wong, W. 2005. Place, identity and immigrant communities: The organisation of the Yulan Festival in post-war Hong Kong. *Asian Pacific Viewpoint*, Vol. 46, No. 3, pp. 295-306.
107. Stedman, R. C. 2002. Toward a social psychology of place: Predicting behavior from place-based cognitions, attitude, and identity. *Environment and Behavior*, Vol. 34, No. 5, pp. 561-581.
108. Trudeau, D. 2006. Politics of belonging in the construction of

landscapes: Place-making, boundary-drawing and exclusion. *Cultural Geographies*, Vol. 13, No. 4, pp. 421-443.

109. Tuan, Y. 1975. Place: An Experiential Perspective. *Geographical Review*, Vol. 65, No. 2, pp. 151-165.

110. Tuan, Y. 2001. *Space and Place: The Perspective of Experience*. Minneapolis: University of Minnesota Press.

111. Twigger-Ross, A. L. and Uzzell, D. L. 1996. Place and identity processes. *Journal of Environmental Psychology*, Vol. 16, No. 3, pp. 205-220.

112. Vaske, J. J. and Kobrin, K. C. 2001. Place attachment and environmentally responsible behavior. *The Journal of Environmental Education*, Vol. 32, No. 4, pp. 16-21.

113. Wah, P. S. 2004. Refashioning festivals in Republican Guangzhou. *Modern China*, Vol. 30, No. 2, pp. 199-227.

114. Waitt, G. 2008. Urban festivals: Geographies of hype, helplessness and hope. *Geography Compass*, Vol. 2, No. 2, pp. 513-537.

115. Wang, Q. 2008. On the cultural constitution of collective memory. *Memory*, Vol. 16, No. 3, pp. 305-317.

116. Waterman, S. 1998a. Carnivals for elites? The cultural politics of arts festivals. *Progress in Human Geography*, Vol. 22, No. 1, pp. 54-74.

117. Waterman, S. 1998b. Place, culture and identity: Summer music in Upper Galilee. *Transactions of the Institute of British Geographers*, Vol. 23, No. 2, pp. 253-267.

118. Williams, D. R. and Roggenbuck, J. W. 1989. Measuring place attachment: Some preliminary results. Paper for NRPA Research Symposium on Leisure Research on October 20-22.

119. Wood, E. H. 2006. Measuring the social impacts of local authority events: A pilot study for a civic pride scale. *International Journal of Nonprofit and Voluntary Sector Marketing*, Vol. 11, No. 3, pp. 165-179.

120. Yuen, B. 2005. Searching for place identity in Singapore. *Habitat International*, Vol. 29, No. 2, pp. 197-214.

参考文献

121. Zhu, H., Qian, J. and Feng, L. 2011. Negotiating place and identity after change of administrative division. *Social & Cultural Geography*, Vol. 12, No. 2, pp. 143-158.
122. Zimmerbauer, K. 2011. From image to identity: Building regions by place promotion. *European Planning Studies*, Vol. 19, No. 2, pp. 243-260.
123. 〔美〕阿尔君·阿帕杜莱著,刘冉译:《消散的现代性:全球化的文化维度》,上海三联书店,2012年。
124. 白海英:"生菜会:广州大众文化的传承与变迁",《华南农业大学学报》(社会科学版),2008年第7期。
125. 〔美〕本尼迪克特·安德森著,吴叡人译:《想象的共同体——民族主义的起源与散布》,上海人民出版社,2005年。
126. 毕旭玲:"流动的日常生活——'新民俗'、'泛民俗'和'伪民俗'的关系及其循环过程",《学术月刊》,2011年第6期。
127. 蔡丰明:"城市民俗研究的新视野(专题讨论)——城市庙会:人性本质的释放与张扬",《学术月刊》,2011年第6期。
128. 蔡晓梅、朱竑、刘晨:"情境主题餐厅员工地方感特征及其形成原因——以广州味道云南食府为例",《地理学报》,2012年第2期。
129. 蔡晓梅、朱竑、司徒尚纪:"广东饮食文化景观及其区域分异研究",《热带地理》,2011年第3期。
130. 曹毅:"城乡视角下的民俗节庆之争——对湖北恩施'女儿会'民俗移植的思考",《中南民族大学学报》(人文社会科学版),2009年第3期。
131. 曾应枫:《龙舟竞渡——端午赛龙舟》,广东省教育出版社,2013年。
132. 陈恩维:"论佛山在广府文化中的地位",《佛山科学技术学院学报》(社会科学版),2010年第1期。
133. 陈映婕、张虎生:"非物质文化遗产保护下的'传统'或'传统主义'——以两个七夕个案为例",《民族艺术》,2008年第4期。
134. 程美宝:"近代地方文化的跨地域性——20世纪二三十年代粤剧、粤乐和粤曲在上海",《近代史研究》,2007年第2期。
135. 储冬爱:"'城中村'民俗文化嬗变与和谐社会调适",《广西民族研究》,2009a年第3期。
136. 储冬爱:"乞巧的复活与蜕变——以广州珠村'七姐诞'活动为例",《民族艺术》,2009b 年第 3 期。
137. 储冬爱:"社会变迁中的节庆、信仰与族群传统重构——以广州珠村端午'扒龙舟'习俗为个案",《广西民族研究》,2011 年第 4 期。
138. 次仁多吉、翟源静:"论地方性知识的生成、运行及其权力关联",《思想战线》,2011 年第 6 期。
139. 戴光全、保继刚:"西方事件及事件旅游研究的概念、内容、方法与启发(上)",旅游学刊,2003a 年第 5 期。
140. 戴光全、保继刚:"西方事件及事件旅游研究的概念、内容、方法与启发(下)",旅游学刊,2003b 年第 6 期。
141. 戴新华:"年华最盛惟灯节——古籍中的老北京元宵节赏灯游乐习俗",《档案文化》,2010 年第 2 期。
142. 杜芳娟、陈晓亮、朱竑:"民族文化重构实践中的身份与地方认同——仡佬族祭祖活动案例",《地理科学》,2011 年第 12 期。
143. 费孝通:"文化自觉 和而不同——在'二十一世纪人类的生存与发展国际人类学学术研讨会'上的演讲",《民俗研究》,2000 年第 3 期。
144. 封丹、Breitung,W.、朱竑:"住宅郊区化背景下门禁社区与周边邻里关系——以广州丽江花园为例",《地理研究》,2011 年第 1 期。
145. 甘于恩、贺敏洁、黄碧云:"20 世纪 90 年代广府文化研究概述",《学术研究》,2004 年第 3 期。
146. 高洪兴:"中国鬼节与阴阳五行:从清明节和中元节说起",《复旦学报》(社会科学版),2005 年第 4 期。
147. 高小康:"非物质文化遗产与都市文化的包容性",《山东社会科学》,2011 年第 1 期。
148. 顾朝林:"转型中的中国人文地理学",《地理学报》,2009 年第 10 期。
149. 顾希佳:"传统庙会的当代意义:以浙江为例",《浙江学刊》,2010 年第 6 期。
150. 郭起华:"比较视野下的客家人与广府人价值观",《嘉应学院学报》,2009 年第 1 期。
151. 韩梅:"元宵节起源新论",《浙江大学学报》(人文社会科学版),2010 年第 4 期。
152. 何依:"城市记忆与文化传承——石浦老城保护规划与实施",《城市规划》,2005 年第 9 期。

参考文献

153. 侯兵、陈肖静："我国旅游企业产权改革及实施方式探析——兼议旅游企业 MBO 和 ESOP 的实施",《江苏商论》,2007 年第 12 期。
154. 黄碧琴："羊城花市始于何时",《广州研究》,1985 年第 1 期。
155. 黄耿志、薛德升："1990 年以来广州市摊贩空间政治的规训机制",《地理学报》,2011 年第 8 期。
156. 黄静珊："到广府庙会趁墟看戏——兼看粤剧演出场所的变迁",《南国红豆》,2011 年第 2 期。
157. 黄向、保继刚、Geoffrey Wall："场所依赖(place attachment):一种游憩行为现象的研究框架",《旅游学刊》,2006 年第 9 期。
158. 黄晓晨："文化记忆",《国外理论动态》,2006 年第 6 期。
159. 黄韵诗："广佛肇神诞庙会民俗考释——以南海神庙波罗诞、佛山北帝诞及悦城龙母诞为例",《西南农业大学学报》(社会科学版),2013 年第 8 期。
160. 黄珍："20 世纪 80 年代以来端午节俗研究述评",《苏州科技学院学报》(社会科学版),2007 年第 3 期。
161. 孔翔、钱俊杰："浅析文化创意产业发展与上海田子坊地区的空间重塑",《人文地理》,2011 年第 3 期。
162. 李爱云、吴海涛："古城改造中城市记忆保留方法初探",《广西社会科学》,2010 年第 8 期。
163. 李凡、黄维："全球化背景下的城市怀旧现象及地理学研究视角",《人文地理》,2012 年第 3 期。
164. 李凡、朱竑、黄维："从地理学视角看城市历史文化景观集体记忆的研究",《人文地理》,2010 年第 4 期。
165. 李宏珍、薛菲、孙静："快速城市化背景下的城市记忆研究",《城市环境设计》,2007 年第 2 期。
166. 李玲芝："寻找城市历史构建文化品牌",《中国记者》,2007 年第 5 期。
167. 李王鸣、江佳遥、沈婷婷："城市记忆的测度与传承——以杭州小营巷为例",《城市问题》,2010 年第 1 期。
168. 李伟、许忠伟、魏翔："北京春节庙会游客动机研究",《北京社会科学》,2011 年第 1 期。
169. 林耿、王炼军："全球化背景下酒吧的地方性与空间性——以广州为例",《地理科学》,2011 年第 7 期。

170. 林森:"论'栋笃笑'的对话与狂欢——以《跟住去边度?》为例",《中山大学研究生学刊》(社会科学版),2011年第2期。
171. 凌洁:"栋笃笑:一本妖魔化的香港百科全书",《观察与思考》,2006年第17期。
172. 刘丹萍:"旅游凝视:从福柯到厄里",《旅游学刊》,2007年第6期。
173. 刘建明:"文化全球化与地方文化认同",《湖北大学学报》(哲学社会科学版),2005年第4期。
174. 刘铁梁:"'标志性文化统领式'民俗志的理论与实践",《北京师范大学学报》(社会科学版),2005年第6期。
175. 刘晓春:"谁的原生态?为何本真性——非物质文化遗产语境下的原生态现象分析",《学术研究》,2008年第2期。
176. 刘永丽:"上海怀旧:对一种审美生活方式的向往",《学术研究》,2006年第8期。
177. 刘宇波、张振辉、何正强:"新开发模式下的岭南传统街区复兴实践——广州市越秀区解放中路旧城改造",《新建筑》,2008年第5期。
178. 刘兆丰:"城市记忆单元及其系统——一种城市保护与发展规划",《规划师》,1997年第1期。
179. 罗丹、徐天基、曹新玲:"作为交往方式的七夕乞巧——广州市珠村乞巧节俗调查报告",《民俗研究》,2009年第1期。
180. 吕鹰:"千年庙会'波罗诞'探析",《神州民俗》,2010年第136期。
181. 马创:"文化适应过程中的创造与保持——帕西傣春节习俗形成探析",《广西民族大学学报》(哲学社会科学版),2010年第3期。
182. 马明奎:"端午节的龙蛇结构和南北文化差异研究",《民族文学研究》,2010年第4期。
183. 马威:"嵌入理论视野下的民俗节庆变迁——以浙江省景宁畲族自治县'中国畲乡三月三'为例",《西南民族大学学报》(人文社会科学版),2010年第2期。
184. 潘积仁、徐继亮:"城市记忆工程:记录城市形象和重大时刻",《中国档案》,2003年第4期。
185. 彭恒礼:"狂欢的元宵——宋代元宵节的文化研究",《开封大学学报》,2006年第3期。
186. 钱俊希、钱丽芸、朱竑:"'全球的地方感'理论述评与广州案例解读",《人文地理》,2011年第6期。
187. 钱丽芸、朱竑:"地方性与传承:宜兴紫砂文化的地理品牌与变迁",《地理科学》,2011年第10期。
188. 钱树伟、苏勤、祝玲丽:"历史街区旅游者地方依恋对购物行为的影响分析——以屯溪老街为例",《资源科学》,2010年第1期。
189. 〔美〕乔纳森·弗里德曼著,高建如译:《文化认同与全球性过程》,商务印书馆,2004年。
190. 任剑涛:"地方性知识及其全球性扩展——文化对话中的强势弱势关系与平等问题",《厦门大学学报》(哲学社会科学版),2003年第2期。
191. 〔美〕萨斯基亚·萨森著,李纯一译:《全球化及其不满》,上海书店出版社,2011年。
192. 邵培仁、范红霞:"传播仪式与中国文化认同的重塑",《当代传播》,2010年第3期。
193. 邵培仁:"地方的体温:媒介地理要素的社会建构与文化记忆",《徐州师范大学学报》(哲学社会科学版),2010年第5期。
194. 沈实现、李春梅、徐华:"地域景观·城市记忆——杭城名人故居的景观特质与保护开发",《城市规划》,2005年第9期。
195. 盛巽昌:"呼唤城市生命的记忆",《地图》,2005年第6期。
196. 石超艺:"城市化进程中地名文化价值的量化分析——以上海市乡镇级地名为例",《城市问题》,2010年第1期。
197. 舒乙:"让城市记忆留下来流下去",《瞭望》,2006年第8期。
198. 司徒尚纪:"广东地名的历史地理研究",《中国历史地理论丛》,1992年第1期。
199. 司徒尚纪:"珠江文化研究笔谈——珠江文化地域范围与特征雏议",《岭南文史》,2000年第3期。
200. 宋颖:"端午节研究:传统、国家与文化表述"(博士论文),中央民族大学,2007年。
201. 孙九霞、陈冬婕:"事件重构文化符号的人类学解读——以'西关小姐'评选活动为例",《旅游学刊》,2009年第11期。
202. 谭元亨:"广信:孕育广府民系的摇篮",《岭南文史》,2004年第3期。
203. 唐顺英、周尚意:"浅析文本在地方性形成中的作用——对近年文化地理学核心刊物中相关文章的梳理",《地理科学》,2011年第10期。

204. 唐文跃、张捷、罗浩、杨效忠、李东和："九寨沟自然观光地旅游者地方感特征分析"，《地理学报》，2007年第6期。
205. 唐文跃："城市居民游憩地方依恋特征分析——以南京夫子庙为例"，《地理科学》，2011a年第10期。
206. 唐文跃："地方感研究进展及研究框架"，《旅游学刊》，2007年第11期。
207. 唐文跃："皖南古村落居民地方依恋特征分析——以西递、宏村、南屏为例"，《人文地理》，2011b年第3期。
208. 唐雪琼、钱俊希、陈岚雪："旅游影响下少数民族节日的文化适应与重构——基于哈尼族长街宴演变的分析"，《地理研究》，2011年第5期。
209. 陶诚："'广东音乐'文化研究"（博士论文），福建师范大学，2003年。
210. 陶伟、陈慧灵、蔡水清："岭南传统民俗节庆重构对居民地方依恋的影响——以广州珠村乞巧节为例"，《地理学报》，2014年第4期。
211. 田阡："民俗节庆与文化产业发展——以自贡灯会与彩灯文化产业的发展为例"，《文化遗产》，2011年第3期。
212. 涂欣："城市记忆及其在城市设计中的应用研究"（硕士论文），华中科技大学，2005年。
213. 汪芳、黄晓辉、俞曦："旅游地地方感的游客认知研究"，《地理学报》，2009年第10期。
214. 汪芳、刘迪、韩光辉："城市历史地段保护更新的'活态博物馆'理念探讨——以山东临清中洲运河古城区为例"，《华中建筑》，2010年第5期。
215. 汪芳："用'活态博物馆'解读历史街区——以无锡古运河历史文化街区为例"，《建筑学报》，2007年第12期。
216. 王爱平、周尚意、张姝玥、陈浪："关于社区地标景观感知和认同的研究"，《人文地理》，2006年第6期。
217. 王彬、司徒尚纪："基于GIS的广东地名景观分析"，《地理研究》，2007年第2期。
218. 王明珂："华夏边缘：历史记忆与族群认同"，社会科学文献出版社，2006年。
219. 王霄冰："礼贤城隍庙：地方历史与区域文化的'记忆之所'"，《温州大学学报》（社会科学版），2009年第5期。
220. 王霄冰："文字、仪式与文化记忆"，《江西社会科学》，2007年第2期。
221. 王宇丰："迎春花开好年华——广州迎春花市的花文化"，《大自然》，2007

年第 3 期。

222. 魏雷、朱竑、唐雪琼:"与女游客婚恋关系下的摩梭男性文化身份建构",《地理研究》,2011 年第 11 期。

223. 温庆杰、何卓彦、邬卓君、莫凌:"广州迎春花市花卉种类调查及现状研究",《广东园林》,2007 年第 2 期。

224. 吴莉萍、周尚意:"城市化对乡村社区地方感的影响分析——以北京三个乡村社区为例",《北京社会科学》,2009 年第 2 期。

225. 吴彤:"两种'地方性知识'——兼评吉尔兹和劳斯的观点",《自然辩证法研究》,2007 年第 11 期。

226. 吴泽椿:"广州迎春花市",《中国园林》,1986 年第 1 期。

227. 谢中元:"从乡俗到非遗:佛山'官窑生菜会'的传承、衍变与再生",《文化遗产》,2015 年第 4 期。

228. 熊燕、杨筑慧:"从'中甸'更名为'香格里拉'看地方文化的重建",《中央民族大学学报》(哲学社会科学版),2007 年第 5 期。

229. 许振晓、张捷、Geoffrey Wall、曹靖、张宏磊:"居民地方感对区域旅游发展支持度影响——以九寨沟旅游核心社区为例",《地理学报》,2009 年第 6 期。

230. 阎江:"城市视角下的民俗节庆研究——以东莞卖身节为中心",《湖北民族学院学报》(哲学社会科学版),2007 年第 2 期。

231. 羊城网:"广州首届民俗文化艺术节! 享'波罗诞'盛宴",《羊城晚报》。2005 年 3 月 19 日,http://www.ycwb.com/gb/content/2005-03/19/content_868787.htm。

232. 杨斌:"保留城市记忆 尝试策划模式——'上海多伦路文化名人系列雕塑'落成",《美术观察》,2006 年第 3 期。

233. 杨华锋、刘祖云:"地方性知识:寻求城市消费型生态危机的治理之路",《苏州大学学报》(哲学社会科学版),2011 年第 3 期。

234. 杨念群:"'地方性知识'、'地方感'与'跨区域研究'的前景",《天津社会科学》,2004 年第 6 期。

235. 叶春生:"端午节庆的国际语境",《民间文化论坛》,2005 年第 3 期。

236. 叶春生:"广州的花市与花卉文化",《中山大学学报》(社会科学版),1992 年第 3 期。

237. 于波:"城市记忆研究"(硕士论文),华中科技大学,2004 年。

238. 于立凡、郑晓华:"保存城市的历史记忆——以南京颐和路公馆区历史风貌保护规划为例",《城市规划》,2004年第2期。
239. 余青、吴必虎、殷平、童碧沙、廉华:"中国城市节事活动的开发与管理",《地理研究》,2004年第6期。
240. 越秀荟萃编委会:《越秀荟萃(二):越秀名胜古迹》,花城出版社,1999年。
241. 詹双晖:"地方戏剧的生存与发展对策研究:以岭南传统戏剧为例",《中国戏剧》,2010年第4期。
242. 张昌山:"地方知识与文化重构",《思想战线》,2011年第4期。
243. 张龙、李军明、杨琍玲、李春元:"端午龙舟赛背后的宗族色彩及新变化——2013年广州番禺端午节龙舟赛调研报告",《民族论坛》,2014年第1期。
244. 张桥贵、曾黎:"仪式与文化结构——云南建水祭孔仪式与地方文化内在关系研究",《世界宗教文化》,2010年第4期。
245. 张善峰、张俊玲:"城市的记忆——工业废弃地更新、改造浅析",《环境科学与管理》,2005年第4期。
246. 张希晨、郝靖欣:"从无锡工业遗产再利用看城市文化的复兴",《工业建筑》,2010年第1期。
247. 张中华、张沛、王兴中:"地方理论应用社区研究的思考——以阳朔西街旅游社区为例",《地理科学》,2009年第1期。
248. 赵红梅、李庆雷:"旅游情境下的景观'制造'与地方认同",《广西民族大学学报》(哲学社会科学版),2011年第3期。
249. 赵静蓉:"怀旧文化事件的社会学分析",《社会学研究》,2005a年第3期。
250. 赵静蓉:"现代人的认同危机与怀旧情结",《暨南学报》(哲学社会科学版),2006年第5期;赵静蓉:"想象的文化记忆——论怀旧的审美心理",《山西师大学报》(社会科学版),2005b年第2期。
251. 赵静蓉:"作为一种集体记忆的浪漫主义——对浪漫主义的文学人类学解读",《南京师大学报》(社会科学版),2009年第5期。
252. 郑威:"地方性:一种旅游人类学视角——以广西贺州区域旅游研究为个案",《改革与战略》,2006年第4期。
253. 钟鸣:"广州:花街十里一城春",《中国档案》,2008年第4期。
254. 周沁春:"广州迎春花市今昔",《广东档案》,2010年第1期。

255. 周尚意、唐顺英、戴俊骋:"'地方'概念对人文地理学各分支意义的辨识",《人文地理》,2011年第6期。
256. 周尚意、吴莉萍、苑伟超:"景观表征权力与地方文化演替的关系——以北京前门-大栅栏商业区景观改造为例",《人文地理》,2010年第5期。
257. 周尚意、杨鸿雁、孔翔:"地方性形成机制的结构主义与人文主义分析——以798和M50两个艺术区在城市地方性塑造中的作用为例",《地理研究》,2011年第9期。
258. 周尚意:"文化地理学研究方法及学科影响",《中国科学院院刊》,2011年第4期。
259. 周玉蓉:"《花笺记》、木鱼歌与广府民俗",《民族文学研究》,2004年第4期。
260. 朱竑、封丹、王彬:"全球化背景下城市文化地理研究的新趋势",《人文地理》,2008年第2期。
261. 朱竑、韩延星:"开疆文化在海南传播的方言印证研究",《人文地理》,2002年第2期。
262. 朱竑、刘博、钱丽芸:"西方文化地理研究的研究取向、资料搜集与展示方式——基于 Social & Cultural Geography 刊载论文的内容分析",《人文地理》,2011年第2期。
263. 朱竑、刘博:"地方感、地方依恋与地方认同等概念的辨析及研究启示",《华南师范大学学报》(自然科学版),2011年第1期。
264. 朱竑、钱俊希、陈晓亮:"地方与认同:欧美人文地理学对地方的再认识",《人文地理》,2010年第6期。
265. 朱竑、钱俊希、封丹:"空间象征性意义的研究进展与启示",《地理科学进展》,2010年第6期。
266. 朱竑、钱俊希、吕旭萍:"城市空间变迁背景下的地方感知与身份认同研究——以广州小洲村为例",《地理科学》,2012年第1期。
267. 朱竑、周军、王彬:"城市演进视角下的地名文化景观——以广州市荔湾区为例",《地理研究》,2009年第3期。
268. 朱浒:"跨地方的地方性实践——江南善会善堂向华北的移植",《中国社会历史评论》,2005年第6期。
269. 朱浒:《地方性流动及其超越:晚清义赈与近代中国的新陈代谢》,中国人民大学出版社,2006年。

270. 庄春萍、张建新:"地方认同:环境心理学视角下的分析",《心理科学进展》,2011年第9期。
271. 宗晓莲、戴光全:"节事旅游活动中的文化表达及其旅游影响——国际东巴文化艺术节的旅游人类学解读",《思想战线》,2005年第2期。

附录 A 国内外相关研究检索情况

为了明确本研究在国内外已有相关研究中的地位，准确表达其理论意义和创新，特别在 CNKI 中国知网旗下的中国期刊全文数据库、中国博士学位论文数据库、中国优秀硕士学位论文全文数据库中，分别检索与本研究相关的关键词，结果见附录 A—1，在 EBSCOHost 西文电子数据库中检索对应的英文关键词，结果见附录 A—2。

附录 A—1 中文相关研究检索结果

中文电子资源 （1999年至今）　　精确检索关键词	地方认同	地方性（缩至文化）	节庆	节事	民俗（缩小范围至地理类期刊）
中国期刊全文数据库	12	402	16	69	37
中国博士学位论文全文数据库	10	33	3	4	110
中国优秀硕士学位论文全文数据库	2	143	28	95	248
同时检索"地方认同"	—	8	0	1	1

注释：为了明确界定地方认同概念，本次未检索地方有关其他概念，如地方感、地方依恋、地方依赖、场所依赖等。当然，为了确保对相关文献的全面把握，在写作过程中参考的部分相关文献也未能在此次检索中被检出。

附录 A—2 英文相关研究检索结果

摘要检索关键词 EBSCOHost 数据库	place identity	locality	festival	festival and event	folklore 和 folk custom
① Academic Search Complete ② Dissertations and Theses A&I：The Humanities and Social SciencesCollection ③ JSTOR ④ ScienceDirect ⑤ SpringerLink	177	180	180	58	213
缩小范围至地理类期刊	48	37	32	30	30
添加检索词 place identity	48	32	32	30	14

附录B 调研材料

附录B—1 迎春花市调查问卷

问卷引导语:略。

一、您逛迎春花市的基本情况

1. 您能记起的逛花市的次数约为____次。

2. 您第一次逛花市大概是在____岁/_____年。

3. 您逛花市通常跟谁一起:
□家人　　□朋友　　□自己一个人　　□其他_____

4. 您逛花市会买哪些品种的花:
□四季橘　□金橘　□朱砂菊　□桃花　□水仙　□金钱树
□银柳　　□唐菖蒲　□吊钟　　□蝴蝶兰　□常春藤
□紫罗兰　□海棠　　□月季　　□杜鹃　　□牡丹　□菊花
□素馨　　□茉莉　　□凤仙　　□君子兰　□郁金香　□其他

二、以下是关于广州迎春花市的一些观点,请在您认同的程度上打"√"。

序号	问卷选项	很不同意	不太同意	无所谓	比较同意	非常同意
1	过年逛迎春花市在全中国都是非常独特的。	1	2	3	4	5

续表

序号	问卷选项	很不同意	不太同意	无所谓	比较同意	非常同意
2	逛迎春花市（行花街）是广州人独特的过年习俗。	1	2	3	4	5
3	逛迎春花市是广府文化的重要民俗。	1	2	3	4	5
4	逛迎春花市是广州节庆的重要组成部分。	1	2	3	4	5
5	我非常喜欢逛广州迎春花市。	1	2	3	4	5
6	我愿意向他人推荐广州迎春花市。	1	2	3	4	5
7	广州举办迎春花市让我感到骄傲和自豪。	1	2	3	4	5
8	广州迎春花市让我感觉在广州生活很美好。	1	2	3	4	5
9	逛迎春花市让我产生对广州的归属感。	1	2	3	4	5
10	逛迎春花市让我感觉自己融入了广州。	1	2	3	4	5
11	逛迎春花市让我感到我是广州的一分子。	1	2	3	4	5
12	逛迎春花市让我对广州产生认同感。	1	2	3	4	5

个人基本信息

性别：　　　□女　　　□男

出生年份：_____年

附录 B　调研材料

教育程度　□初中及以下　□高中或中专　□大专　□本科
　　　　　□硕士及以上
职业:□政府职员　□事业单位职工　□企业职工　□个体工商户
　　　□学生　□农民　□其他
出生广州:　□是　□否
现居广州:　□是　□否　居住时间:　□5年内　□5年以上
身份　□广州世居居民　□父辈移居广州　□新移民　□暂居者
联系方式:＿＿＿＿＿＿
问卷结束,十分感谢!

附录 B—2　广州迎春花市访谈提纲

1. 您觉得过年逛迎春花市是不是广州人过年的一个独特习俗呢?

2. 有人说过年不行花街就不算过年,您怎么看待这个说法呢?

3. 您觉得迎春花市对您而言有哪些意义?丰富日常生活?迎新年的仪式?还是仅仅是交易地点和交易方式?

4. 在您记忆中,以前哪里有花市逛呢?与现在相比,有什么不同的地方?

5. 您为什么逛/不逛迎春花市?是为了行运?为了感受年节气氛?还是为了履行辞旧迎新的仪式?带孩子见识一下,感受年节气氛?您觉得对您的孩子而言,他/她将来对花市的感觉会是怎样的?

6. 如果停办迎春花市,您赞同吗?

7. 有人建议花市常年化,您的看法呢?

8. 过年家里摆鲜花您会选择哪些品种？有什么意义吗？

9. 年花在色彩上、名称上、象征意义上有什么特别的？

10. 有人评论说广府人对花的功利色彩比较浓厚，您怎么看待这一点？

11. 您怎么看待花市的变迁？花卉品种的变化是否与广府文化创新、包容、兼容并蓄的文化特性有关，这对本地文化有什么影响？

12. 花市年轻人卖懒，是对传统文化的一种延续？还是仅是一种社会实践的形式？

13. 花市地点已经发生了变迁，规模更大了，您会专门逛哪个花市吗？

14. 广府群体在何种意义上实践自己的文化身份？

15. 您认为迎春花市是广府民俗文化吗？

16. 广府文化本质上是一种平民化、感性化的世俗文化，对此您怎么看待？

17. 您觉得迎春花市是广州普通百姓共同庆祝的活动吗？

附录B—3 广府庙会调查问卷

问卷引导语：略。

序号	题项	很不同意	不太同意	居中	比较同意	非常同意
P1	举办广府庙会是为了宣传保护广府文化	1	2	3	4	5

附录 B 调研材料

续表

序号	题项	很不同意	不太同意	居中	比较同意	非常同意
P2	举办广府庙会是为了强化千年商都形象	1	2	3	4	5
P3	举办广府庙会是为了促进历史街区的新发展	1	2	3	4	5
P4	举办广府庙会是为了增强市民凝聚力	1	2	3	4	5
L1	广府庙会称"庙会",体现了广府文化的包容性	1	2	3	4	5
L2	广府庙会传统与现代并存,体现了广府文化的开放性	1	2	3	4	5
L3	广府庙会商贸活动丰富,体现了广府文化重商的特点	1	2	3	4	5
L4	广府庙会"广"味十足	1	2	3	4	5
PI1	广府庙会是结合本地民俗创新发展的节庆	1	2	3	4	5
PI2	广府庙会具有独特的广府文化身份	1	2	3	4	5
PI3	广府庙会是广州节庆的重要组成部分	1	2	3	4	5
PI4	逛广府庙会增进我对广州的归属感	1	2	3	4	5
PI5	逛广府庙会我感觉自己融入了广州	1	2	3	4	5
PI6	逛广府庙会我感到自己是广州的一分子	1	2	3	4	5
PI7	逛广府庙会增强我对广州的认同感	1	2	3	4	5
PI8	逛广府庙会我为广府文化骄傲	1	2	3	4	5
PI9	我喜欢逛广府庙会	1	2	3	4	5
PI10	我愿意向他人推荐广府庙会	1	2	3	4	5

个人基本信息

B1 您的性别：①男　　　　②女

B2 您的年龄：①18岁以下　②18～30岁　　③31～45岁　　④46～60岁
　　⑤61岁以上

B3 您的教育水平：①初中及以下　②高中、技校或中专　③大专　④大学本科　⑤硕士及以上

B4 您是否广州户籍居民：①是　　　　②不是

B5 您在广州居住多长时间了？_____年 或_____月

B6 您的身份：①世居居民（三代及以上居广州）　②父辈移居广州　③己辈定居广州　④暂居广州

B7 您的职业：①机关/事业单位员工　②企业职工　③企业主　④学生　⑤农民　⑥离退休人员　⑦其他（请说明）_____

B8 您个人的月收入总共是：①3500以下　②3501～5000元　③5001～8000元　④8001～12500元　⑤12500元以上

欢迎留下您的联系方式（任选）：QQ_____ 电话_____
Email_____

问卷填写完毕，谢谢您的帮助！

附录 B—4　广府庙会访谈提纲

（一）越秀区文化馆广府庙会主要负责人访谈提纲

1. 当时如何构想举办"广府庙会"的呢？
2. 怎样考虑将"广府"和"庙会"结合在一起的？
3. 当时预计广州市民的接受程度和态度会是怎样的？
4. 预计会吸引哪些群体前来逛庙会呢？
5. 政府想要实现哪些目标？

6. 哪些人员或机构参与广府庙会的组织？例如,前期准备、活动安排等。

7. 相关人员怎样进行沟通协调？

8. 活动的安排基于哪些考虑？

9. 谁最终决定采纳哪些节目(活动)？

10. 考虑广府文化开放性特质,广府本土民俗在广府庙会中处于何种地位？

11. 资金问题如何解决呢？或者说资金来源哪里？

12. 中国移动广州分公司在广府庙会中承担何种角色呢？他们赞助的金额是多少？

13. 总共有多少个部门参与广府庙会才能确保节庆活动的顺利开展呢？

14. 第二届广府庙会与第一届相比,有哪些变化？估计有多少人参加庙会？

15. 您认为广府庙会对文化、经济的促进作用哪个更大？

16. 如果说广府庙会想要打造成一种地方性节庆,想要创造的是一种什么样的地方形象呢？

17. 如何理解广府这一概念？是地方身份的象征？还是一个首府的概念？

18. 如何满足广州世居居民与所谓的"新广州人"对庙会的差异化需求呢？

19. 对于广府庙会叫法有本地人认为不广府,您怎么看待？

20. 对于广府庙会商业化气氛太浓的批评,您怎么看待？

21. 对于广府庙会参演节目的广府味还不够的批评,有什么改进办法？

22. 商业化与民俗文化之间存在紧张关系,如何解决呢?

23. 广府达人秀我要上庙会节目如何控制其广味?

24. 有多少选手参加海选、晋级的有多少,分别是哪些节目和选手、最终八强是哪几个,冠亚季军分别是谁?还有什么奖项?

25. 首届广府庙会获奖摄影作品仅有几幅,第二届特别对摄影比赛作了宣传,预计能吸引多少人参与?这对广府庙会的发展来说有何意义?

26. 非物质文化遗产展示区的设置出于何种考虑?

27. 共设多少个展位,邀请了哪些非物质文化遗产项目?被邀请人对参与庙会展示有何反映?

28. 巡游是怎么安排的?各方队是如何协调的?

(二)科技局动漫区负责人访谈提纲

1. 动漫区设计的初衷是什么?有哪几个目标?目标实现了吗?

2. 动漫区的招商是由贵局来做的吗?在选择企业上有何特别的考虑?共有多少家动漫企业参展呢?招商采用哪种方式呢?每个展位多少钱?

3. 动漫区今年主要有哪几个亮点?据观察,主要吸引了哪些年龄阶段的顾客群体?

4. 参展企业在这次动漫展上的收益有没有大概估算?

5. 有人说,动漫区很好,可以吸引很多年轻人参与到庙会中来,但是也有人认为动漫是现代信息化时代的产物,会冲淡传统文化,年轻人并不是为传统文化而来的?您怎么看待这个问题。

(三)工商联广府美食区负责人访谈提纲

1. 广府美食区总共多少个展位呢?有多少家企业参与?招

商方式如何？最终哪些企业成功获得展位呢？

2. 对参展企业资质有哪些具体要求呢？各企业在参展前有没有阐明其参与主题或特色？

3. 如何平衡广府美食与外地美食的关系？有多少家企业是粤菜菜系，有多少家主要提供外地食品？

4. 有没有得到街坊对于这次美食区的评价？媒体报道这次美食区零投诉，您认为这次美食区成功吗？是否需要继续改进？

5. 康彩恩的慈善捐助和致美斋岭南名酱的拍卖活动是您这边策划的吗？为什么要安排一个这样的活动呢？您怎样看待这个活动的效果呢？

（四）城隍庙车志荣道长访谈提纲

1. 城隍爷出巡有哪些仪式？这些仪式出于哪些历史记载？

2. 城隍爷巡游队伍总共多少人？包括哪几方队？是怎样进行具体安排的？

3. 听说不少外地外省甚至大陆以外地方都有前来膜拜的人员，都是哪些人员呢？

4. 城隍庙推出压胜钱是出于何种考虑？今年总共准备了多少压胜钱，多长时间就被全部请走了？设计者是谁？哪个机构做出来的？以后还会继续推广吗？

5. 越秀区举办的两届广府庙会，您觉得对城隍庙而言有何意义或者影响？

6. 有媒体评价城隍庙变身"民俗大舞台"，您觉得这对城隍庙来意味着什么？

7. 城隍庙在广府庙会上扮演怎样的角色，处于何种地位？

8. 城隍庙在庙会中怎样体现其价值呢？您认为"广府庙会"

这个名称怎么样？

9. 广府庙会明信片盖戳是城隍庙做的吗？

10. 城隍庙与越秀区文化局之间如何协调工作的？

11. 您认为广府庙会应该怎样更多地体现城隍庙的历史文化？有哪些文史专家提供文献支持呢？对第三届广府庙会您有什么新创意？

12. 城隍庙的城隍爷是从佛山请回来的吗？这个事情是怎么协调的？政府出面了吗？

（五）广府庙会游客访谈提纲

1. 当听到"广府庙会"这一节庆活动时，您期待在庙会上有哪些节目呢？

2. 有人说撑广州就要逛广府庙会，您认同这一说法吗？

3. 您觉得广府庙会这一说法好不好？

4. 您来庙会想要哪些体验？传统文化、祈福还是美食？

5. 您觉得广府庙会广府味足吗？哪些地方需要改进呢？

6. 城隍庙做广府庙会主会场，您觉得如何？

7. 有人说城隍庙是广府民俗大舞台，您觉得呢？

8. 广府庙会的文化气氛如何？

9. 您觉得如何将广府庙会办的"最广州"、"最民俗"呢？

10. 您觉得广府庙会的举办多大程度上增加了城隍庙、五仙观这些景观的知名度？

11. 广府庙会应该是传统的，还是兼顾现代文明呢？

12. 您认为广府庙会中心区、非遗区、动漫区、美食区、互动区的结合如何？

13. 您认为广府文化是指什么？越秀区打广府文化牌，到底想说什么?有没有一个清晰的符号,还是仅仅是抽象的意向呢?

14. 你认为自己是广府人吗?为什么?

15. 那您认为有广州人会称自己是广府人吗?若用广府人这个称呼,您觉得是老土的还是有地位的象征呢?

16. 怎样理解广府庙会的包容性?

17. 今后您还会逛广府庙会吗?会向朋友推荐吗?

附录 B—5　第二届广府庙会期间收集的宣传单

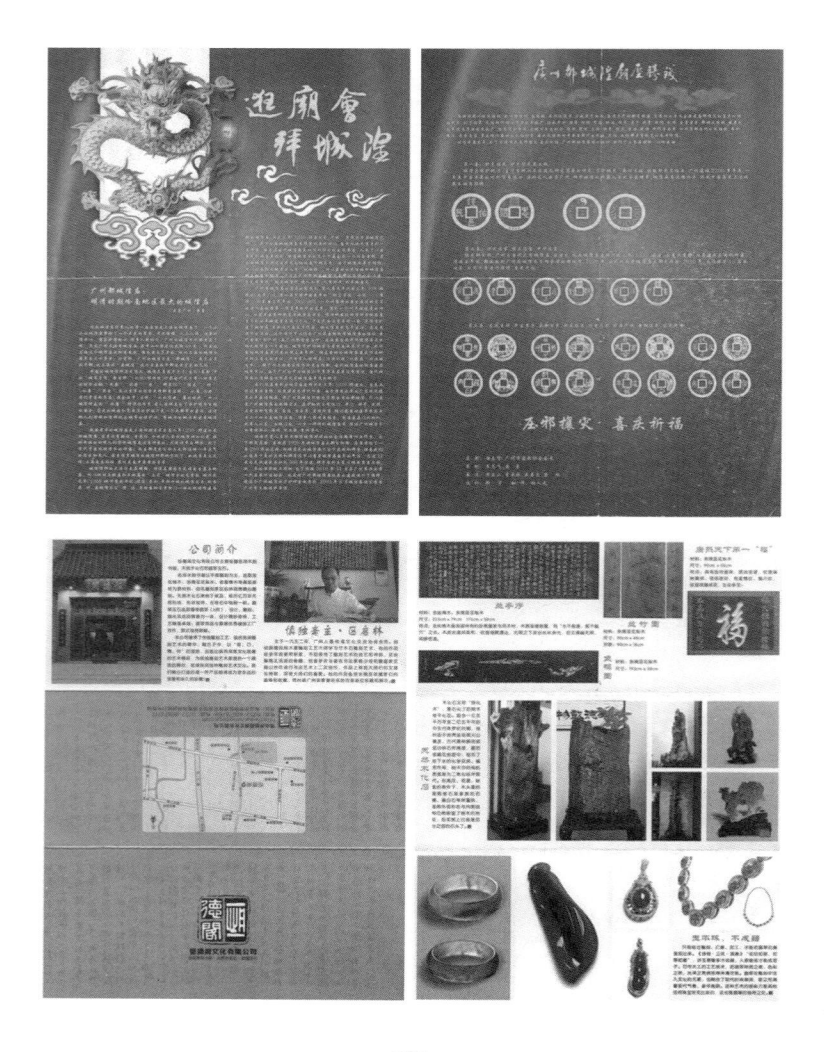

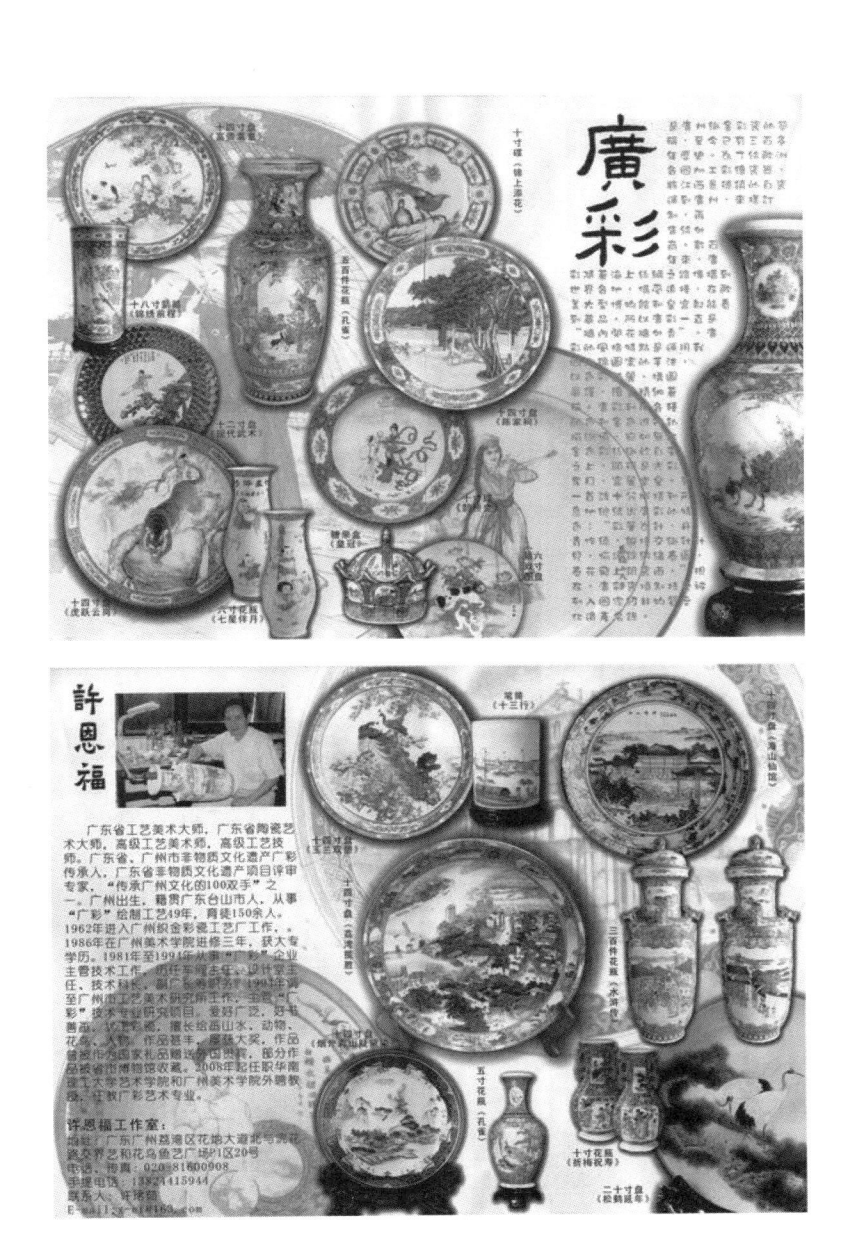

附录 B 调研材料

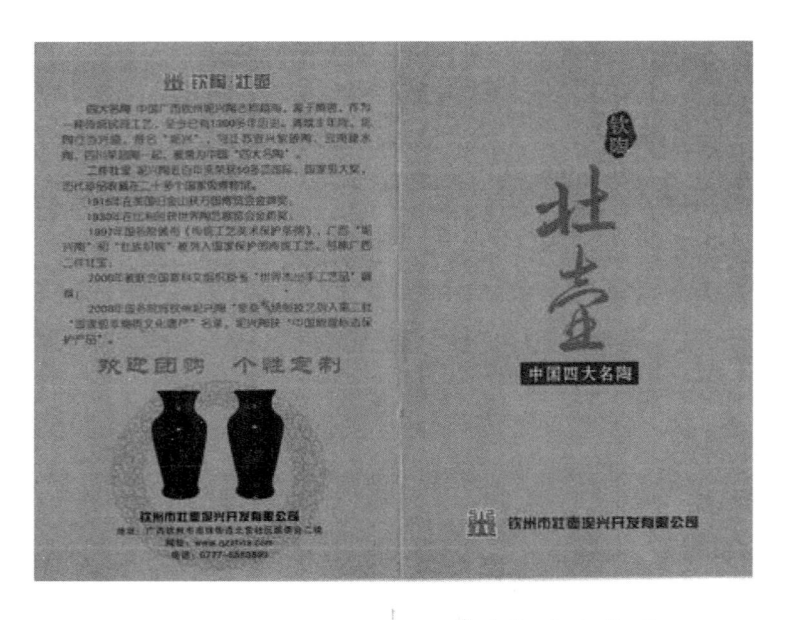

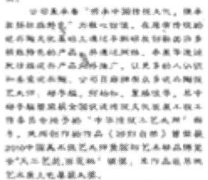

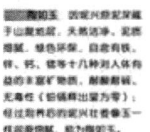

民俗节庆与地方认同——源于广州的多案例比较

附录 B 调研材料

岭南天虹琴馆 古琴艺术授课简章

古琴艺术 简介：

2003年11月7日，联合国教科文组织向世界宣布中国古琴艺术被入选第二批"人类口传与非物质文化遗产"。古琴是稀品曲艺。中国第二个入选的项目。古琴历史源远流长，文化底蕴博大精深。古琴的创制可追溯至远古人类使用弓箭弹射而发出的悦耳音响，与劳动、战斗紧密相连。因而，古琴有别于其他乐器，在于它是自古中国文人用来陶冶性情的专有的圣洁之器。一个"琴"字，金高和寡。被誉为"国乐"的古琴，其幽、有、古、淡、高、洁、清、虚的声韵特点，体现出中国传统文化的天人合一，追求自然、返璞归真的高雅情怀。这使其他任何乐器无法与古琴媲美的独到之处。

岭南琴派是中华古琴非常重要的一大流派，有着深厚的历史渊源。在南越王墓出土的七弦琴配件文物可以被鉴据，岭南古琴最早可以追溯到西汉；其后记载南明广东台江琴家杭皋琴艺高超，直至南宋时期，皇室南迁到冈州（今广东新会），汇编成我国南最早可考证的琴谱《古冈遗谱》，经元明的波浪，至清代和近代岭南古琴有了全盛的时期，此时出现了如陈自沙、陈子升、门国、黄景星、郑健候、杨新伦……等岭南名家的涌现，不遗余力的为岭南古琴的发展做出了重大的贡献，所以承载中华民族文化精粹的华夏正音，以广东琴人融会贯通发挥并善的精神，形成了"刚健、爽朗、明快"的岭南琴风的鲜明演奏风格。

区君虹 简介：

区君虹，1945年出生在广州三代操作的中医世家，自幼随父习吹黄术，并精通书法、武术，师从岭南派名家杨新伦学琴。区琐杨新伦老师开创岭南古琴修复，斫制的先河，历数十年，成为岭南古琴名家，是集古琴演奏、斫制和修琴技艺于一身的艺术大师，现为中国古琴学会常务理事、乐器制作专家委员会专家委员；"传承广州文化100双手"评为古琴修复、制作能手。

区君虹全面继承了杨新伦老师的"刚健、爽朗、明快"的岭南琴风外，更强调弹奏古琴要谨守传统的演奏风格，坚持纯古的原则，却再将柔稳作的艺术兄弟，如立太极、金石、书法等国学精粹的融汇揉合，所以他的演奏风格让古淡无华，古琴愈返见稀，使品琴者如回到过去的山野乡村，感悟到纯朴的古风！

区宏山 简介：

区宏山，广东省外语外贸大学学士、中国古琴学会会员，区宏山是岭南古琴名家区君虹的儿子，他自小耳滞目染，浸淫在传统古琴的氛围之中，区君虹传授了父亲的弹奏技艺、古琴的斫制技艺和传世老琴的修复技艺。他所制的古琴因其形制和琴音俱属为父之风格而深得琴学爱好者的青睐。屡次参与全国性的大型古琴活动，演奏岭南古琴名曲。他鞭鞋协助父亲向广大人民群众推广传播古琴艺术。在最近参与的"越秀区广府文化基本节"的活动中，受到了他的外语专业特长向各国友人顺利地推介了中国的古琴艺术，受到了政府领导的肯定和赞赏。他主持编辑出版了父亲的《区君虹古琴书法篆刻艺术》、《怀古》区君虹岭南古琴名曲CD系列、和《太极与古琴》DVD等，为传承和发扬岭南古琴不遗余力。

天虹琴馆的教学采用传统的一对一方式，针对每个学员的素质进行因材施教，使学习者真正地掌握古琴弹奏的细致技巧。

每课时45分钟，上课时间一般为周六日，其实时间可以自由预约

	课程内容	所需课时
初级	古琴基础知识、古琴弹奏基本技巧、《仙翁操》、《双鹤听泉》、《关山月》……	15-20课时
中级	《鸥鹭忘机》、《搞州渔歌》、《怀古》、《玉树临风》、《醉渔》	15-20课时
高级	《渔樵问答》、《忆故人》、《神化引》、《乌夜啼》、《流水》、《高山》、《潇湘水云》……	自定课时

欢迎有兴趣学习古琴的朋友与 岭南天虹琴馆联系

上课地址：越秀区大新路大新大厦 岭南天虹琴馆
联系方式：区宏山 15820294183

民俗节庆与地方认同——源于广州的多案例比较

附录 B 调研材料

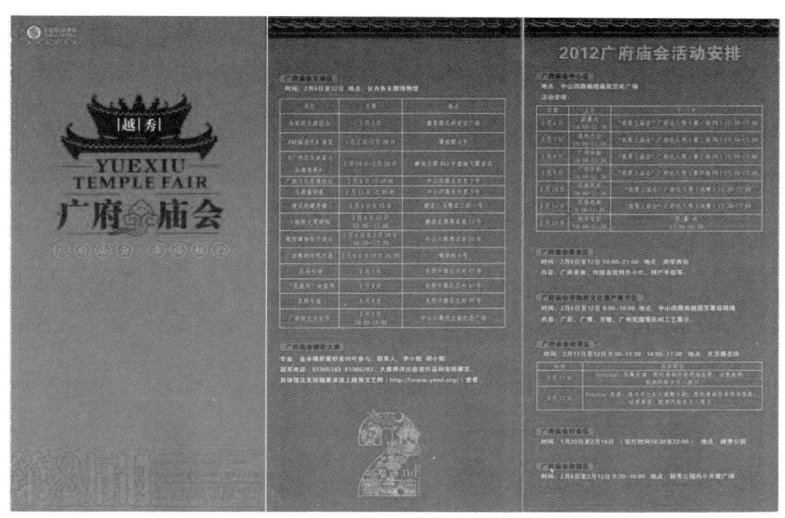

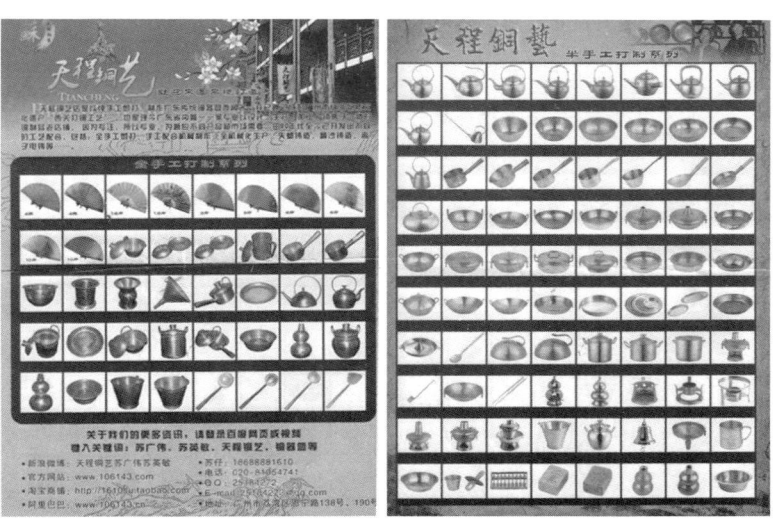

附录 B—6 第二届广府庙会媒体突出宣传"广府味"

1. 庙会首日:达人秀也秀出广府味 美食区人气鼎盛:
   http://news.ycwb.com/2012-02/07/content_3714907.htm
2. 非遗区街坊受落延展至月底:
   http://www.ycwb.com/ePaper/ycwb/html/2012-02/15/content_1322092.htm
3. 放轻松,广府庙会:
   http://www.ycwb.com/ePaper/ycwb/html/2012-02/14/content_1321052.htm
4. 广府庙会迎元宵 道长为新建造的城隍爷神像开光:
   http://nf.nfdaily.cn/nfdsb/content/2012-02/06/content_37333735.htm
5. 广府庙会昨日开锣 街坊叹美食睇武林高手打擂:
   http://news.timedg.com/2012-02/07/content_8345112.htm
6. 广府庙会 High 爆羊城:
   http://www.people.com.cn/h/2012/0207/c25408-2244803247.html
7. 广府庙会火爆开场 美食花灯达人秀'热'爆羊城:
   http://www.dayoo.com
8. 广府庙会美食节火爆 三天迎客近百万:
   http://news.xinhuanet.com/local/2012-02/09/c_122677819.htm
9. 美食节缘何叫座不叫好?:
   http://epaper.nfdaily.cn/html/2012-02/15/content_7056468.htm
10. 广府庙会缘何火爆? 十足广味狂欢话你知:
    http://news.dayoo.com/guangzhou/201202/15/73437_22102960.htm
11. 广府庙会今日开锣 1.9m 美国小伙为城隍爷举幡:

附录 B 调研材料

  http://news.dayoo.com/guangzhou/201202/06/73437_21936182.htm
12. 关注广府庙会:金龙开启幸福门 好吃好玩等你来:
  http://news.xinmin.cn/shehui/2012/02/07/13549345.html
13. 广府庙会兴怀旧风:
  http://www.people.com.cn/h/2012/0210/c25408-1232947712.html
14. "城隍老爷今日大巡游 文明路等成最佳观赏点:
  http://news.xinmin.cn/shehui/2012/02/11/13607172.html
15. 首枚英文压胜钱亮相广州城隍庙:
  http://www.guangzhou.gov.cn/node_2190/node_2222/2012/02/03/1328237728379680.shtml
16. 广府庙会幸福开门 元宵饭火爆直逼年夜饭:
  http://www.guangzhou.gov.cn/node_2190/node_2222/2012/02/03/1328237728379680.shtml
17. 广府庙会今日开幕持续7天 新装城隍爷亮相:
  http://fashion.ifeng.com/travel/around/detail_2012_02/07/12346780_0.shtml
18. 广府庙会人山人海 谁在捧场?:
  http://fashion.ifeng.com/travel/around/detail_2012_02/07/12346780_0.shtml
19. 广府庙会压轴戏上演 城隍爷今日10时出巡:
  http://fashion.ifeng.com/travel/around/detail_2012_02/07/12346780_0.shtml
20. 广府庙会幸福开门 市民大赞广味十足:
  http://fashion.ifeng.com/travel/around/detail_2012_02/07/12346780_0.shtml
21. 幸福相约:2012广府庙会亮点多:
  http://fashion.ifeng.com/travel/around/detail_2012_02/07/12346780

_0. shtml

22. 庆元宵 逛庙会 昨日羊城闹成一片：

    http://fashion.ifeng.com/travel/around/detail_2012_02/07/12346780_0.shtml

23. 广府庙会 非遗艺术品引抢购：

    http://news.21cn.com/caiji/roll1/2012/02/04/10670619.shtml

24. 广府庙会大秀非遗文化与民间手工艺 观众惊叹：

    http://www.chinanews.com/shipin/2012/02-06/news53755.html

25. 广府庙会吸引大批市民：

    http://news.xinmin.cn/shehui/2012/02/11/13608858.html

26. 广州广府庙会定位"文化嘉年华" 弘扬岭南文化：

    http://news.xinmin.cn/shehui/2012/02/11/13608858.html

27. 广州广府庙会开锣：广府味更浓 民众互动更多：

    http://culture.people.com.cn/h/2012/0204/c226948-2693428468.html

28. 广府庙会大秀非遗文化与民间手工艺 观众惊叹：

    http://www.chinanews.com/shipin/2012/02-06/news53755.html

29. 2012广府庙会2月6日举行 特色民俗美食齐闹新春元宵：

    http://www.tvtour.com.cn/news/html/china/2012/0130/81154.html#

30. 逛广府庙会 尝粤式小食 听广味吆喝（组图）：

    http://fashion.ifeng.com/news/detail_2012_02/08/12360293_0.shtml

31. 第二届广府庙会10大亮点 到庙会游园区赏灯：

    http://m.dayoo.com/113544/113550/201202/03/113550_21884407.htm

32. 广府庙会推出英文压胜钱：

    http://news.xinmin.cn/rollnews/2012/02/04/13523177.html.
    2012.02-04

33. 元宵逛廟會 記得去給城隍爺捧場：

http://big5.ycwb.com/video/2012-02/02/content_3711663.htm

34. 廣府廟會昨開鑼 來廣州逛廟會嘆美食：

http://news.laoren.cn/minsheng/v178961.html

35. 老外逛庙会猛赞"Very good"：

http://news.china.com.cn/rollnews/2012-02/10/content_12643526.htm

36. 广州广府庙会大巡游 传统民俗中增添"洋味"：

http://news.china.com.cn/rollnews/2012-02/10/content_12643526.htm

37. 广府庙会巡游外国友人举番号 十万市民无惧低温捧场：

http://www.ccvic.com/html/wenhua_new/shangyu/yuwh/2012/0214/145794.shtml

38. 推荐广府庙会必吃的十种小吃：

http://gz.bendibao.com/gl/2012210/gl92554.shtml

附录B—7 民俗调查问卷——趁景者

尊敬的先生/女士：

您好！中山大学文化地理研究团队希望了解您对"扒龙船"的感受和看法。答案不分对错，请按照您的实际情况和真实观点作答。问卷约需5分钟。衷心感谢您的帮助！如果您有其他建议，十分欢迎联系我们。邮件：114659591@qq.com（亦可加QQ）。

中山大学文化地理研究团队

一、观赏"扒龙船"的基本情况。

1. 现场观赏"扒龙船"的次数约为_____次。

2. 您大概_____岁第一次看"扒龙船"。

3. 您是从哪里得到"扒龙船"的消息的：

□报纸　　□电视　　□网络　　□朋友推荐　　□父母

□其他_____

4. 您曾经去趁过哪几个景：

□深涌景（天河珠村、黄村）　　□仑头景（海珠区）

□龙溪景（天河车陂村）　　　　□龙潭大塘景（海珠）

□猎德景（天河）　　　　　　　□泮塘景（荔湾）

二、关于趁龙船景的记忆，请您在相应分数下的空格内打"√"。

序号	问卷选项	很不同意	不太同意	无所谓	比较同意	非常同意
1	过去龙船景很传统					
2	过去龙船景很隆重					
3	过去扒龙船的河涌很干净					
4	过去广州扒龙船是男性集体狂欢活动					
5	过去扒龙船女性只能看不能参与					
6	在广州扒龙船是为了维持宗族关系					
7	在广州扒龙船是展示村落综合实力的好机会					
8	在广州端午扒龙船是为了纪念屈原					
9	在广州端午扒龙船体现的是珠江水文化					

附录 B 调研材料

续表

序号	问卷选项	很不同意	不太同意	无所谓	比较同意	非常同意
10	"龙船景"、"招景"、"趁景"体现了广府文化语言独特的地方性					
11	近几年有村子的女性也参与"扒龙船"					
12	近几年女性仍然不能参与传统龙"扒龙船"					
13	与"赛/划龙舟"相比,"扒龙船"一词最能代表广府特色文化					
14	扒龙船是当代广府文化的重要组成部分					

三、下列关于扒龙船的描述,您的看法如何,请在相应分数下的空格内打"√"。

序号	问卷选项	很不同意	不太同意	无所谓	比较同意	非常同意
1	在广州端午节扒龙船是重要的广府民俗文化之一					
2	在广州端午节扒龙船是庆祝端午节的独特习俗					
3	在广州端午节扒龙船是广府节庆的重要组成部分					
4	我非常喜欢看扒龙船					
5	我为广州保留扒龙船习俗感到骄傲					

续表

序号	问卷选项	很不同意	不太同意	无所谓	比较同意	非常同意
6	我乐意向他人推荐在广州观赏"扒龙船"					
7	端午节观看扒龙船让我深刻体验了广府文化					
8	端午节观看扒龙船让我产生对广州的认同感					
9	端午节观看扒龙船让我觉得自己融入了广州文化					

个人基本信息

性别：□女　　□男

出生年份：_____年

教育程度：□初中及以下　□高中或中专　□大专　□本科　□硕士及以上

职业：□政府职员　□事业单位职工　□企业职工　□个体工商户　□学生　□农民　□其他

出生广州：□是　□否　现居行政区：

现居广州：□是　　□否　居住时间：□5年内　□5年以上

身份　□广州世居居民　□父辈移居广州　□新移民　□游客

联系方式：_____

问卷结束，十分感谢！

附录 C 访谈人员名单与主题

编号	时间（年月日）	地点	性别	年龄	文化程度	职业	身份	访谈主题
M1 陈先生	2011.2.1	西湖花市、QQ	男	22	本科	学生	父辈移居广州者	迎春花市
M2 谭先生	2011.2.8	QQ	男	31	本科	事业单位职员	广州世居居民	迎春花市
M3 许女士	2011.2.12	QQ	女	30	本科	事业单位职员	父辈移居广州者	迎春花市
M4 汪先生	2011.2.28	海珠区中山大学	男	34	博士	事业单位职员	新移民	迎春花市
M5 刘女士	2011.3.4	越秀区麓景西路	女	30	硕士	事业单位职员	广州世居居民	迎春花市
M6 项女士	2011.4.12	越秀区麓景西路	女	40	硕士	事业单位职员	广州世居居民	迎春花市
M7 黄女士	2011.4.12	越秀区麓景西路	女	33	硕士	事业单位职员	父辈移居广州者	迎春花市
M8 刘女士	2011.4.18	越秀区麓景西路	女	29	本科	企业职员	新移民	迎春花市
M9 黎女士	2011.5.8	越秀区麓景西路	女	45	本科	企业职员	广州世居居民	迎春花市
M10 宋先生	2011.4.19	越秀区麓景西路	男	66	本科	退休	广州世居居民	迎春花市
M11 潘女士	2011.5.10	越秀区麓景西路	女	22	中专	学生	广州世居居民	迎春花市

续表

编号	时间（年月日）	地点	性别	年龄	文化程度	职业	身份	访谈主题
M12 刘女士	2011.5.12	海珠区	女	69	小学	退休	广州世居居民	迎春花市
M13 胡女士	2011.5.21	海珠区中山大学	女	50	初中	宿舍管理员	父辈移居广州者	迎春花市
M14 牛女士	2011.5.24	越秀区麓景西路	女	32	硕士	事业单位职员	新移民	迎春花市
M15 刘女士	2011.6.16	海珠区中山大学	女	63	小学	退休	广州世居居民	迎春花市
M16 曹先生	2012.1.26	海珠区荣校	男	42	初中	保安	新移民	迎春花市
M17 张先生	2012.2.15	海珠区荣校	男	27	高中	企业职员	新移民	迎春花市
T1 陈先生	2011.11.1	公共汽车	男	34	硕士	事业单位职员	父辈移居广州	广府庙会
T2	2011.11.4	城隍庙	男	约30	专科	道士	广州世居居民	广府庙会
T3	2011.11.4	城隍庙	男	50多	初中	城隍庙工作人员	广州世居居民	广府庙会
T4	2011.11.4	城隍庙	男	40多	本科	企业职员	广州世居居民	广府庙会
T5	2011.11.4	文德路	男	约60	初中	保安	广州世居居民	广府庙会
T6 刘女士	2011.11.5	番禺疗养院	女	30	硕士	事业单位职员	广州世居居民	广府庙会
T7 谭先生	2011.11.21即后续多次	QQ与电话等	男	31	本科	事业单位职员	广州世居居民	花市、庙会

附录 C 访谈人员名单与主题

续表

编号	时间 (年月日)	地点	性别	年龄	文化程度	职业	身份	访谈主题
T8 袁女士	2011.11.13	QQ	女	27	本科	IT企业职员	广州世居居民	花市、庙会
T9 陈先生	2011.11.18	QQ	男	31	本科	事业单位职员	新移民	花市、庙会
T10 刘女士	2011.11.23	QQ	女	29	本科	企业职员（信仰基督教）	广州世居居民	广府庙会
T11 植先生	2011.11.25	QQ	男	21	本科	学生	新移民	花市、庙会
T12 刘女士	2011.12.25	海印文化广场	女	29	本科	越秀区文化馆职员	广州世居居民	广府庙会非遗区策划与组织
T13 曾女士	2011.12.28	广州电大	女	60	专科	广州市民间文艺家协会主席	广州世居居民	花市、庙会
T14 王女士	2011.12.30及后续多次	广府庙会中心区表演和广府达人秀	女	33	本科	越秀区文化馆职员	广州世居居民	广府庙会广府达人秀活动策划与组织
T15 何先生	2011.12.30及后续多次	越秀区文化馆	男	约40	本科	越秀区文化馆馆长	新移民	广府庙会活动宣传与安排等
T16 吴先生	2012.1.1	北京路名盛广场	男	39	小学	流动摊贩	已辈移居者20多年	广府庙会
T17 BRT组合		北京路名盛广场	男	约18	初中	流浪歌手	暂居广州	广府庙会
T18 罗先生	2012.1.2	北京路名盛广场	男	33	本科	商人、主持人、歌手	暂居广州（意大利人）	广府庙会

民俗节庆与地方认同——源于广州的多案例比较

续表

编号	时间（年月日）	地点	性别	年龄	文化程度	职业	身份	访谈主题
T19 莫先生	2012.1.2	北京路名盛广场	男	27	本科	销售员	已辈移居广州者	广府庙会
T20	2012.1.2	北京路名盛广场	女	40多	不详	无业	广州世居居民	广府庙会
T21 王先生	2012.2.6	广府庙会中心区	男	35左右	本科	越秀区文化局（旅游局）局长	新移民	广府庙会的策划和组织过程
T22 林小姐	2012.2.7	广府庙会非遗区	女	27	本科	广州广播电台记者	广州世居居民	广府庙会
T23 吴先生	2012.2.7	广府庙会非遗区	男	28	本科	《南方都市报》记者	广州世居居民	广府庙会
T24	2012.2.7	广府庙会非遗区	女	约30	不详	广州新闻频道经济珠三角记者	广州世居居民	广府庙会
T25	2012.2.7	广府庙会非遗区	男	约30	不详	《新快报》记者	新移民	广府庙会
T26	2012.2.8	广府庙会美食区	男	约40	不详	黄沙水产市场商人	新移民（出生于越南）	广府庙会
T27	2012.2.8	广府庙会中心区	男	22	本科	学生（志愿者）	广州世居居民	广府庙会
T28	2012.2.6	广府庙会中心区	女	29	高中	无业	暂居广州	花市、庙会
T29	2012.2.8	广府庙会中心区	男	50多	初中	无业	广州世居居民	花市、庙会
T30	2012.2.8	广府庙会中心区	男	19	本科	学生（志愿者）	广州世居居民	花市、庙会

附录 C 访谈人员名单与主题

续表

编号	时间（年月日）	地点	性别	年龄	文化程度	职业	身份	访谈主题
T31	2012.2.8	广府庙会中心区	男	23	硕士	学生（志愿者）	暂居广州	花市、庙会
T32	2012.2.6	广府庙会中心区	男	74	不详	退休	广州世居居民	花市、庙会
T33	2012.2.6	广府庙会中心区	女	50多	不详	无业	广州世居居民	花市、庙会
T34	2012.2.6	广府庙会中心区	女	约30	不详	企业职员	广州世居居民	花市、庙会
T35	2012.2.6	广府庙会中心区	男	50多	不详	无业	广州世居居民	花市、庙会
T36	2012.2.6	广府庙会中心区	女	23	不详	待业中	暂居广州	花市、庙会
T37	2012.2.6	广府庙会中心区	男	19	不详	学生	广州世居居民	花市、庙会
T38	2012.2.6	广府庙会中心区	女	60多	不详	退休	广州世居居民	花市、庙会
T39	2012.2.6	广府庙会中心区	男	63	不详	退休	广州世居居民	花市、庙会
T40 杨先生	2012.2.9	广府庙会非遗区	男	约50	不详	珐琅技艺大师	广州世居居民	广府庙会
T41 叶先生	2012.2.9	广府庙会非遗区	男	约60	不详	广彩制作技艺大师	广州世居居民	广府庙会
T42 曾先生	2012.2.9	中山四路肯德基	男	约30	本科	玉鸣轩销售员	暂居广州	广府庙会
T43	2012.2.9	广府庙会中心区	女	近30	不详	企业职员	父辈移居广州者	广府庙会

续表

编号	时间(年月日)	地点	性别	年龄	文化程度	职业	身份	访谈主题
T44	2012.2.13	QQ	男	22岁	本科	学生	广州世居居民	花市、庙会
T45 陈女士	2012.2.21	越秀区政府大楼303	女	36	硕士	越秀区副区长	已辈定居广州者	广府庙会总策划
T46 黄女士	2012.2.29	中山三路11号越秀工商联大厦；电话、QQ	女	不详	本科	越秀区工商联副主席	广州世居居民	广府庙会美食区策划与组织
T47 张先生	2012.2.29	电话、QQ	男	48	本科	广州市越秀区创意产业协会会长	已辈定居广州	广府庙会动漫区策划与组织
T48 谢先生	2012.2.10	忠佑广场	男	40	博士	高校教师	已辈定居广州者	广府庙会
T49 车先生	2012.3.7	城隍庙	男	约40	本科及以上	城隍庙道长	广州世居居民	城隍庙和参与广府庙会情况
T50 刘先生	2012.3.7	城隍庙	男	近40	本科及以上	天行健工作室	广州世居居民	城隍庙和参与广府庙会情况
T51 陈先生	2012.4.26	越秀区文化馆	男	近70	不详	从广州市文史馆退休	祖籍澄海市，现居广州	广府庙会与迎春花市
T52 彭女士	2012.05.06	QQ	女	33	硕士	外企职员	广州世居居民	广府庙会与迎春花市

附录 C　访谈人员名单与主题

续表

编号	时间（年月日）	地点	性别	年龄	文化程度	职业	身份	访谈主题
D1 陈先生	2011.06.04	车陂	男	31	本科	事业单位职员	新移民	龙舟节
D2 刘女士	2011.06.10	QQ	女	30	硕士	事业单位职员	广州世居居民	龙舟节
D3 唐女士	2011.06.12	QQ	女	26	硕士	外企职员	广州世居居民	龙舟节
D4 潘先生	2011.06.14	东莞中堂镇	男	约50	不详	私企老板	广州世居居民	龙舟节
D5 梁先生	2011.06.20	猎德祠堂旁	男	30	本科	村委会	广州世居居民	龙舟节
D6 梁女士	2011.06.20	猎德祠堂旁	女	65	不详	退休	广州世居居民	龙舟节

后　记

　　谨以此书向我曾经的博士学习生涯致敬。回望读博生涯，万千感慨在心头。期间，我曾深陷迷茫、困惑与焦虑之中，也曾体验过有所发现的欣喜，这痛并快乐着的过程必将终生难忘。然而，我深知，博士毕业恰是我个人学术研究生涯新的开始，前路漫漫，我会带着快乐继续前行。

　　首先谨以最诚挚的敬意感谢我尊敬的导师朱竑教授。他严谨的治学态度、开放的心胸、前瞻的远见、敏锐的思维、雄辩的口才都让我由衷地佩服与赞叹。他向我敞开文化地理与地方营销研究的大门，从博士入学后不久便明确了我的研究主题。我像一颗小小的种子在精心栽培与灌溉下破土、成长。自此，与新的研究主题、方法不断磨合，文化的思想与管理的理念不断交锋。博士论文写作并非一帆风顺，朱老师像一盏明灯，总能适时点题而让我有醍醐灌顶的感觉。做朱老师的学生是幸福的，学术之余，他对学生更多的是亲切和舒适的关怀，亦师亦友。感谢美丽贤惠的师母田老师和真诚可爱的韬翰。师生情谊是莫大的缘分，我将珍视一生。

　　感谢中山大学地理科学与规划学院提供的国际学术交流平台和机会。我有幸聆听了马润潮前辈的系列学术讲座（广州·2009），参加了第四届中日韩地理学家学术研讨会（广州·2009）、中国与人文地理学的未来国际会议（广州·2010）等颇具国际视野的学术研讨会，受到来自国内外学者的思想冲击和启发。感谢朱

后　　记

老师在中山大学每周一次的读书会、在华南师范大学举办的第六届人文地理学学术沙龙(广州·2011)、中国地理学会"社会文化地理"高级研修班(广州·2012)等高层次学术会议,这给予我向新加坡国立大学江莉莉(Lily Kong)教授、北京师范大学周尚意教授、香港大学林初升教授、美国俄勒冈大学苏晓波博士等社会文化地理学知名学者近距离讨教的大好机会。

由衷地感谢地理科学与规划学院思想深邃又可敬可爱的老师们。许学强教授、司徒尚纪教授、柳林教授、董玉祥教授、闫小培教授、薛德升教授、曹小曙教授、李郇教授、周春山教授、林琳教授、袁奇峰教授、林耿教授、刘云刚教授、周素红教授、何深静教授、李志刚副教授、袁媛副教授、沈静博士、翁时秀博士等老师,他们或授课、或讲座、或点评、或日常交流的情景生动地一一浮现在我的脑海,而他们对学术的执着追求则一直激励我在学术研究道路上坚定地走下去。感谢旅游学院的保继刚教授、彭青教授、孙九霞教授、张朝枝教授、张骁鸣副教授、马凌博士、刘冰博士等,华南师范大学的赵耀龙教授、陶伟教授、蔡晓梅教授、李鹏博士、林清清博士,华南理工大学的戴光全教授,佛山科学技术学院的李凡教授,西南林业大学的唐雪琼教授,广东工业大学谢涤湘副教授等给予我论文的宝贵意见。感谢中科院地理所高松凡研究员给我的论文的修改意见。感谢在行政上默默奉献、为我们学习提供帮助和便利的老师们。感谢两位师姐杜芳娟、封丹榜样的力量,感谢并肩作战的两位同门妹妹钱丽芸和李彦辉,感谢黄耿志、梁增贤、罗芬、严若谷、黄晓燕等博士同学,感谢陈晓亮、万惠、李如铁、魏雷、陈淳、钱俊希、袁振杰、陈宁宁、刘治华、祝丽君、贾亚丽、郑诗琳、杨槿、安宁、王俊、吴炆佳、杨蓉、杨茜好、邓俊杰等师弟师妹,你们给我的博士论文宝贵意见,也让我的博士学习生活充满青春的激情与活力。还要感谢我的硕士研究生导师、中山大学管理学院张秀娟副教授，以及汪纯本教授，他们曾给予我严格规范的学术研究训练和生活关怀。

感谢在调研期间给予我帮助的人。感谢广州市民间文艺家协会的陈周起，他为我提供了重要的人物线索。感谢时任广东省文联的李丽娜秘书长，越秀区副区长陈晓丹，越秀区文化局（旅游局）局长王卫国，越秀区文化馆馆长何愿飞、信息部部长王昭媚及刘颖雯等，广州市民间文艺家协会主席、广东省民间文艺家协会副主席曾应枫，广州市文史研究馆的陈泽泓、龚伯洪，中国国际电视频道主持人、意大利商人罗密欧，城隍庙道长车志荣及其他不愿告知姓名的工作人员，天行健工作室的刘晓刚。感谢陈宁宁、杨槿、陈宣谕、吴艳芳、刘小艳、柏雨竺、关惠贞等对我实地调研的帮助。

感谢生我养我的父母双亲，是他们开明的思想支持我不断攻读更高的学位。感谢我的公公婆婆，没有他们这些年对我们一家三口的悉心照料，我必然分身乏术而不得不搁浅个人发展的小船。感谢我的先生曾国军，从考博前在图书馆的日日陪伴，博士录取时"让她飞得更高"的QQ签名，至论文攻坚阶段的陪伴与建议，让我深切感受到一个丈夫对妻子事业发展的理解支持与无私的爱。最后要感谢我最爱的儿子，一向非常"粘"妈妈的他，却大度地放手，每次在我出门前都会大声"叮嘱"："妈妈再见！早点儿回来。"我爱你们，我的亲人朋友们！

最后，衷心祝福所有对我有过启发和帮助的人们生活愉快、万事如意！

刘　博

于中山大学488栋

2012年11月22日